PREMIER

# CONGRÈS NATIONAL

## DE LA PAIX

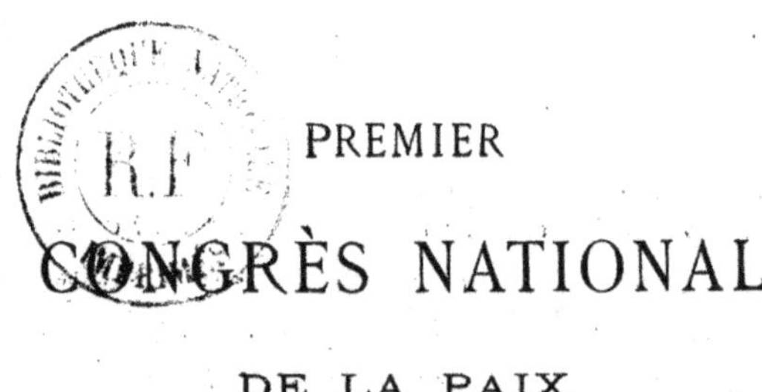

# NOTE

—

VILLE DE TOULOUSE

# PREMIER
# CONGRÈS NATIONAL

## DES SOCIÉTÉS FRANÇAISES

# DE LA PAIX

OCTOBRE 1902

Le Droit sera un jour le
souverain du Monde.

MIRABEAU.

**Compte rendu des Travaux
Résolutions et Actes du Congrès.**

TOULOUSE

IMPRIMERIE LAGARDE ET SEBILLE

2, RUE ROMIGUIÈRES, 2

1903

**Premier Congrès de la Paix.** — *Groupe des Congressistes pris sur le perron de l'Hôtel d'Assézat.*

(D'après une photographie de M. Félix Regnault.)

# PRÉFACE

*Jusqu'ici les Congrès de la Paix avaient été des assises internationales ; les pacifiques des diverses nationalités se groupaient dans une grande ville d'un État déterminé et y délibéraient en commun. Toulouse, cette année, a eu la bonne fortune d'inaugurer une sorte de mouvement décentralisateur dans les idées pacifiques. La capitale du Midi a donné l'hospitalité au premier Congrès national des Sociétés françaises de la Paix. Quelles ont été les raisons de cette tentative qui paraît appelée à un succès véritable, c'est ce que nous ne voulons pas développer ici, car on en trouvera les raisons très nettement exposées dans le discours d'ouverture du président effectif du Congrès. Si bonnes que fussent ces raisons, le Comité toulousain a hésité longtemps avant d'assumer la lourde charge de l'organisation du premier Congrès national. Il marchait sur un terrain inconnu ; il se méfiait de ses forces ; il craignait de compromettre, par un insuccès, la cause pacifique en France. L'expérience a démontré qu'il avait tort de craindre. Les délégués sont venus nombreux ; leurs travaux ont été des plus sérieux et peuvent avoir une grande importance pour le progrès pacifique. Devait-il rester une trace de ce premier Congrès? Le Comité toulousain l'a pensé. Il a fait appel à la Municipalité toulousaine qui a bien voulu l'aider dans son effort ; il s'est adressé ensuite aux sociétés pacifiques ses voisines, aux pacifiques toulousains et à la Société mère ; partout il a trouvé le meilleur accueil. Et c'est ainsi qu'il peut répandre dans le public le présent volume qui donnera, à ceux qui le liront, mieux que tous les discours et tous les éloges, l'impression que le premier Congrès national pacifique français a fait œuvre réellement utile et humanitaire.*

# PREMIÈRE PARTIE

## Historique du Congrès.

Au Congrès international de Glascow, en 1901, la candidature de Toulouse comme siège du futur Congrès international avait été posée par les délégués de la Société toulousaine. L'offre avait plu et Toulouse allait probablement devenir le lieu d'élection des grandes assises internationales de 1902, quand surgit une proposition nouvelle concernant Monaco. Pour des intérêts divers d'ordre international et spécialement en vue de la création d'un nouvel organe international, dont il sera parlé ci-après, le prince régnant fit connaître son désir de voir sa capitale choisie comme siège du futur Congrès. Avec une bonne grâce parfaite, à laquelle il a été plusieurs fois rendu hommage, la Société toulousaine s'est effacée devant le désir de son Altesse, et, tout en réservant ses droits à un Congrès international ultérieur, a accepté d'inaugurer une création nouvelle : les Congrès nationaux de la Paix, dont la raison d'être, le but et les effets possibles seront largement exposés dans les développements ultérieurs. Après s'être assurée le bienveillant concours de la Municipalité qui avait été promis déjà par le Maire de Toulouse, dans son toast à la Conférence de M. d'Estournelle de Constant du 24 janvier 1901, toast que M. l'adjoint Feuga a, comme on le verra, très heureusement rappelé dans la soirée du 16 octobre, la Société toulousaine s'est mise résolument à l'œuvre. Le 10 mars 1902, elle lançait une première circulaire où était esquissé un projet de programme modifié ultérieurement à la demande d'un certain nombre de Sociétés françaises pacifiques ; et le 15 juillet était envoyé le programme provisoire énonçant les questions proposées et les raisons qui les avaient fait accepter. Nous nous bornerons à mentionner ce document, car son auteur, M. Mérignhac, en a reproduit la substance dans son discours inaugural du 16 octobre. Le 30 septembre 1902, était dressé le programme définitif, reproduisant, dans ses grandes lignes, le programme provisoire. Voici ce document qui a servi de base aux travaux et actes du premier Congrès national tenu à Toulouse du 16 au 19 octobre 1902.

## I

### QUESTIONS SOUMISES AU CONGRÈS

1re QUESTION. — *Les Sociétés françaises de la Paix.* — Leur histoire et leur état actuel. — Les moyens de les développer et de vulgariser leur action dans les masses. — Création entre elles de rapports plus étroits. — L'idée de fédération entre ces Sociétés. — Comparaison avec les pratiques suivies à ces divers points de vue en pays étranger.

2me QUESTION. — *Les Congrès nationaux de la Paix en France et leurs rapports avec le Congrès international de la Paix.* — Lieu et date des Congrès nationaux. — Pouvoirs. — Représentation. — Mode de votation. — Compte rendu. — Invitations aux Sociétés étrangères. — Questions pratiques de réduction des prix de voyage, des frais de séjour, etc.

3me QUESTION. — *L'Association toulousaine de la Paix.* — Sa fondation. — Ses manifestations. — Création de groupes dans les villes voisines. — Constitution et agissement de ces groupes. — Leurs rapports avec l'Association toulousaine.

4me QUESTION. — *Le mouvement en faveur de l'arbitrage en Europe, pendant les dernières années, dans les Congrès de la Paix et les Parlements nationaux.* — Etudier plus spécialement le rôle joué en cette matière par les Sociétés et le Parlement français.

5me QUESTION. — *La Conférence de la Paix de 1899.* — Son action dans le présent et les moyens de l'étendre à l'avenir. — Le rôle de la France dans cette extension.

6me QUESTION. — *Les traités d'Arbitrage permanent dans les rapports des nations de race latine.* — Pour répondre à quelques observations qui ont été présentées au sujet de cette question, nous nous empressons de déclarer que nous n'avons nullement en vue une opposition quelconque, comme il sera expliqué plus tard, avec les Sociétés pacifiques de tous autres pays, avec lesquelles le Congrès toulousain entend rester dans la plus parfaite union ; il s'agit simplement de grouper les pacifiques de race latine sans aucune espèce d'exclusion pour les autres.

7me QUESTION. - *Siège et date du prochain Congrès national.* — Nomination de la Commission devant rédiger le programme de ce Congrès et s'occuper des détails de son organisation et de son fonctionnement.

8me QUESTION. — *Appel aux Sociétés et à la Presse française.*

Quant aux indications relatives à ces diverses questions, nous nous en référons à notre circulaire du 15 juillet dernier, en tant qu'elles ne sont pas contraires à celles de la présente.

Il reste bien entendu que, si quelque Société voulait adjoindre une question nouvelle à celles ci-dessus indiquées, elle en aurait parfaitement le droit, et il serait tenu compte de son désir dans la mesure du possible et du temps imparti pour les délibérations du Congrès.


## II


### SIÈGE DU CONGRÈS. — RÈGLEMENT DU CONGRÈS. DROIT DE VOTE. — COTISATION.


Le premier Congrès national des Sociétés françaises de la Paix tiendra ses assises à l'*Hôtel des Sociétés savantes de Toulouse* (Hôtel d'Asssézat-Clémence Isaure), place de l'Hôtel d'Assézat, près la rue de Metz (1).

En ce qui concerne le règlement du Congrès et les questions annexes, telles que celles du droit de vote, de la cotisation, etc., nous nous bornerons à rappeler les dispositions du règlement adopté par le 7e Congrès international (Buda-Pest), en 1896, modifié par les Sociétés de la Paix, en 1899, qui, dans notre pensée, doit servir de

---

(1) L'hôtel d'Assézat, vrai bijou architectural, que les congressistes ont beaucoup admiré, et qui groupe, dans son enceinte les Sociétés savantes de Toulouse, avait été mis gracieusement à la disposition des organisateurs du Congrès par M. Deloume, doyen de la Faculté de droit de l'Université de Toulouse, souscripteur perpétuel de la Société toulousaine de la Paix. Dans sa séance du 19, le Congrès a voté à M. Deloume de chaleureux remerciements.

base — avec les modifications que nous avons cru devoir leur apport-
ter — au fonctionnement des Congrès français nationaux.

ARTICLE PREMIER. — Les Congrès nationaux français de la Paix se
composent :

*a*) De délégués des Sociétés de la Paix ;

*b*) De délégués d'Institutions publiques ou d'Autorités constituées
ayant fait connaître au Bureau d'organisation leur désir d'appuyer
ses efforts ;

*c*) De délégués de Sociétés qui n'ont pas la Paix pour but essentiel,
mais ont adhéré au Congrès de la Paix, en communiquant au bureau
leurs statuts, au moins six jours à l'avance ;

*d*) De membres de Sociétés de la Paix non délégués, mais adhérant
au Congrès.

ART. 2. — Toute Société de la Paix et toute Institution publique
ou Autorité constituée adhérente ont le droit de se faire représenter
par un délégué au Congrès de la Paix avec voix délibérative, si elles
se sont annoncées au Comité d'organisation du Congrès avant l'ouverture de celui-ci.

ART. 3. — En outre, toute Société de la Paix a droit a autant de
voix qu'elle compte de fois 50 membres (1), d'après la déclaration
écrite de son secrétaire, et cela jusqu'à concurrence de 10 voix, toute
fraction de 50 membres comptant pour 50 membres.

ART. 4. — La contribution de chaque Société pour les frais du
Congrès est de 5 francs pour la première voix déléguée, plus 3 francs
pour chacune des autres voix (2).

ART. 5. — Tout particulier qui fait partie d'une Société de la Paix
a le droit de se faire inscrire comme membre du Congrès, mais seulement avec voix consultative. Le Comité d'organisation du Congrès
peut exiger de chacun d'eux une contribution d'après les besoins.

Cette contribution ne peut excéder 5 francs.

Les Sociétés qui n'ont pas la paix pour but essentiel (article premier) sont aussi admises avec voix délibérative ; mais chacune d'elles
ne peut avoir qu'une voix.

ART. 6. — Nul ne peut disposer dans les Congrès de plus de
10 voix.

ART. 7. — Le public est admis, autant que possible, dans les Congrès, mais sans avoir le droit de prendre part aux débats.

ART. 8. — Les vérifications des pouvoirs se font avant l'ouverture
des Congrès. Chaque délégué légitimé reçoit une carte d'entrée ; la
couleur de cette carte indique le nombre de voix dont le délégué dispose.

---

(1) Le chiffre de 100, adopté pour les Congrès internationaux, nous a paru
trop élevé pour les Congrès nationaux.

(2) On a également cru devoir abaisser les chiffres des Congrès internationaux qui étaient de 10 et de 5 francs.

Art. 9. — Les Sociétés étrangères sont admises avec voix consultatives.

NOTE. — Pour faciliter autant que possible la tenue du premier Congrès national, le Comité toulousain acceptera, cette année, toutes les Sociétés et groupements dûment constitués, qui demanderaient l'exemption des frais de représentation. Les cotisations offertes seront acceptées de grand cœur ; pour les autres, il n'y aura rien d'obligatoire.

## III

### ORDRE DU JOUR DU CONGRÈS

*Jeudi 16 octobre*, 9 heures 1/2 du matin et 2 heures 1/2 aprèsmidi.

Séance d'ouverture du Congrès.

1. Allocution de M. le Maire.

2. Discours d'ouverture par M. Frédéric PASSY, O, ✻, membre de l'Institut, président de la Société française d'arbitrage entre Nations, de la Société d'Economie politique de Paris, président d'honneur de l'Association toulousaine de la Paix.

3. Exposé du but du Congrès, par M. MÉRIGNHAC, ✻, président de l'Association toulousaine de la Paix, président effectif du Congrès.

4. Désignation des Présidents d'honneur, Présidents effectifs, Membres des Commissions.

1re QUESTION. — *Les Sociétés françaises de la Paix.*

M. LANGLADE, secrétaire de l'Association montalbanaise de la Paix par le Droit (Montauban).

M. PICHON, secrétaire général de la Société castraise de la Paix (Castres).

DIVERS.

2e QUESTION. — *Les Congrès nationaux de la Paix en France et leurs rapports avec le Congrès international de la Paix.*

M. RUYSSEN, président de l'Association de la Paix par le Droit (Bordeaux).

DIVERS.

*8 heures 1/2.* Réception et Punch offert aux Congressistes. Musiques, masses chorales, etc.

*Vendredi 17 octobre*, 9 heures 1/2 du matin et 2 heures 1/2 aprèsmidi.

3ᵉ QUESTION. — *L'Association toulousaine de la Paix.*

M. Albert DUBOS, secrétaire général adjoint de l'Association toulousaine de la Paix.

4ᵉ QESTION. — *Le mouvement en faveur de l'arbitrage en Europe pendant les dernières années dans les Congrès de la Paix et les Parlements internationaux.*

M. Emile ARNAUD, président de la Ligue internationale de la Paix et de la Liberté (Paris).

5ᵉ QUESTION. — *La Conférence de la Paix de 1899.*

M. Pierre AUBRY, secrétaire général adjoint de l'Association toulousaine de la Paix (Toulouse).

M. l'abbé PARIZOT, membre de l'Association montalbanaise de la Paix par le Droit (Montpezat, T.-et-G.).

*8 heures 1/2.* Conférence, par M. Lucien LE FOYER, vice-président de l'Association de la Paix par le Droit, secrétaire général de l'Union Internationale (Paris).

*Samedi 18 Octobre, 9 heures 1/2 du matin et 2 heures 1/2 après-midi.*

6ᵉ QUESTION. — *Les traités d'arbitrage permanent dans les rapports des nations de race latine.*

M. A. MÉRIGNAC, ✳, président de l'Association toulousaine de la Paix, professeur de Droit international public à l'Université de Toulouse.

M. MOCH, ✳, membre de la Commission du Bureau international de la Paix (Berne, Suisse), président du Bureau français de la Paix (Paris).

7ᵉ QUESTION. — *Siège et date du prochain Congrès national.*

M. SPALIKOWSKI, homme de lettres, président de la Ligue rouennaise de la Paix (Rouen).

Communications diverses.
M. MOCH.
M. l'abbé PARIZOT.
M. KELLERMANN, de l'Eglise évangélique de Cette.
DIVERS.

8ᵉ QUESTION. — *Appel aux Sociétés et à la presse françise.*

M. Ch. BEAUQUIER, président de l'Association internationale des Journalistes amis de la Paix (Paris).

M. GIACOMETI, ✳, publiciste (Paris).

Cloture du Congrès. — Discours de M. d'ESTOURNELLES DE CONSTANT, O. ✻, député de la Sarthe, ministre plénipotentiaire, membre de la Cour arbitrale de la Haye.

Allocutions diverses.

*7 heures 1/2 soir. Banquet* offert aux Délégués des Sociétés de la Paix.

*Dimanche 19 Octobre.* Visite des principaux monuments de Toulouse.

Le Comité d'organisation, en outre des Sociétés de la Paix, fait un appel tout particulier aux Sociétés amicales d'Instituteurs et d'Anciens Elèves des Ecoles, aux Chambres de Commerce, aux Syndicats ou Associations du Commerce et de l'Industrie, aux Sociétés coopératives, aux Bourses du Travail, aux Universités populaires, aux Sociétés de Secours mutuels et à tous les groupements qui ont en vue la défense des idées de solidarité humaine et de progrès social, pour qu'ils se hâtent de choisir leurs Délégués au Congrès de Toulouse et d'en aviser le Secrétariat général.

Le programme proposé, on va le voir, a été suivi point par point ; les Congressistes étrangers y ont ajouté seulement une aimable variante. Comme le dit M. Arnaud dans *l'Indépendance Belge,* du 22 octobre, aux prévenances dont ils furent l'objet, ils « ripostèrent par un déjeuner cordial » qui a ajouté dirons-nous à notre tour, un charme de plus aux rapports sympathiques qui s'étaient déjà établis entre les pacifiques réunis à Toulouse et qui ne resteront certainement pas limités au Congrès de 1902.

# DEUXIÈME PARTIE

## Le Congrès

Il a tenu, comme il a été dit ci-dessus, ses séances à l'hôtel d'Assézat ; les réunions publiques avaient lieu dans le grand local de la Société de géographie, décoré magnifiquement de drapeaux de toutes les nationalités, ce qui lui donnait plutôt l'aspect, en la forme, d'un Congrès international ; les Commissions siégeaient dans les belles salles juxtaposées des diverses autres Académies et Sociétés savantes.

**Séance d'ouverture du 16 octobre** (10 heures du matin).

La première séance a été ouverte le 16 octobre, à 10 heures du matin, par M. Frédéric Passy, président d'honneur du Congrès. Dans la salle de la Société de géographie se pressaient les congressistes, dont le nombre peut être évalué à près de deux cents. A côté d'eux, avaient pris place un grand nombre de notabilités toulousaines, qui auraient été plus nombreuses encore, si le 16 n'avait été en même temps le jour de la rentrée solennelle des Tribunaux et si, d'autre part, le Congrès avait pu être tenu en dehors des vacances. Sur l'estrade, aux côtés de M. Passy, se trouvaient M. le Maire, M. le Recteur, M. Beauquier, député ; M. Arnaud, président de la Ligue internationale de la Paix et de la Liberté, président du Conseil d'administration de l'*Indépendance Belge* ; M. Moch, conseiller privé et chef de cabinet de son Altesse le prince de Monaco, président du dernier Congrès international de Monaco ; M. Sabatié, ancien député ; M. Ruyssen, président de la Société la Paix par le Droit ; M. Le Foyer, secrétaire-général de l'Union internationale ; M. Giacometti, du *Journal des Débats* ; M. Berthelet, de Marseille; MM. Duméril, Guiraud, Guilhem, professeurs des Facultés de Toulouse ; MM. Magnol, Dubos, Aubry, Cros-Mayrevieille, Decans, secrétaires-généraux et sociétaires de la Société pacifique toulousaine ; Morel, avoué au Tribunal civil de Toulouse, trésorier du Congrès ; MM. Crouzet, Tachard vice-président de la Société de géographie de Toulouse ; Kellermann, de Cette ; Langlade, Parisot, Fraissinet, Laune, Gignoux, de Nîmes ; Miquel, président du groupe Castrais ; Cazals, président du groupe Montalbanais ; Pichon, secrétaire-général du groupe Castrais ; Follin, président de la Société Hâvraise de la Paix, etc., etc. Au milieu des costumes masculins, les claires toilettes d'un certain nombre de dames, jetaient une note gaie dans l'assistance.

M. Passy, déclare ouvert le **premier Congrès national français**, et donne la parole à **M. le Maire** qui salue les Congressistes au nom de la ville de Toulouse, dans un discours plein de goût et d'aimable courtoisie.

Je viens, dit-il, vou ssouhaiter la bienvenue au nom de l'Administration municipale. Je suis heureux et fier que Toulouse ait été choisie comme siège du premier congrès national des Sociétés de la Paix. Jusqu'ici, seules, les grandes capitales avaient le privilège de recevoir les pacifiques du monde entier.

Déjà, l'année dernière, nous avons espéré, un instant, donner l'hospitalité aux grandes assises internationales et ce n'est, je le pense bien, que partie remise.

Pour le moment, Toulouse est devenue, grâce à vous, la capitale pacifique de la France, et c'est un nouveau titre ajouté à ceux qu'elle peut revendiquer. A mon sens, ce ne sera pas le moins précieux ; les Congrès nationaux, en effet, pourront avoir les meilleurs résultats pour le développement de l'idée pacifique, et ceux qui les auront institués auront bien mérité de la justice et de l'humanité.

Je salue, à votre tête, le chef vénéré des pacifiques français, M. Frédéric Passy qui, malgré son grand âge, n'a point hésité à traverser la France pour nous apporter la bonne parole. Je salue, avec lui, l'élément pacifique venu de tous les points du pays ou représenté par ses chefs les plus éminents : M. d'Estournelle de Constant, le diplomate fin et avisé, le parlementaire écouté qui nous représente si dignement à la Haye ; MM. Beauquier, Arnaud, Moch, Ruyssen, Le Foyer et tant d'autres encore qui m'excuseront, vu leur nombre, de ne pouvoir les nommer tous. Je les convie à venir collaborer à l'œuvre de pacification commune avec nos concitoyens organisateurs du Congrès.

De ces derniers, je ne ferai pas l'éloge pour ne point alarmer leur modestie ; mais je sais, les ayant vus à l'œuvre, avec quelle activité, quelle persistance et souvent quelle abnégation méritoire de leurs idées personnelles, ils sont venus à bout de difficultés qui, un moment, ont paru insurmontables. Ils marchaient, en effet, dans un sentier non frayé ; ils faisaient œuvre nouvelle et tout le monde sait combien sont périlleuses et délicates les innovations de toute nature. Je ferai pourtant une mention spéciale, il me la pardonnera, de l'éminent président de la Société pacifique Toulousaine qui a été l'organisateur principal de ce Congrès, M. Mérignhac, le juriste bien connu par ses travaux sur l'arbitrage et la conférence de la Paix.

Travaillez donc, Messieurs, ouvrez vos discussions fécondes ; jetez la bonne semence de concorde et de fraternité qui donnera un jour la moisson de la paix universelle.

La France entière suivra avec l'attention qu'ils méritent vos efforts généreux : les résolutions que vous prendrez inspireront les futurs Congrès nationaux et internationaux ; et, nous tous, à Toulouse, nous nous souviendrons avec émotion et orgueil du mois d'octobre 1902, qui, marqué d'une pierre blanche par les amis de la Paix, restera dans les annales de notre cité la date à la fois pacifique, française et toulousaine !

M. Passy, prend ensuite la parole et prononce la magnifique harangue qui suit et qui a soulevé à plusieurs reprises, les applaudissements enthousiastes de l'auditoire d'élite qu'il tenait sous le charme de sa parole convaincue et vibrante.

« On maudit souvent la vieillesse, dit M. Passy, et c'est naturel ; car la vieillesse apporte avec elle, même pour les mieux partagés, bien des désagréments et des amertumes. Il y a des circonstances cependant où l'on n'a pas le droit de se plaindre d'être vieux. C'est parce que je suis vieux, parce que je suis le doyen des vétérans de la milice pacifique, que je suis appelé à l'honneur de remercier le premier nos hôtes et la municipalité de Toulouse de l'accueil qui nous est fait dans cette ville, et que j'ai le plaisir de saluer, en ouvrant cette séance, un événement qui ne sera pas, j'en suis convaincu, sans importance pour la préparation de l'ère meilleure que nous appelons de nos vœux et de nos efforts.

« Oui, Messieurs, c'est un fait non seulement nouveau, mais considérable, que cette réunion d'un congrès *national* des Sociétés de la paix, et ce ne sera, sans doute, que le commencement d'une série de manifestations du même genre.

« Jusqu'à présent, il faut le dire, les sociétés qui se sont consacrées à combattre la guerre étaient demeurées trop isolées. Il y a bien eu, cela est vrai, depuis soixante ans, depuis 1842, si je ne me trompe, un certain nombre de Congrès de la paix. Quelques-uns, celui de 1849, par exemple, présidé par Victor-Hugo avec un éclat incomparable, sont demeurés célèbres. Il y en a actuellement tous les ans, et, tous les ans, depuis 1889, les plus grandes villes de l'Europe, de l'Amérique même, se disputent l'honneur de recevoir, à la fois ou tour à tour, les Sociétés de la paix et la Conférence de l'Union Interparlementaire. Ce sont des manifestations internationales, universelles. Mais ce sont des manifestations passagères, après lesquelles, précisément parce qu'on y est venu de loin et en dépit des différences de langue et de nationalité, on ne reste qu'imparfaitement en contact. On emporte dans son pays, en y rentrant, de bons souvenirs et d'heureuses impressions, sous l'influence desquels on continue à agir dans son milieu. Mais on s'en va chacun de son côté. Ces relations, pendant quelques jours si cordiales et parfois si intimes, se relâchent ou cessent tout à fait. Et, si l'on persiste à travailler avec zèle à la même œuvre, on n'y travaille plus, à vrai dire, de concert, et l'on ne sent plus le puissant encouragement du nombre et des masses de toutes langues au nom desquelles on avait momentanément agi et parlé.

« Même à l'intérieur de chaque pays, ce manque de cohésion s'est trop fait sentir. Sans doute les diverses sociétés qui s'y partagent l'action pacifique vivent en bonne intelligence et en bons rapports ; il n'en saurait être autrement si elles sont sérieuses. Sans doute aussi, il est inévitable et il est bon qu'une centralisation excessive ne comprime pas les libres initiatives, et que la propagande pacifique se puisse produire sans entraves sous toutes les formes ; mais il serait bon que, dans certaines circonstances graves, une action concertée put être organisée ; et il serait désirable qu'en tout temps, grâce à des relations régulières, chacun des groupes nationaux se trouvât tenu au courant de ce que font ou préparent les autres. C'est du moins ce qu'ont pensé depuis longtemps plusieurs de nos amis les plus dévoués ; ce qu'avait eu en vue M. Gaston Moch, ici présent, en créant à Paris un *Bureau Français de la Paix*, et ce que demande, entre autres, un mémoire, dont vous êtes saisis, du président de la Société pour l'arbitrage, de l'Yonne, M. Cernesson.

« Vous aurez à voir, messieurs, ce que vous jugerez réalisable dans cette voie, et comment, soit par une fédération, soit par l'organisation d'un centre commun d'informations, vous pourrez, sans porter atteinte à l'indépendance d'aucun des membres qui le constitueront, former de toutes les bonnes volontés un corps vivant et puissant.

« Dès aujourd'hui, en attendant, un premier pas est fait; et l'accord des Sociétés Françaises de la Paix est conclu.

« Il l'est, messieurs, à un moment où plus que jamais il importe que notre action ne se ralentisse pas et que notre influence devienne prépondérante. Le monde est en paix, dans sa partie civilisée du moins, ou qui se dit telle. Les guerres qui, pendant ces dernières années, l'ont attristé, et qui ont paru donner un si cruel démenti à nos espérances, sont terminées. Il importe d'en rendre le retour impossible. Il importe de porter, dans la trop imparfaite mesure du possible, remède aux maux que ces guerres ont causé; et il n'importe pas moins, il importe plus encore peut-être, de tirer, en faisant le relevé de ces maux, la leçon des fautes commises et de justifier la condamnation prononcée par l'opinion contre ces déplorables résurrections de la politique de la force.

M. Passy se demande ensuite si, en dépit des douloureux événements auxquels il vient de faire allusion, la cause de la paix a continué de progresser, et si de sérieuses espérances restent permises à ses partisans. Et il n'hésite pas à se prononcer pour l'affirmative. « Ces déplorables guerres elles-mêmes, dit-il, par l'horreur qu'elles ont soulevé, par les ruines qu'elles ont faites et par la lumière qu'elles ont projetée sur les cruelles nécessités de la guerre, ont plus fait, selon l'expression de mon ami Charles Richet, pour déshonorer la guerre que toutes nos prédications, C'est que les temps sont changés et que, grâce à la science, qui a supprimé les distances, grâce à la presse et à la télégraphie qui nous tiennent jour par jour et heure par heure au courant de ce qui se passe sur tous les points du globe, nous transportant en quelque sorte sur les lieux même, et nous faisant tout voir de nos yeux et entendre de nos oreilles, ce qui restait jadis ignoré de nos pères ou les laissait indifférents, nous touche et nous émeut comme si nous en étions non plus les spectateurs lointains, mais les acteurs. Nous sentons l'âcre fumée des incendies; nous respirons les puanteurs des cadavres; nous contemplons, impuissants et terrifiés, l'agonie des enfants et des femmes égorgés par la soldatesque furieuse, en Chine, ou mourant lentement de froid et de faim dans les camps de concentration, à Cuba et au Transvaal; et ce n'est plus seulement notre raison, c'est notre organisme physique lui-même qui se révolte. Ce qui était toléré, admis, prévu et réglementé comme autorisé par les lois de la guerre, nous apparaît, dans toute sa laideur, comme réprouvé par les lois de l'humanité. Et il se forme, par une de ces contagions qui agit sur l'âme des foules, de proche en proche et d'un bout de la terre à l'autre, une conscience universelle, une opinion universelle qui se traduit par un grand cri de pitié et par un grand cri d'horreur. La guerre s'est montrée ce qu'elle est; la malédiction prononcée de tout temps contre elle par les sages est devenue la malédiction du genre humain.

« En même temps, la possibilité de l'éviter est apparue plus sérieuse. Les solutions amiables ou juridiques, les médiations et les arbitrages, naguère encore, quoique déjà nombreux, traités d'utopie, se sont multipliés et ont reçu plus de publicité. Un pacifique Belge, M. le sénateur La Fontaine, en a fait, dans un gros volume intitulé *Pasicrisie*, le relevé authentique. De 1794 à 1900, en cent quatre ans, il n'y a pas eu moins de cent soixante-dix-sept sentences arbitrales, terminant, sans recours aux armes, des différends entre diverses nations, et pas une de ces sentences n'a été contestée par l'une ou l'autre des parties. De ces 177 arbitrages, d'ailleurs, plus de la moitié — 90 — appartiennent aux dernières vingt années du XIXᵉ siècle, de 1881 à 1900. Le progrès est manifeste.

« Mais ces arbitrages, si nombreux et si importants parfois qu'ils aient été, ne sont que des faits isolés, valant, peu à peu, par la répétition et par l'ensemble ; ils ne constituent pas encore une obligation juridique. On a senti le besoin d'en changer la pratique en loi et de se lier, à cet effet, à l'avance, par des stipulations expresses. Et c'est ainsi qu'après avoir, dans des traités de commerce et autres, prévu que tous les dissentiments relatifs à leur interprétation ou à leur exécution seraient réglés par arbitrage, on en est venu à demander et à conclure les traités généraux et permanents, soumettant, pour l'avenir, à ce mode de procéder, toutes les questions prévues ou imprévues qui pourraient surgir entre les contractants. Des conventions de ce genre ont été conclues notamment entre l'Italie et la République-Argentine, entre l'Espagne et ses anciennes possessions Sud-Américaines et entre celles-ci respectivement, au dernier Congrès de Mexico. Il ne s'en est fallu que d'une couple de voix, au Sénat de Washington, pour qu'un acte du même genre, signé par les deux gouvernements de la Grande-Bretagne et des Etats-Unis, fût définitivement ratifié. Et des votes dans le même sens, tels que celui de la proposition Barodet, renouvellement de celle que j'avais présentée en 1888, ont préparé ailleurs la voie à de nouveaux traités du même genre. Enfin est venue, pour confirmer et couronner tous ces progrès, la célèbre Conférence de la Paix, dont nous avons bien le droit de revendiquer notre part, et la constitution de la Cour de La Haye, juridiction commune ouverte à toutes les nations et destinée à être pour elles, comme la Cour suprême des Etats-Unis pour les divers Etats de la Confédération, un dernier et sûr recours dans toutes les questions controversables. Cette Cour, vous le savez, après avoir, comme celle des Etats-Unis, attendu trois ans sa première cause —

c'est toujours le premier pas qui coûte — siège en ce moment même ; et d'autres affaires attendent à la porte.

« La fonction, dit-on, crée l'organe. L'organe aussi crée la fonction. Et comment admettre que, pourvus désormais comme ils le sont d'une juridiction souveraine et impartiale, les Gouvernements, qui l'ont constituée eux-mêmes, lorsqu'on leur dira, en présence d'un différend quelconque, qu'il y a des juges non pas à Berlin, mais à La Haye, osent répondre qu'ils ne veulent pas être jugés et qu'ils préfèrent la force à la justice, l'ancienne et stupide décision du canon à la sûre et tranquille raison ?

« Voilà, continue M. Passy, ce qui s'est fait et ce qui se fait dans le domaine de ce qu'on appelle la haute politique. Nous n'avons pas de moindres et moins encourageantes constatations à faire dans d'autres domaines. Le monde enseignant — pouvait-on s'en étonner après nos désastres ? — avait été longtemps réfractaire à notre propagande. Les manuels d'histoire, répétant la note donnée en 1871, continuaient à être imprégnés de cet esprit chauvin qu'on a trop confondu avec l'esprit patriotique et faisaient à l'histoire-bataille, pour reprendre le mot de Duruy, la part plus belle qu'à l'histoire du travail. Il n'en est plus ainsi, sinon encore dans les livres, qui attendent des remplaçants meilleurs, du moins dans les leçons et dans les intentions. Toutes les revues de l'enseignement primaire sont aujourd'hui gagnées à la cause de la paix ; les images malsaines, propres à inspirer la haine et la cruauté, sont, en vertu des circulaires des inspecteurs, peu à peu bannies des écoles. Les sociétés départementales d'instituteurs, dites *Amicales*, se prononcent toutes pour l'éducation pacifique, qui est devenue à leurs yeux la vraie éducation patriotique ; et le Congrès de l'enseignement primaire, à Bordeaux, l'an passé, a émis, à l'unanimité, un vœu en ce sens.

« La littérature, de son côté, travaille pour nous. Et nous voyons des historiens militaires, que l'on ne saurait suspecter d'indifférence pour la grandeur de la patrie et pour l'héroïsme de ses défenseurs, déclarer ouvertement, comme les frères Margueritte, qu'en contant la douloureuse et parfois sublime histoire de nos désastres et de nos grandeurs, c'est pour la paix, qui conserve les pères aux enfants et les enfants aux mères, qu'ils entendent travailler.

« Ce n'est pas tout ; et nous avons pour nous une autre force : la force des choses.

« Un des plus illustres prélats de l'Eglise Française, le cardinal Landriot, disait, en bénissant un navire destiné à rapprocher les terres lointaines, en portant plus rapidement de l'une à l'autre les hommes et les choses : « Nous sommes dans le siècle de l'*universel*. » Mon ami, l'amiral Réveillère a dit, en empruntant le terme à sa profession de marin, « l'*âge océanique* ». Et nous disons tous, que nous aimions ou non le mot : « l'*âge international* ». Il n'en était pas ainsi autrefois. Chacun, famille d'abord, puis tribu, puis province, vivait cantonné et isolé dans son étroit domaine, sans relations habituelles avec les autres, les ignorant même souvent, vivant sur soi, ne comptant que sur soi et ne demandant rien aux autres, pour lesquels il ne faisait rien. La science, en mettant à notre disposition les moyens de nous affranchir de l'espace et du temps, a changé tout cela. On va en treize heures de Paris à Marseille ; il fallait treize jours dans ma jeunesse. L'Amérique, qui était à six semaines de l'Europe, en est à six jours ; et l'on parle de faire bientôt le trajet moitié plus vite.

« Les idées, les sentiments, les connaissances, bien plus encore que le corps et les choses, se sont rapprochés. On se parle et l'on s'entend à travers les montagnes et les océans : de Londres à Paris, de Marseille à Bordeaux, le téléphone permet de causer comme dans la même chambre ; et de Calcutta à New-York ou de Saint-Péterbourg à Rome les nouvelles, les communications officielles ou les dépêches privées, les ordres de bourse ou de commerce s'échangent avec autant de sûreté que de promptitude. En même temps, le développement des besoins, les exigences du travail et de l'alimentation, celles de la science elle-même rendent de plus en plus tous les peuples tributaires disons, Messieurs, serviteurs et bienfaiteurs, fournisseurs et clients les uns des autres.

« Telle nation, comme la Grande-Bretagne, en même temps qu'elle fournit le reste du globe d'étoffes, de machines, de navires et d'outils, reçoit, du reste du monde, sans lequel elle mourrait de faim, la moitié et plus de la moitié de sa nourriture. Tous, plus ou moins, nous en sommes là. Le coton, matière première de notre industrie textile, nous vient d'Amérique et de l'Inde ; les bois du Canada et de la Norvège alimentent nos papeteries ; sans le caoutchouc et la gutta-percha, nous n'aurions ni câbles électriques ni cent autres éléments de notre production nationale ; s'il n'y avait des planteurs à des milliers de kilomètres de nous et des flottes pour nous apporter leurs denrées, nous ne prendrions ni notre chocolat, ni notre thé, ni notre café. De même pour les sciences et les métiers de tout ordre. Des centaines d'astronomes, sur des points différents du globe, observent ensemble les mêmes points du ciel ; et c'est de la comparaison de leurs observations que sort la détermination exacte des phénomènes. Sans Stephenson, la chaudière tubulaire de Séguin serait demeurée imparfaite ; et sans Séguin, la locomotive de Stephenson serait restée à mi-chemin. Matériellement, moralement, tout se tient ; et l'on peut dire, en toute sincérité, que nous ne vivons plus et que nous ne pensons plus que les uns par les autres. Le vieux mot de l'auteur latin est devenu, dans un sens bien plus large qu'il ne le pensait, une réalité : rien de ce qui touche l'homme, d'une façon quelconque, n'est étranger à aucun homme.

« Tout se tient ; tout se voit aussi ; et tout se sent. Je le disais tout à l'heure, et je le répète. Et, dès lors, ce qui était supporté jadis,

parce qu'ignoré ou à peine entrevu, ne peut plus être toléré aujour-
d'hui, parce que se passant sous tous les yeux et en pleine lumière.
On ne savait pas, et l'on sait. On sait ce que fait, je veux dire ce que
défait la guerre ; et on sait ce qu'elle coûte. On compte les millards
et on voit les ruines. On fait le bilan, par *doit* et *avoir*, de ce grand
égorgement et l'on trouve que c'est un bilan de faillite ; et l'on s'aperçoit que ce n'est pas seulement une immense abomination, mais une
immense duperie. « Le jour monte, disait, il y a trente ou quarante
ans, le Père Gratry ; il n'y aura bientôt plus assez d'ombre pour les
tyrans. » Le jour monte, Messieurs ; il n'y a plus assez d'ombre pour
cacher l'horreur et la bêtise de la guerre. Nous voulons être grands,
riches, puissants ; et nous voulons, pour notre patrie, une place chaque
jour plus haute dans le monde. Nous avons raison. Mais les autres
en veulent autant ; et, comme nous, ils ont raison. Que faire donc ?
Nous écraser, nous piller, nous égorger, c'est-à-dire ravager la terre,
notre nourricière commune, et nous affaiblir les uns par les autres ?
Non, Messieurs ; mais travailler, chacun de notre côté, dans la justice et dans la liberté ; grandir ensemble, en nous aidant et en nous
soutenant ; triompher, par l'union, de nos véritables et seuls enne-
mis : le vice, l'ignorance et la misère. Et, un siècle après la Déclaration des droits de l'homme, proclamer la déclaration des droits des
nations ; réaliser, enfin, pour le bonheur et la gloire de notre patrie,
la prophétie de Michelet : Au vingtième siècle la France déclarera la paix au monde. »

M. Mérignhac, président effectif, prend ensuite le fauteuil
qu'il ne quitte plus jusqu'à la clôture et expose, dit le
*Télégramme* du 17 octobre, le but et la raison d'être du
Congrès « dans un discours magistral, qui provoque des
applaudissements unanimes par la clarté du style et la
science du fond ».
Voici le discours de M. Méringnhac.

### Mesdames, Messieurs,

Quel but avons-nous poursuivi en vous réunissant aujourd'hui
dans cette solennité pacifique des sociétés françaises de la paix ? Quel
doit être le résultat de vos travaux ? Quel avenir peuvent espérer les
congrès nationaux ? Voilà ce que je vais essayer de vous exposer le
plus brièvement et le plus clairement possible.

Quand on nous a proposé de tenir à Toulouse, en 1902, le premier congrès national français de la paix, nous avons beaucoup hésité.

L'œuvre était nouvelle et, comme on vous le disait tout à l'heure, il n'est pas facile souvent de marcher sur un terrain nouveau. D'autant que, par crainte de l'inconnu, les autres groupements pacifiques nous ont déclaré s'en rapporter absolument à nous, confiance flatteuse sans doute, mais qui nous chargeait aussi d'une lourde responsabilité. Pourtant nous n'avons pas hésité croyant bien faire. Et voici comment nous avons compris le rôle des congrès nationaux. A vous de dire si nous avons eu tort ou raison et si l'on devra, à l'avenir, persévérer dans la ligne de conduite par nous adoptée.

On n'avait point songé jusqu'ici, vous le savez, à réunir en masse les pacifiques d'un même pays; l'on se bornait à une consultation générale de tous les membres du parti pacifique, abstraction faite de la question de nationalité. Certes, nous sommes loin de nier l'utilité des congrès universels, dans lesquels ont été déjà prises des résolutions importantes dans toutes les branches du mouvement pacifique; mais nous sommes, en même temps, de ceux qui pensent que la consultation nationale a, elle aussi, son incontestable utilité.

Quelquefois le congrès international est trop porté à se désintéresser de préoccupations particulières à tel ou tel Etat; de la meilleure foi du monde, il légifère uniquement en vue de cette *civitas maxima*, par laquelle Wolff désignait le monde; et puis on est parfois surpris de voir que ses décisions éprouvent de la résistance en tel ou tel milieu particulier; que le particularisme fait échec à l'internationalisme trop poussé à l'extrême. Il faut faire alors machine en arrière; au lieu de gagner du temps dans la marche incessante de l'humanité vers le progrès pacifique, on en a perdu. A coup sûr, il n'est point possible, avec la meilleure volonté du monde, de tenir compte de tous les intérêts particularités; et le législateur international, pacifique ou autre, est souvent obligé de les sacrifier à ceux de la masse mondiale, absolument comme les législateurs nationaux sont, eux aussi, quelquefois obligés, dans l'intérêt général, de faire abstraction des intérêts privés. Mais encore, ces intérêts particuliers faut-il les connaître, les étudier, et peut-être arrivera-t-on ainsi à les concilier avec ceux de la collectivité, en les abordant d'une manière souple et adroite, sans les méconnaître ou les heurter de front. Qui nierait que les congrès nationaux ne puissent, à ce point de vue, rendre de réels services?

D'autre part, c'est souvent d'une manière hâtive, fiévreuse, que les discussions et les résolutions se prennent dans les grandes assises annuelles; on embrasse parfois trop de matières; les orateurs sont nombreux et le temps est limité. Or, si les congrès nationaux ont commencé à se préoccuper de l'œuvre, si des études mûries, faites avec tout le calme voulu, préparent la matière au grand congrès, indiquent sur chaque point l'opinion des sociétés pacifiques des divers pays, ici encore, on se rend compte que la consultation nationale a une réelle utilité. Et voilà pourquoi nous considérons comme inexacte l'idée en vertu de laquelle, sous prétexte qu'il est *national*, un congrès pacifique ne devrait point aborder les problèmes internationaux. Bien au contraire, il les préparera, les mettra au point ; et les décisions par lui prises, *qui n'auront, bien entendu, qu'une autorité purement consultative*, seront la meilleure préface des délibérations du congrès international. Voilà pourquoi c'est en vertu d'une conception de principe et d'une vue d'ensemble sur le rôle futur des congrès qui sont inaugurés par nous cette année, que nous avons tenu à faire aborder par la réunion de Toulouse des discussions d'ordre général, telles que celles relatives au mouvement pacifique envisagé dans son ensemble, aux traités d'arbitrage permanent et à la cour arbitrale de la Haye. Qui ne voit, du reste, que le mouvement national se présente ici comme l'auxiliaire indispensable du mouvement international ? N'est-ce pas grâce aux efforts de M. d'Estournelles de Constant, qui connaît bien la cour arbitrale de la Haye, puisqu'il peut dire d'elle : « *cujus pars magna fui* », et qui inaugurait, il y a peu de temps, avec un éclat dont le souvenir ne s'est point effacé, la Société toulousaine de la paix, n'est-ce point, disons-nous, grâce aux efforts de M. d'Estournelles de Constant et à sa campagne active dans le *Temps* qu'a pu enfin être galvanisée la cour arbitrale à laquelle vient d'être donné, pour la première fois, le mouvement, c'est-à-dire la vie. Le député français a, sur ce point, collaboré avec le président des Etats-Unis, M. Roosevelt qui, lui aussi, s'intéressait à la cour arbitrale de l'autre côté de l'Océan ; et tous les deux, dans l'Ancien et le Nouveau-Monde, par un mouvement *national*, sont venus en aide à la cause *internationale*. Nous pourrions multiplier ces exemples et citer les efforts pacifiques des *nationaux* de tous les pays coopérant à la pacification *internationale* ; ce serait inutile, car nous ne ferions ainsi que répéter à l'infini le même argument.

Au surplus, si on la restreint aux questions *purement nationales*, l'œuvre des congrès nationaux serait vite terminée ; et leur initiative rapidement épuisée, car toute question pacifique, bien que paraissant *nationale* exclusivement au premier abord, a forcément un retentissement dans le domaine *international*, étant donné que toutes les parties de l'univers sont nécessairement solidaires entre elles.

Enfin, à raison de l'éloignement de leur résidence du siège des congrès internationaux, de leurs préoccupations de santé, de famille et d'intérêt, certains membres des sociétés nationales ne peuvent se rendre chaque année au congrès international, auquel, dès lors, un nombre assez considérable de sociétés n'est pas représenté. Eh bien ! ces hommes auront, au contraire, participé aux congrès nationaux ; les résolutions qu'ils y auront votées les représenteront en quelque sorte ; et, par là, bien qu'absents, ils exerceront sur la réunion internationale la légitime influence qui doit leur appartenir. Par les considérations qui précèdent se trouve justifiée, suivant nous, ce que j'appelerai la *partie internationale* du congrès *national* ; elle n'a, bien entendu, je le répète, qu'une autorité purement *consultative*, et doit servir seulement à éclairer le Congrès international et à le préparer.

La seconde partie des travaux du Congrès vise le domaine *exclusivement national*, dans lequel tout est à organiser. Et ici vous allez vous trouver en présence du plus délicat des problèmes. Faut-il fédérer en France et dans les autres pays les sociétés nationales, de façon à ce qu'il y ait, par exemple, une *Fédération pacifique française* réunissant les diverses sociétés comme les branches d'un même tronc ; ou bien faut-il laisser à chacune son individualité et son action propre ? La Fédération a, certes, ses avantages ; elle discipline l'action commune qui risquerait de s'émietter ; elle fait un faisceau de groupes qui, séparés, ne peuvent pas grand'chose et qui, réunis, peuvent peut-être davantage, car, en matière pacifique comme ailleurs : « l'union fait la force ». Par contre, elle gêne les initiatives privées qui sont multiformes. Ce qui est bon ici est mauvais là-bas ; puis les individualités dirigeantes des divers groupements sont quelquefois méfiantes, répugnent à une direction commune qui pourrait devenir un joug malfaisant et cacher certaines ambitions plus ou moins avouées. Comme parti mixte, ne pourrait-on, tout en laissant à chacun sa liberté, former une sorte de délégation centrale juxtaposée aux sociétés, ne les gênant pas, leur laissant leur vie propre n'ayant pas d'initiative personnelle, et se bornant à discipliner leurs efforts ? Vous serez, sur ces points, saisis de propositions diverses, que peut-être vous ne pourrez utilement discuter ici d'une façon complète, et dont le renvoi au congrès futur s'imposera, si tant est que jamais on parvienne à se mettre d'accord sur ce délicat problème.

La tâche du Congrès national, dans l'ordre des décisions internes, devra encore concerner beaucoup d'autres points, car je n'ai développé quelque peu que le plus important de tous. Il faudra s'occuper du règlement des futurs Congrès ; nous vous avons proposé ici une ébauche de réglementation empruntée aux congrès internationaux et nous n'avions pas crû pouvoir mieux faire. Et ici pourtant nous avons été avisés qu'il y aurait peut-être à réformer et à trancher dans le vif. Vous direz ce que vous pensez à ce sujet ; vous aborderez aussi la question de l'organisation des groupes locaux dans leurs rapports avec le congrès national et de ce dernier avec son grand frère le Congrès international. Vous aurez à résoudre la question de savoir si le Congrès doit être une manifestation isolée disparaissant avec le temps à lui imparti ou, au contraire, s'il doit se perpétuer d'une année à l'autre, grâce à une sorte de délégation exécutive, qui servirait de trait-d'union entre le Congrès passé et le Congrès à venir.

Telles sont, Mesdames, Messieurs, les idées principales que vous aurez à aborder. Ne les résolvez que si vous êtes absolument sûrs de ne point faire fausse route ; dans le doute, renvoyez à plus tard, car les erreurs du début pèsent d'un poids lourd sur la suite des temps. En tout cas et quoi qu'il puisse arriver, mettez-vous résolument au travail, vous souvenant que, pionniers de l'œuvre pacifique universelle vous travaillerez en même temps et pour la France et pour l'humanité.

A la suite de cet exposé qui, dit la *Dépéche* du 17 octobre, a obtenu l'approbation générale et qui met pleinement en relief le double objectif des travaux des congressistes, on procède à la désignation des présidents d'honneur et des membres des commissions. Les présidents d'honneur désignés par acclamation sont : MM. Passy, de l'Institut; Léon Bourgeois, président de la Chambre des députés, membre de la Cour arbitrale de La Haye; d'Estournelles de Constant, député de la Sarthe, membre de la cour arbitrale de La Haye ; Pauliat et Rambaud, sénateurs ; Perroud, recteur de l'Académie de Toulouse ; Bajer, parlementaire danois, président du Bureau de Berne ; La Baronne de Suttner, présidente de la Société viennoise de la Paix ; Arnaud, président du comité central de la ligue de la paix et de la liberté, déjà présidents d'honneur de la Société toulousaine de la paix. On leur adjoint le premier président, le préfet, le maire, l'archevêque de Toulouse, le procureur général, qui, pressentis, ont bien voulu accepter la proposition à eux faite. Les commissions sont au nombre de trois. La Commission *A* aura à s'occuper des trois premières questions de l'ordre du jour ; la commission *B*, des 4e, 5e et 6e, et la Commission *C* des deux dernières. Font partie de la commission *A* : MM. Passy, Duméril, Guilhem, Le Foyer, Langlade, Ruyssen, Dubos et Malric. Composent la Commission *B* : MM. Mérignhac, Guiraud, Arnaud, Moch, Aubry et l'abbé Parizot. Enfin la commission *C* comprend : MM. Beauquier, Giacometti, Spalikowski, Decans, Follin, Kellermann et Cros-Mayrevielle.

*⁎⁎

L'ordre des travaux ainsi rétabli, M. le président donne communication de divers télégrammes, lettres et adhésions diverses qui sont parvenues au bureau. Il commence par les pacifiques français et cite les noms suivants :

MM. Paul Allégret, président des Amis du Havre, directeur du journal l'*Universel* ; Princesse Wiszniewska, présidente de l'Alliance universelle des Femmes pour la Paix par l'Education ; Jules Tripier, membre fondateur de la

Société française d'arbitrage entre nations ; Surun, de Limoges ; Spalikowski, président de la Ligue rouennaise de la Paix ; Rossignol, secrétaire-général du Comité bordelais du Sud-Ouest navigable ; Prudhommeaux, secrétaire de l'Association de la Paix par le Droit ; Sarrasin Duhem, président de la Société de la Paix du Familistère de Guise ; abbé Pichot, de la Société Gratry de la Paix (Monaco) ; Phalip, de Villefranche-de Rouergue ; Maria Pognon, de la Ligue française pour le droit des femmes ; Pardoux, secrétaire-général des Amis de la Paix de Clermont-Ferrand ; Marchandeau, notaire à Gaillac ; Lounet, ancien maire de Givors ; Cambefort, notaire à Lavaur ; Jounet, de l'Alliance universelle ; Tridon, de l'Alliance des savants et des philanthropes ; Jouet, membre du Comité central de la Paix par le Droit ; Godart, de la Paix par le Droit ; Espéret, de Brive ; Couet, de la Société rouennaise de la Paix ; Cernesson, de la section sénonaise de la Société française d'arbitrage entre nations ; Castel, de la Société pacifique de Viane (Tarn) ; M<sup>mes</sup> Carlier et Bodin, de la Société de l'Education pacifique ; Bruston, doyen de la Faculté de théologie protestante de Montauban ; Bodin, d'Appoigny (Yonne).

A ces manifestations de pacifiques français isolés, dont les groupes étaient déjà représentés au Congrès et qui sont mentionnées au fur et à mesure de leur réception par le Bureau, il convient d'ajouter un certain nombre d'autres lettres ou dépêches émanées soit des parlementaires français soit des individualités ou des collectivités pacifiques étrangères.

M. d'Estournelles de Constant télégraphie et adresse une longue lettre dont, vu son importance, lecture sera donnée à la séance de clôture. M. le sénateur Pauliat, qui faisait acclamer naguère à Paris les généraux boers, envoie tous ses vœux pour le succès du Congrès. M. le sénateur Rambaud écrit qu'il suivra les séances de trop loin avec la plus vive sympathie et la plus grande attention. M. Michel, député des Bouches-du-Rhône, applaudit des deux mains à l'idée qui a amené à Toulouse les pacifiques français. Et M. Richet, de la Faculté de médecine de Paris, président de l'Union internationale, manifeste un regret très vif de ne pouvoir venir à Toulouse.

De l'étranger, en Allemagne, les Sociétés de la Paix de Francfort-sur-le-Mein, du groupe de Breslau et du groupe local de Hambourg-Altona, de la Société allemande de la

Paix, envoient leur cordial salut pacifique. En Angleterre, « l'International arbitration association » de Londres et le Comité de la Paix de Birmingham déclarent envisager avec un vif plaisir le premier Congrès national français et souhaitent que toutes les nations suivent, à ce point de vue, l'exemple de la France  MM. Darby, Barclay et Martineau joignent leurs félicitations individuelles à celles des groupes susindiqués, et M. Barclay insiste pour que le Congrès adopte une résolution en faveur de son projet d'arbitrage franco-anglais. M. Moneta, l'illustre pacifique milanais télégraphie que si la France se prononce nettement en faveur de la compétence générale de la Cour arbitrale de la Haye, l'Italie suivra énergiquement dans cette voie. Il salue le premier Congrès pacifique français et lui adresse ses souhaits cordiaux. M. de La Faille, de la Ligue générale néerlandaise de la Paix, écrit dans le même sens. M. Bajer, de Copenhague, avec ce charmant esprit d'à-propos que lui reconnaissent tous ses amis, reprend à son compte le mot de Victor Hugo : Ceci tuera cela ; et télégraphie : Pacigérance tuera belligérance. M. Bajer avait déjà écrit au Président du Congrès pour solliciter un vœu en faveur de sa résolution sur la Pacigérance ; satisfaction lui a été donnée complètement comme on le verra. D'Autriche, le Baron de Pirquet, président du groupe autrichien de l'Union interparlementaire, regrette de ne pouvoir assister au Congrès qu'il loue grandement, et le Baron et la Baronne de Suttner télégraphient d'Abbazia : « Salut aux pacifiques de France, qui donnent un si éclatant exemple ; au revoir à Vienne. »

M. Moch demande ensuite la parole pour joindre aux communications dont il vient d'être donné lecture, une lettre de M. Alfred Fried, de Berlin, où l'on relève cette phrase flatteuse pour notre pays : « l'essor magnifique pris par le mouvement pacifique en France, démontre que le peuple français marche, comme toujours, à la tête de la civilisation. » M. Moch informe en outre le Congrès qu'il va être créé, cet hiver, à Monaco, un Institut international d'études pour la paix, composé de trente membres monégasques et de trente membres correspondants étrangers. Remerciant M. Moch de sa communication, M. Mérignhac loue chaleureusement le prince de Monaco de cette initiative qui sera hautement approuvée par tous ceux qui auront pu apprécier combien est difficile la recherche des documents originaux sur toutes les branches du droit international, et spécialement dans la matière de l'arbitrage qui est, aujourd'hui, celle qui préoccupe le plus les partis adeptes du mouvement pacifique. Il prie M. Moch de transmettre les remerciements de l'Assemblée au prince de Monaco.

Le Congrès décide qu'il sera adressé des remerciements aux expéditeurs des lettres et dépêches dont il vient d'être question et, avant de lever sa première séance, il place ses travaux sous les auspices du Président de la République française, M. Loubet, auquel est envoyé le télégramme suivant :

*Le premier Congrès national de la Paix, réuni à Toulouse, se souvenant des bienveillantes paroles prononcées à plusieurs reprises par le Président de la République, en faveur de l'idée pacifique, lui envoie l'expression de son sincère et respectueux dévouement.*

PASSY, MÉRIGNHAC.

Le lendemain de la clôture du Congrès, M. le préfet de la Haute-Garonne avisait M. Mérignhac que le Président de la République avait été très sensible à l'envoi du télégramme ci-dessus rapporté, et le chargeait de tous ses remerciements pour ceux qui le lui avaient envoyé.

***

**Séance du jeudi 16 octobre** (2 h. 1/2 après-midi.)

M. Mérignhac préside, assisté de MM. Passy, Duméril, Guiraud, Arnaud, Cazals, Magnol.

L'ordre du jour appelle la discussion de la première question relative aux Sociétés françaises de la Paix, à leur histoire et à leur état actuel, aux moyens de vulgariser leur action dans les masses ; à la création entre elles de rapports plus étroits ; à l'idée de fédération et à la comparaison des pratiques suivies à ces divers points de vue en pays étranger. M. Langlade, rapporteur, donne lecture d'un travail d'une netteté parfaite, d'une documentation des plus sûres et qui constitue une véritable histoire des Sociétés françaises de la Paix. On puisera, dit M. Mérignhac, dans cet utile document, tous les renseignements voulus grâce au travail de bénédictin auquel s'est livré le

très distingué secrétaire de la Société montalbanaise, dont
la thèse sur la *clause compromissoire*, couronnée par la
Faculté de droit de Toulouse, attestait déjà le labeur et
l'énergie pacifiques.

Voici le rapport de M. Langlade :

MESDAMES, MESSIEURS,

L'histoire des Sociétés françaises de la paix ne commence qu'au
dix-neuvième siècle. L'agitation pacifique ne s'était guère manifestée
jusque-là que dans les idées de quelques écrivains, traités généralement de rêveurs, et n'avait que rarement suscité une action pratique,
à laquelle on ne songeait même pas à des époques où la guerre, plus
fréquente et moins en désaccord avec les mœurs qu'aujourd'hui,
paraissait à la majorité des esprits faire partie de la destinée normale
de l'humanité.

Il ne faut pas oublier de signaler, toutefois, les efforts de l'Eglise au
moyen-âge pour faire accepter quelques institutions pacifiques. Il est
iutéressant surtout de relever l'existence, en 1182, d'une *Confrérie
de la Paix*, fondée sous l'inspiration d'un simple charpentier, nommé
Durant, et qui réunit, paraît-il, un assez grand nombre d'adhésions.
Cette tentative isolée ne tarda pas à être étouffée par une féodalité
fondée sur la force et qui dut y voir le double péril d'un mouvement
à la fois pacifique et populaire.

Sous la monarchie absolue, la guerre est presque continuelle et,
qui plus est, glorifiée. La Révolution française a beau proposer aux
peuples la paix universelle, le combat s'éternise et c'est dans les
guerres générales de l'Empire que s'écoulent les quinze premières
années du dix-neuvième siècle. Par réaction, il devait aussi voir naître
et grandir le véritable mouvement pacifique, celui qui ne se contente
plus d'émettre timidement l'idée de la paix, mais qui veut, par une
action méthodique et soutenue, la faire passer dans les faits après y
avoir acquis les esprits.

Quoique venu d'Amérique et accueilli d'abord par l'Angleterre qui
fonde, en 1816, la première Société européenne de la Paix, ce mouvement ne pouvait tarder à se manifester en France, où toute cause
généreuse est assurée de trouver des partisans. L'on pourrait facilement y distinguer quatre périodes très caractérisées, durant lesquelles
l'histoire des Sociétés de la paix suit exactement les destinées de notre
histoire nationale. De 1820 à 1850, période de début, le mouvement
pacifique français, créé par réaction contre les guerres napoléoniennes,
est d'abord hésitant et souvent entravé par la politique intérieure qui
ne lui laisse pas assez de liberté, tout en détournant les esprits de la
guerre étrangère ; la France est relativement en paix avec l'extérieur
et la propagande pacifique est moins nécessaire. De 1850 à 1870, les

guerres et expéditions ayant recommencé avec le second Empire, le mouvement reprend son actualité ; d'autre part, les progrès de l'industrie, des échanges, du bien-être général et de la démocratie, développent l'esprit pacifique qui finit par s'introduire jusque dans le gouvernement. Vers la fin de cette période, d'importantes Sociétés de la paix se fondent, qui subsistent aujourd'hui : l'enthousiasme et la foi agissante de ces pionniers de la cause pacifique, les heureux résultats acquis et surtout espérés, font une sorte d'*âge d'or* de cette époque de fermentation, parfois quelque peu tumultueuse, de ce printemps des Sociétés de la paix, où l'on croyait voir briller une œuvre de concorde inaltérable sur le ciel de l'Europe que la tempête allait soudain obscurcir. La guerre éclate, en effet, et, à sa suite, de 1870 à 1880, s'écoule une période de ralentissement dans la propagande pacifique en France, un vrai *moyen-âge* de l'histoire de nos sociétés qui n'ont pas grand'chose à tenter dans un milieu dominé par les idées de réorganisation militaire et d'armements à outrance, qui nous ont conduit au déplorable état de paix armée dont souffre aujourd'hui le monde civilisé tout entier. En 1880, il se produit une sorte de détente, le péril imminent semble conjuré : tout en restant armé en face de l'Europe armée, la France, reconstituée, assagie, comprend que sans rien oublier des injustices commises, elle n'en doit demander qu'au Droit la réparation. Elle se tourne, à l'intérieur, vers le Travail, la vraie source de richesse et de force, et à l'extérieur, vers l'expansion colonisatrice qui, sous certaines réserves, doit être également bienfaisante. En même temps, dans le cœur des générations apparues depuis cette « année terrible », dont elles ont dû supporter les conséquences sans en être responsables, est née et s'est accrue de jour en jour une profonde horreur, plus encore, une sainte haine pour la *guerre* en elle-même, avec la conviction inébranlable que la force est impuissante à réparer les maux qu'elle a causés. L'accroissement universel et constant des charges militaires, écrasant nos budgets ; l'atteinte indéniable portée à la liberté individuelle et aux convictions les plus respectables par le service militaire obligatoire ; la gêne qu'il impose au travail dans tous ses domaines, l'influence funeste qu'il exerce sur l'activité, la moralité, la santé même de la jeunesse, et surtout le malaise insupportable causé dans toute la vie sociale par la menace d'une conflagration toujours possible : toutes ces causes et d'autres encore, agissant sur des esprits affinés par une instruction générale plus répandue et l'adoucissement des mœurs, ont jeté une portion toujours croissante de cette jeunesse dans le mouvement pacifique contemporain. Aussi, de 1880 à nos jours, c'est, pour les sociétés françaises, une brillante période d'épanouissement et de floraison ; nous assistons à une véritable *Renaissance* de l'idée pacifique, nullement disparue, simplement endormie, et dont le réveil glorieux se marque d'abord par un redoublement d'activité dans les groupements de la première heure, puis par l'apparition d'une foule de sociétés nouvelles, dont quelques-unes ont essaimé des groupes dans plusieurs directions. La création d'organismes centraux d'un caractère international (Bureau permanent de Berne, 1892) ou national (Bureau français de la Paix, 1896), ayant pour but de relier les diverses sociétés, et l'adhésion au mouvement pacifique d'associations poursuivant aussi un autre but ont, en accélérant sa marche, montré son importance, sa vitalité, son harmonie avec les besoins de notre temps.

Et ce mouvement n'est, certes pas près de s'arrêter. On peut même se demander s'il ne tend pas à une certaine exagération et, parvenus à cette année 1902 qui voit s'ouvrir le premier *Congrès national*, après avoir constaté qu'à l'heure actuelle une trentaine de sociétés propagent en France l'idée pacifique, nous aurons à examiner s'il ne conviendrait pas maintenant de faire la synthèse de tous ces efforts en vue d'une action commune plus intense et plus efficace sur l'opinion publique.

Telle sera, croyons-nous, la conclusion naturelle du présent historique dans lequel nous suivrons de préférence à la division par périodes que nous avons esquissée, division intéressante, mais qui aurait l'inconvénient de scinder l'histoire d'une même société et d'amener à des redites, l'ordre chronologique de la fondation des divers groupes ou de leur adhésion au mouvement pacifique. Ne pouvant entrer dans les détails, nous nous efforcerons de signaler les traits caractéristiques de chacun de ces organes, afin de pouvoir surtout les apprécier au point de vue spécial qui nous occupe : l'orientation du mouvement français contemporain (1).

Quelques mots d'abord sur les premières tentatives. C'est en 1821 qu'apparut, en France, la première association pacifique sous le titre de « Société de morale chrétienne ». D'un caractère religieux, comme les sociétés américaines et anglaises des « Amis » qui lui avaient servi de modèle, son but était d'appliquer les principes du christianisme aux relations entre les peuples. Elle eut comme président le duc de Larochefoucauld-Liancourt et compta des hommes éminents, tels que Benjamin Constant, le duc de Broglie, Lamartine, Guizot, Hipp, Carnot, Duchâtel, etc. Elle dura, paraît-il, plus d'un quart de siècle, et, en 1841, un comité de la paix se constitua dans son sein, mais il ne devait pas exercer longtemps son activité. Les événements politiques et les mesures d'ordre intérieur entravaient alors beaucoup ces tentatives puisque, en 1847, plusieurs économistes distingués comme Fré-

---

(1) La liste des associations présentées a été extraite de celle publiée par le Bureau de Berne et dont la plus récente édition est du 15 août 1902. Les renseignements sur la plupart des sociétés nous ont été gracieusement fournis, avec documents à l'appui, par les Présidents ou secrétaires des Sociétés elles-mêmes par lettres détaillées ou monographies très complètes. Nous leur adressons à tous nos plus sincères remerciements, en priant ceux de nos correspondants qui n'ont pu répondre à notre circulaire du 7 mars 1902 de ne pas nous en vouloir si l'historique de leur groupe se ressent forcément de l'indigence de notre information.

déric Bastiat, Francisque Bouvet, Joseph Garnier, G. de Molinari, Denis Potonier, Ziegler, Wolowski, etc., ayant voulu fonder une nouvelle Société de la Paix, avec un caractère sans doute différent de la précédente, en furent empêchés par la suspension du droit de réunion. Les pacifiques français, dont le plus illustre fut Victor Hugo, se rendaient alors aux congrès tenus à l'étranger (Londres, 1843 ; Bruxelles, 1848) en attendant qu'on leur permit de se réunir en France, où ils purent enfin tenir assemblée en 1849. Il ne saurait entrer dans notre plan de retracer les fastes de ce Congrès où le grand poète national prononça de si magnifiques discours, annonçant la fin de toutes les guerres et des haines qu'elles provoquent, proclamant l'arrivée d'une ère de fraternité internationale qu'ont assurément préparée, sans la réaliser encore tout à fait, les efforts des sociétés pacifiques actuelles dont nous allons maintenant nous occuper (1).

### Ligue du Bien public, 1858.

Un autre congrès de la Paix s'était tenu à Francfort en 1850, où des délégués français avaient été invités. Parmi eux se trouvait M. Pierre Potonié qui, tout jeune encore, conçut pendant un séjour en Allemagne, vers 1858, le plan de sa « Ligue du Bien public », définitivement installée à Paris vers 1863. Combattre les monopoles et les spoliations, démontrer les avantages de toutes les libertés, prêcher la paix, tel était le but de cette Ligue dont les statuts, votés en 1866, énumèrent ainsi les principes : Respect de la vie humaine, suppression des armées permanentes, des douanes et des impôts indirects, liberté de la presse, de réunion, d'association et d'enseignement dans tous les pays, fédération des peuples, arbitrage international, solidarité des intérêts humains, nulle distinction de sexe, de race, de caste ni de culte. Ce vaste programme, économique et politique autant que pacifique, devait être propagé dans les milieux les plus divers par une « Correspondance cosmopolite » formée surtout des lettres et adresses des adhérents parmi lesquels la Ligue compta, dès la première heure, des hommes éminents de divers pays, tels que : Richard Cobden, Victor Hugo, Eugène Pelletan, Henry Richard, Garibaldi, F. Passy, etc. Mais M. Potonié, que la mort vient de nous enlever, en était toujours resté l'âme et par ses voyages, par sa correspondance des plus actives, surtout par la publication du « Cosmopolite » et des « Petits plaidoyers contre la guerre » reproduit dans un grand nombre de journaux, il a vraiment inauguré la propagande pacifique en France. Ses efforts pour conjurer la guerre de 1870, pour

(1) Voir pour l'histoire du mouvement pacifique à cette époque : Ed. Potonié Pierre. *Historique du mouvement pacifique.* Consulter aussi : Elie Ducommun, *Précis historique du mouvement en faveur de la Paix.*

reconstituer la Ligue qui reprit ses travaux à Paris vers 1880, les nombreuses conférences qu'il a faites lui-même ou présidées jusque dans un âge avancé, méritent la reconnaissance générale. La Ligue du Bien public a des comités locaux autonomes dirigés par un Bureau composé d'un président, d'un secrétaire et d'un trésorier, ces deux fonctions pouvant être cumulées. Sa devise est : *si vis pacem, para justiliam*, et son moyen d'action la persuasion, c'est-à-dire pratiquement les conférences et les écrits de propagande. Elle a un secrétaire dans la Dordogne, M. Cavaillez à Sarlat, et un autre en Belgique.

### Association internationale économique des Amis de la paix, 1865.

Cette Association, fondée à Londres, le 5 juillet 1865, par M. Marc-Amédée Gromier, qui l'a toujours présidée, a son siège social à Paris depuis 1866. Son but est la constitution d'une union douanière ou Zollverein européen, fédération économique préparant la paix universelle par l'uniformité du calendrier et du méridien, des poids et mesures, monnaies, tarifs postaux, télégraphiques, des chemins de fer et paquebots, l'abolition des passeports, péages, octrois et douanes : programme, on le voit, principalement économique. Quoi qu'il en soit, dans ses trente-sept années d'existence, cette Société, forte de l'appui de plusieurs hommes politiques et littérateurs, a publié trois cent quatre-vingt-deux circulaires, organisé cent onze banquets, réuni trente-sept fois des assemblées générales, participé à vingt-et-un congrès humanitaires et figuré aux expositions universelles de Paris en 1889 et 1900. En 1902, elle a dépassé le chiffre de 30.000 adhérents, parmi lesquels quatre cents publicistes appartenant pour la plupart à la presse socialiste. Elle publie un Bulletin sous forme de circulaire ou correspondance hebdomadaire. Il est bon de noter que depuis sa fondation elle a porté plusieurs sous-titres : Fédération des peuples gréco-latins, alliance arméno-gréco-latine, union méditerranéenne, fédération slavo-latine et Zollverein européen.

### Société française pour l'arbitrage entre nations, 26 avril 1867.

L'année 1867 est une date à retenir dans l'histoire des Sociétés françaises de la Paix, car elle a vu se fonder deux importantes associations : la « Ligue internationale de la paix » (aujourd'hui Société française pour l'arbitrage entre nations) et la « Ligue internationale de la Paix et de la Liberté ». Parlons d'abord de la première à laquelle se rattache étroitement un nom vénéré de tous les pacifiques. Elle mérite à tous les points de vue un examen approfondi, dans lequel nous distinguerons la Société-mère, des sections qu'elle a fondées avec un plein succès.

Il est des hommes qui personnifient une idée, d'autres qui incarnent une œuvre. M. Frédéric Passy a eu le bonheur de remplir ce double rôle et d'être, à la fin de ce dix-neuvième siècle qui a tant souffert de la guerre, à l'aurore du vingtième siècle qui verra peut-être s'établir la paix définitive, l'incarnation de l'idée pacifique et l'âme d'une de nos principales Sociétés. Malgré tous les obstacles venus des hommes, des événements et de l'âge lui-même, ce doyen des pacifiques français l'a infatigablement servie et représentée durant ces trente-cinq années d'existence, d'abord comme secrétaire, puis comme président.

Lui-même nous raconte (1), avec toute l'autorité et tout le charme d'un récit vécu, les circonstances dans lesquelles cette Société prit naissance. On peut la faire dater du 26 avril 1867, jour heureux pour la paix, où la publication dans *Le Temps* de trois lettres écrites par MM. Passy, Gustave d'Eichtal et le pasteur Martin Paschoud, arrêta la guerre sur le point d'éclater entre la France et l'Allemagne au sujet du Luxembourg. Encouragés par ce résultat, les auteurs de cette tentative résolurent de rendre leur effort permanent en créant une association qui, toujours en éveil, contribuerait à effacer les malentendus internationaux et à répandre les idées pacifiques. Ils purent intéresser à cette œuvre, placée sous la présidence du grand industriel et philanthrope Jean Dolfus, des personnalités françaises et étrangères d'un caractère très différent : Arlès-Dufour, Michel Chevalier, Joseph Garnier, Martin Paschoud, le père Gratry, le rabbin Isidor, pour ne parler que des Français. La « Ligue internationale et permanente de la Paix » était créée.

Dans sa circulaire-programme du 1er octobre 1867, elle établissait nettement que la paix était son principe et son but unique; l'apaisement des discordes internationales, sa seule ambition. Malgré les difficultés qu'elle rencontra de la part du gouvernement, étant bien accueillie du public, elle ne tarda pas à réussir. Le Bulletin qu'elle publie dès le début et à plusieurs reprises par les soins de M. Henri Bellaire, des comptes rendus de quizaine dans *Le Temps*, les brochures et ouvrages qu'elle répandit et surtout les conférences qu'elle donna, où des orateurs tels que Laboulaye, Ath. Coquerel, le père Hyacinthe, Foucher de Careil, etc., venaient joindre leur voix à celle de M. Passy, la firent avantageusement connaître. La contribution généreuse de M. Peugeot lui permit d'instituer un prix de 5.000 fr. pour le meilleur ouvrage contre le crime de la guerre, prix qui fut attribué en 1872 au livre de M. Mézières : *La Polémomanie,* sur un rapport signé de MM. Passy, Renouard et Laboulaye. Les deux assemblées générales de 1868 et 1869, présidées respectivement par J. Dollfus et Michel Chevalier, eurent un grand retentissement.... L'œuvre était prospère et l'on croyait voir venir le règne bienfaisant de la paix

---

(1) F. Passy. Le Mouvement de la Paix. *Revue de l'arbitrage entre nations,* 2e série, nos 1-4.

perpétuelle... quand éclata l'orage de 1870 que, cette fois, ces forces mieux organisées des pacifiques furent impuissantes à conjurer. Ni les circulaires aux journaux lancées coup sur coup par M. Passy, ni les lettres de Martin Paschoud aux deux souverains belligérants, ni la démarche que tous deux voulaient tenter, avec d'autres membres du Comité auprès du roi de Prusse ne pouvaient avoir une grande influence sur la marche des évènements. Tout fut essayé cependant, et les défenseurs de la paix eurent la consolation de penser qu'ils avaient fait leur devoir.

Au lendemain de la guerre, il était difficile de conserver à la Ligue son titre et son caractère international. Elle devint la « Société française des Amis de la paix », sous la présidence du philosophe Ad. Franck, membre de l'Institut. Mais c'est toujours le même but qu'elle se propose, c'est toujours la doctrine du droit supérieur à la force qu'elle proclame. Son programme de 1872 intitulé : « Revanche ou relèvement » met en lumière les dangers de la revanche par les armes, qui peut aussi bien conduire à une autre défaite qu'à la victoire, d'ailleurs génératrice de nouvelles haines, et la nécessité de demander les réparations des injustices au travail, à la sagesse, au progrès des mœurs et à deux principes essentiels : liberté des nations, solidarité des peuples. La propagande de ces idées fut activement poussée et l'action pacificatrice, suspecte ou dédaignée au début, obtint peu à peu une attention plus favorable de la part des pouvoirs publics qui finirent par l'encourager : le Congrès tenu à Paris en 1878, à l'occasion de l'Exposition, est le premier qui ait eu un caractère officiel, et il ne réunit pas moins de quinze Sociétés de la paix sous la présidence de M. Ad. Franck. Vers cette époque, la Société pour mieux préciser son but et limiter son programme, prit son titre actuel de « Société française pour l'Arbitrage entre nations ». Le Congrès universel de 1889, auquel elle prit une grande part, marque une nouvelle phase de son activité, exercée depuis lors en toute occasion par des assemblées générales, des conférences, des publications (bulletins, almanachs, articles, etc.), des manifestations diverses, une action politique vigilante et la création de groupes provinciaux pleins de vitalité.

Un tel succès s'explique quand on parcourt la liste des notabilités de la plus haute valeur qui lui ont donné leur appui. Aux noms déjà cités on peut ajouter parmi les morts, ceux de Jules Simon, Duruy, Em. Beaussire, H. Dumesnil, Léon Marillier, Arthur Desjardins, Letourneau, etc., et, parmi les vivants, des membres de l'Institut, du Collège de France, des corps diplomatiques et politiques, des jurisconsultes et des savants qui ont tenu à honneur de se grouper autour de la haute personnalité de M. Frédéric Passy, par exemple MM. Michel Bréal, An. Leroy-Beaulieu, Sully-Prudhomme, d'Arsonval, de Courcel, d'Estournelles de Constant, Charles Richet, A. Weiss, Georges Lyon, Ch. Beauquier, Ferd. Dreyfus, Silhol, Trarieux, etc.

Composée de membres fondateurs, sociétaires et adhérents, la Société d'arbitrage est administrée par un conseil de trente membres qui nomme à son tour un bureau actuellement composé de MM. F. Passy, président ; Ch. Richet et André Weiss, vice-présidents ; Georges Lyon, secrétaire général, Decugis et Nivard, secrétaires ; Le Tellier, trésorier. Le siège social est : 10 rue Pasquier ; les statuts ont été approuvés le 13 novembre 1878 et le 17 avril 1889, et la Société sera bientôt reconnue d'utilité publique. L'assemblée générale annuelle se tient d'habitude dans la deuxième quinzaine de mars, sous la présidence de M. Passy, qui prononce une allocution de circonstance, tandis que le secrétaire général lit un rapport sur l'activité de la Société et que le trésorier expose sa situation financière généralement satisfaisante. Une causerie, faite le plus souvent par le professeur Richet, ajoute un nouvel attrait à ces réunions.

Il serait impossible d'énumérer simplement toutes les conférences faites au nom de la Société d'arbitrage à Paris ou en province et jusqu'à l'étranger. C'est, on s'en doute bien, M. Frédéric Passy, en infatigable apôtre de la paix, qui en a fait le plus grand nombre, à Paris, Lyon, Marseille, Bordeaux, Rochefort, Saint-Etienne, Montauban, Clermont-Ferrand, Pau, Le Havre, Lille, Douai, Montpellier, Angoulême, Cognac, etc., sans compter tous les discours prononcés par lui dans les Congrès et les diverses réunions pacifiques. Après lui, MM. Richet, Marillier, d'Estournelles et bien d'autres se sont multipliés pour répandre la bonne parole sur l'arbitrage, la solidarité internationale, les guerres et la paix, la conférence de La Haye, etc. Plusieurs conférences de M. Passy (l'Armée de la paix, les Armements de l'armée, l'Utopie de la paix) ont été publiées en brochures par les soins de la Société. Le nombre des articles qu'il a écrits dans diverses Revues sur des sujets pacifiques est considérable.

Mais la principale publication de la Société d'arbitrage entre nations est la Revue qu'elle a fait paraître sous ce titre, de 1897 à 1901, et qui, depuis lors, continue, agrandie et améliorée, éditée par la librairie Schleiche, sous le titre de « Revue de la Paix ». Modeste au début, cette Revue n'a fait que s'accroître (304 pages en 1899, 344 en 1900, 440 en 1901) et tire actuellement à 600 exemplaires de 40 pages chacun. Elle contient des articles de fond et de doctrine, des études d'actualité, un examen de la situation politique au point de vue de la paix, des comptes rendus des Congrès et conférences, une chronique du mouvement pacifique français et étranger, une bibliographie. Parmi ses principaux collaborateurs, relevons les noms de MM. F. Passy, Ch. Richet, d'Estournelles, P. Mieille, Duméril, E. Thiaudière (qui fut longtemps secrétaire général de la Société), Marillier, Weiss, G. Picot, Beauquier, Cernesson, Nivard, Lyon, E. Arnoud, Hodgson Pratt, Mme la baronne de Suttner, Séverine, etc.

La Société d'arbitrage a mis des sujets au concours et décerné des prix : il convient de citer, dans cet ordre d'idées, sa très intéressante tentative pour doter l'enseignement primaire d'un manuel d'histoire de France dans un sens pacifique. Rappelons aussi que c'est à la générosité d'un de ces membres, M. Ausbert Labbé, qu'est due la belle toile du peintreH. Danger, « Les artisans de l'arbitrage et de la paix », qui figura au salon de 1898 et fut offerte à l'empereur de Russie. On voit que la Société a usé de tous les moyens pour répandre et faire aimer la doctrine pacifique.

Son activité politique doit également être notée, car son bureau n'a laissé échapper aucune occasion d'attirer l'attention des gouvernants quand la paix était menacée ; sans parler des motions réitérées de M. Passy en faveur de l'arbitrage, auprès du Parlement français dont il faisait alors partie (1886-1887-1888), nous relevons : en 1890 une adresse, signée Passy et Richet, au ministre des affaires étrangères, au sujet du différend anglo-portugais ; en 1895, la réception de plusieurs membres du conseil par M. Trarieux, qui déclara approuver la propagande pacifique, en 1898 à propos du conflit gréco-turc ; en 1899 en présence de la guerre hispano-américaine, adresses aux gouvernements les engageant à l'arbitrage ; même tentative én 1900 au sujet du Transvaal, etc.

La Société d'arbitrage a pris part à des manifestations diverses, parmi lesquelles nous citerons, sans parler des Congrès internationaux où elle a été largement représentée et notamment celui de 1900, à Paris, dont le président d'honneur était M. Passy et le président effectif M. Richet ; les fêtes et banquets pacifiques du 22 février, qui tendent à une périodicité annuelle, et diverses solennités dont les plus brillantes ont été le banquet de 1901 pour célébrer l'inauguration de la cour de La Haye et celui de 1902 offert à M. Passy à l'occasion du prix Nobel.

Elle a exercé encore une propagande féconde par des appels, circulaires, programmes, pétitions lancés constamment à propos de la conférence de La Haye et de la guerre du Transvaal. Le meilleur résultat de sa propagande et la preuve la plus sûre de sa vitalité, c'est la fondation de plusieurs sections locales qui ont admirablement réussi.

### Section de Nice et du littoral français. 1896.

Cette section, fondée en 1896, a pour président M. le comte Gurowski et son siège à Nice, rue Gubernatis, 19, dans les bureaux de la *Semaine niçoise* qui lui sert d'organe ; comme la Société-mère, dont elle a adopté les statuts, elle a donné des réunions et conférences fort intéressantes sous la présidence du général Türr ; nous citerons notamment celle de M^me de Suttner, l'auteur du roman célèbre *Bas les armes*, en 1899. Cette section est bien placée pour agir sur la Société cosmopolite qui fréquente la Côte-d'Azur et compte souvent des personnalités influentes de la diplomatie et de la politique, parfois même des princes et des rois.

### Section du Havre, 1899.

La section du Havre, due à M. Follin qui la préside, a été inaugurée
le 14 janvier 1899 par une conférence de M. Richet. Elle est en quelque sorte la résurrection d'une Société de la paix qui avait déjà existé
au Havre de 1868 à 1870, sous la direction de M. Félice Santallier.
Le nouveau groupe se constitue définitivement le 28 avril 1899 sur
les mêmes statuts que la Société de Paris, mais avec un règlement
intérieur spécial et une entière autonomie budgétaire. Le local du
groupe est rue Edouard Larue, 3. siège d'une bibliothèque et de
réunions périodiques ; son organe est *L'Individualiste*, revue mensuelle. Riche de plus de 200 membres, cette section a déployé une
grande activité en faisant entendre au Havre des conférenciers éminents tels que MM. Passy, Richet, Le Foyer, et en répandant, par ses
membres, notamment M. le Dr Sorel, la parole pacifique dans tous les
cantons de l'arrondissement. Elle a fait circuler à plusieurs reprises
des pétitions adressées aux pouvoirs publics en faveur de l'arbitrage
et réussi à rallier à sa cause plusieurs candidats aux élections de 1902.

### Section de Sens, 1901.

Une conférence de M. Passy, le 27 janvier 1901, provoqua la fondation de la section sénonaise, préparée par les soins de M. Doigneau,
juge au Tribunal civil de Sens et trésorier du groupe. Les excellents
résultats de sa propagande ressortent du nombre d'adhésions recueillies dès la première année : deux cent trente-huit pour un seul
arrondissement, formant un total de 311 francs. L'action a été particulièrement intense auprès des instituteurs, que les membres du
Comité visitent individuellement à bicyclette, et auprès des médecins ;
elle s'exerce sur le public en général par des conférences, articles,
circulaires, lettres personnelles, etc. La section sénonaise estime que
la propagande pacifique, pour être fructueuse, doit se localiser dans
une région déterminée et de faible étendue, comme l'arrondissement.
Dans un remarquable rapport présenté au Congrès de Glasgow par
son président M. Cernesson (1), elle a émis le vœu de fondre en une
seule toutes les Sociétés d'un même pays ainsi constituées. En ce qui
la concerne, la section de Sens réunit les cotisations de ses membres
et en envoie une partie à la Société-mère en gardant le reste pour ses
frais particuliers.

(1) J. Cernesson. Le Groupement des Sociétés pacifiques dans l'Arbitrage entre nations, 25 août 1901.

### Autres sections.

La Société d'arbitrage possède encore une section à Angoulême, récemment fondée (1902) sous la présidence de M^me Frugier, directrice de l'Ecole normale. Deux autres sont en formation dans l'Yonne, à Auxerre et à Tonnerre.

### Ligue internationale de la Paix et de la Liberté, 12 sept. 1867.

Bien que le siège central de cette Ligue ait toujours été à Genève et qu'elle soit essentiellement internationale, on ne saurait l'exclure de la liste des Sociétés françaises : c'est à un français, le philanthrope Charles Lemonnier, qu'elle doit surtout sa fondation ; c'est un français, M. Emile Arnaud, notaire à Luzarches (Seine-et-Oise), qui la préside actuellement ; enfin elle possède plusieurs groupes en France.

Sa création fut décidée au Congrès de Genève de 1867, tenus sous la présidence d'honneur de Garibaldi. Le caractère avancé qu'elle prit tout d'abord en unissant étroitement la question pacifique aux revendications politiques et sociales, le ton de ses réunions annuelles parfois très agitées ne lui auraient pas permis de s'établir en France à cette époque, où des personnalités distinguées ne craignirent cependant pas de lui donner leur adhésion : le professeur Gustave Vogt, Jules Barni, Ch. Lemonnier, qui l'ont successivement présidée ; MM Naquet, Acoblas, Jolissaint, Armand Goegg, etc. ; Victor Hugo présida son troisième Congrès. Le but de cette Ligue était la paix et la liberté par la formation d'une fédération républicaine des peuples de l'Europe ; elle la faisait reposer sur les bases suivantes : autonomie de la personne humaine et des nations, toutes les libertés individuelles et collectives, éducation intégrale, égalité des sexes, séparation des Eglises et de l'Etat, abolition de la peine de mort, de la guerre et des armées permanentes ; arbitrage international, traités d'arbitrage permanent, code international et neutralisation. Mais, avec le temps, elle a vu la nécessité de restreindre son action et, sous l'influence de Charles Lemonnier, elle a dirigé principalement ses efforts sur la question de l'arbitrage permanent, dont ce pacifique déterminé s'était particulièrement occupé ; cette question, étudiée aux Congrès de la Ligue de 1873 et 1874, fut encore reprise à ceux de 1889 et 1890, sous la présidence de M. Arnaud, qui l'a propagée par ses écrits et ses nombreuses conférences et, en mainte occasion, s'est efforcé d'y amener les gouvernements (conflit hispano-américain). Toutefois, le vaste programme de la Ligue reste toujours inscrit en tête de son organe mensuel *Les Etats-Unis d'Europe*, qui est dans la 33^e année de son existence. Au point de vue de l'organisation intérieure, elle admet des membres individuels, des sections, comités et associations adhérentes ; son Comité central, de vingt-cinq membres, s'adjoint des correspondants et nomme un bureau dont le vice-président actuel est M. Elie Ducommun, le dévoué secrétaire du Bureau international de Berne.

La Ligue de la Paix et de la Liberté compte en France plusieurs sections presque toutes dues à la propagande de M. Arnaud : le Comité de Paris, dirigé par M^lle Toussaint; celui de la Sarthe, par M^me Destreché ; la Ligue « Pax », récemment fondée à Paris (1901), secrétaire M. Pierre Declin ; la section départementale du Nord, présidée par un jurisconsulte distingué, M. de Montluc, à Douai, celles de la Drôme, de l'Ardèche et de Lens.

### Les Amis de la Paix du Puy-de-Dôme, 1884.

Fondée par M. Pardoux, cette Société, qui a compté en 1885 près de quinze cents adhérents, a fait approuver définitivement, en 1889, ses statuts très détaillés, dans lesquels elle expose, avec son intention de se rattacher fédérativement aux autres groupements pacifiques, son but de pacification à la fois internationale et sociale. Son activité a été surtout politique et, à l'occasion de diverses élections, elle a réussi à faire accepter le principe de l'arbitrage par plusieurs représentants. Sa propagande s'est exercée aussi par des conférences, des articles, des discours, des publications diverses, des adresses au gouvernement, etc. Elle a son siège rue Saint-Eloi, 5, à Clermont-Ferrand, jouit d'une bibliothèque et d'un organe rédigé par M. Pardoux. En 1901 elle a fusionné avec la section de Clermont-Ferrand, de la « Ligue des Droits de l'homme et du citoyen », présidée par M. Pellet, professeur à l'Université. Elle a un groupe à Vic-le-Comte : président, M. Guyot, ancien sénateur.

### Société de Paix et d'arbitrage international du Familistère de Guise, 1886.

Le puissant organisateur qu'était J.-B. Godin a complété l'œuvre d'harmonie sociale tentée avec son curieux « Familistère » de Guise par la fondation d'une Société de la Paix qui date officiellement de 1886, mais qui existait auparavant et qu'il présida jusqu'à sa mort. Par son journal *Le Devoir*, fondé en 1878 et qui consacre toujours une place importante à la question de la paix, par des conférences mensuelles au théâtre du Familistère, par des pétitions qu'il fit couvrir de signatures et par de nombreux écrits, ce philanthrope fit, jusqu'en 1881, une vigoureuse propagande pacifique, continuée après lui par la Société, sous la présidence de M. Bernardot et, depuis 1897, de M. Sarrazin-Duhem. La pacification générale, l'arbitrage entre nations, le désarmement et l'étude des questions sociales se rattachant à la paix, constituent son programme; des conférences (dues à

M. Passy, au D^r Nicollet, membre de la Société), des articles, des mémoires présentés au Congrès, des imprimés de toute sorte, constituent ses moyens de propagande. En 1896 elle a fait faire un tirage à part de la *Philosophie de la Guerre*, de M. Revon, qu'elle a généreusement distribué. En 1890 elle comptait environ deux cents membres. Les statuts prévoient la fédération avec d'autres Sociétés.

### Association de la Paix par le Droit, 1887.

Voici l'une des plus importantes Sociétés françaises de la Paix, l'une des plus actives et des plus répandues. Elle eut toutefois de modestes débuts, lorsque, sous le nom « d'Association des jeunes Amis de la Paix », elle fut fondée à Nîmes, le 7 avril 1887, par six jeunes gens dont la plupart n'avaient pas vingt ans. Les difficultés mêmes qu'elle rencontra tout d'abord contribuèrent à la faire connaître ; la publication de son premier bulletin trimestriel, en 1890, marque le commencement de sa vie publique. En 1891 elle déposait ses statuts qui, par suite d'atermoiements administratifs, ne reçurent l'approbation légale qu'après le transfert à Paris du siège social, en 1897 ; l'Association, grandissant d'importance, s'établit en effet dans la capitale, à l'hôtel des Sociétés savantes, tandis que l'administration restait à Nîmes, 10 rue Monjardin. L'autorisation fut accordée par arrêté ministériel du 23 décembre 1899.

· C'est en 1895 que l'Association prit le titre actuel de « La Paix par le Droit », un véritable programme en trois mots qui a fait fortune en résumant à merveille le but poursuivi : vulgariser les solutions juridiques des conflits internationaux et spécialement substituer l'arbitrage à la guerre. Les moyens d'action, indiqués dans les statuts, sont des conférences publiques, la création de groupes locaux, poussée avec activité depuis 1898, l'entretien d'une bibliothèque circulante, la publication d'ouvrages de propagande, d'une Revue, bien connue aujourd'hui sous sa robe verte couleur d'espérance et d'un almanach. Aux ressources que lui donnent pour y pourvoir les diverses cotisations de ses douze cents membres, dont plus de trois cents appartiennent à l'Université, vient s'ajouter la jouissance d'un legs, consistant dans la rente annuelle d'un capital de 70.000 francs, de son regretté président, Charles Brunet, mort en 1897.

La caractéristique de cette Société est l'état de dispersion dans lequel se trouvent les membres de son Comité, établis sur des points divers de son territoire. Grâce à une lettre-circulaire, créée en 1891, et aux assemblées générales régulièrement tenues, l'unité de direction n'en a pas souffert et les avantages du système, permettant une propagande multiple et mieux répartie, ont seuls subsisté. Un Comité de sept membres dirige l'Association et choisit dan sein un président, un vice-président, un secrétaire et un trésorier. Il se compose actuellement de MM. Ruyssen (président depuis 1897), L. Le Foyer, Prudhommeaux (plusieurs fois secrétaire et l'un des fondateurs), A. Laune (trésorier depuis 1893), A. Jouet, J. Godart et P. Nattan-Lanier. La « Paix par le Droit » est placée sous la présidence d'honneur de M. F. Passy et compte parmi ses membres honoraires les plus hautes personnalités du parti pacifique français et étranger.

Il est bien difficile de donner en peu de mots un aperçu de l'activité considérable de cette Association de jeunes et ardents pacifiques. En dehors de Paris, où elle est représentée par un groupe spécial, ses conférenciers (et en première ligne MM. Passy, Ruyssen, Prudhommeaux, Le Foyer, Jouet, etc., etc.), se sont fait entendre à Lyon, Nîmes, Alais, Cette, Montpellier, Toulouse, Montauban, Pau, Bordeaux, La Rochelle, Niort, Blois, etc. Les conférences du groupe parisien qui, véritable Société savante de la Paix, a surtout en vue l'élaboration et la discussion de la doctrine pacifique, ont été très remarquables, données par des orateurs comme MM. A. Leroy-Beaulieu, F. Passy, Ch. Richet, d'Estournelles, A. Weiss, L. Marillier, E. Buisson, G. Séailles, Cheysson, H. Depasse, Paul Desjardins, J. Bos, Em. Arnaud, Tolliet, etc., etc. La plupart de ces noms, auxquels il faudrait en joindre bien d'autres : F. Bajer, Ch. Beauquier, Léon Bourgeois, Ch. Brunet, P. Cleyet, Louis Comte, J. Dumas, Ch. Gide, Yves Guyot, Heindel, Lavisse, Mérillon, G. Moch, E. Moneta, de Montluc, Novicow, Hodgson Pratt, Prudhommeaux, Ruyssen, G. Tarde, Worms, etc., se retrouvent dans la liste des cent huit collaborateurs de la Revue « La Paix par le Droit ». Modeste publication de 96 pages en 1893, elle n'a cessé de se perfectionner et de s'accroître, atteignant 504 pages et tirant à 3.000 exemplaires en 1899. Elle donne des articles de fond, des actualités littéraires, une chronique détaillée des événements politiques, des échos du mouvement pacifique, une bibliographie bien soignée. « L'Almanach de la Paix », publié tous les ans depuis 1889, avec un tirage maximum de 10.000 exemplaires, est une initiative heureuse de l'Association et un excellent outil de propagande dans les masses où, par son bas prix (0.20ᶜ) il peut faire pénétrer ses articles sur tous les problèmes de la guerre, de la paix et du droit international, son historique des événements de l'année intéressant le mouvement pacifique, émaillés de récits, anecdotes et images de nature à frapper les esprits. Ces deux publications présentent ainsi un tableau complet de ce mouvement depuis douze ans. Il faut y joindre l'Appel-Programme de l'Association, résumant en quatre pages une véritable théorie de la propagande pacifique : situation actuelle de l'Europe ; naissance, progrès et organisation du parti de la paix, son programme juridique, organisation spéciale de la « Paix par le Droit. »

Son activité politique, très intense, s'est exercée par des pétionnements, circulaires, adresses, démarches du Comité auprès des minis-

tres et hommes politiques, lettres aux souverains, action sur les candidats aux fonctions législatives, etc., tous documents qui ont paru à
leur date dans la Revue ; le conflit hispano-cubain, la conférence de
La Haye, la guerre du Transvaal, les démêlés de la France avec la
Porte ont été les principales occasions où elle est intervenue et qui lui
ont valu les sympathies et l'appui de personnalités telles que MM. Charles Dupuy, Delcassé, Léon Bourgois, le président Krüger, etc.

Il est presque inutile de dire que l'Association a pris part à toutes
les manifestations collectives du parti pacifique, où elle a été représentée par des délégués : Congrès internationaux, assemblées, banquets, solennités pacifiques de toute nature. Elle a pris une part
active à l'organisation du Congrès de 1900 à Paris, dont son vice-président, M. Le Foyer, était le secrétaire. A l'Exposition figuraient la
collection complète de sa Revue et de son Almanach. On doit encore
signaler, comme moyens de propagande dues à son activité, la bibliothèque circulante de deux cents volumes, fondée en 1891 et installée
actuellement au Musée pédagogique de Nîmes et l'organisation récente
d'un service de vues photographiques sur verre pour projections lumineuses qu'un éditeur de Paris a préparées sous sa direction.

### Groupes locaux

Le Comité directeur de la Paix par le Droit s'est préoccupé de
bonne heure de fonder des groupes locaux autonomes et dirigés par
un bureau spécial. Le premier fut celui de Montpellier (1892), bientôt
suivi de ceux de Cette, Lyon, Nîmes et Paris, avec des fortunes
diverses et des reconstitutions successives. Les plus importants de ces
groupes sont ceux de Paris (1898), Nîmes (1901) et Lyon (1901).

### Paris

Nous avons déjà parlé des conférences du groupe parisien, inauguré le 20 mai 1898 par M. Le Foyer, après une période assez longue
de préparations. Ses réunions mensuelles, avec exposé oral suivi de
discussion générale, sont très suivies. Le président actuel est M. P.
Nattan-Lanier. Ce groupe est caractérisé par le renouvellement statu-
taire très rapide du Comité — un tiers tous les ans — afin que tous
les membres puissent prendre tour à tour leur part de direction et de
responsabilité.

### Nîmes.

Le groupe de Nîmes, présidé par M. Fabre, a l'avantage de se
trouver au lieu habituel des réunions générales de l'Association et de
pouvoir, grâce à l'activité remarquable de son secrétaire, M. Prudhommeaux, faire une propagande intense dans la région par de nombreu-
breuses conférences.

## Lyon.

Le groupe de Lyon, dirigé par M. Justin Godart, professeur d'économie politique à l'Ecole Lamartinière, a eu la bonne fortune de réunir de nombreux adhérents dans l'Université et de faire entendre à plusieurs reprises les orateurs les plus écoutés de l'Association, MM. Passy, Ruyssen, Le Foyer, etc.

## Autres groupes.

Des groupes en formation sont annoncés à Pontarlier, Laval, Tournon et Bordeaux.

En constatant les excellents résultats obtenus par l'Association, on ne s'étonnera pas que la Société d'encouragement au Bien lui ait décerné, dès 1892, une médaille d'honneur. Et l'on pensera aussi que la distinction — un prix de 1.000 francs — accordée en 1901 par l'Académie française à l'étude sur Kant de M. Ruyssen, tout en visant l'écrivain distingué qui a si bien mis en lumière les convictions du grand philosophe, partisan de la Paix perpétuelle, ne s'adressait pas moins au dévoué président de « la Paix par le Droit. »

## Alliance universelle, 1890.

L'Alliance Universelle, fondée en 1890 et présidée par M. Jounet, à Saint-Raphaël (Var), se propose de travailler à la synthèse libre et totale de l'humanité par la paix internationale, la paix sociale et l'harmonie intellectuelle. Les « Universalistes » doivent chercher à unir non seulement les divers éléments de l'humanité, mais aussi les tentatives d'union déjà effectuées. L'Alliance agit surtout par consultations de presse et par lettres, et ses adhérents sont invités à propager ses idées par publications, conférences, réunions, groupes d'études, etc. Elle a pour organe un bulletin, *La Résurrection*, paraissant sept fois par an. Pour résoudre la question sociale, M. Jounet propose la création d'un parti dit *harmoniste;* au point de vue international, il est l'auteur d'un vœu tendant à compléter l'organisme international né avec le tribunal de La Haye.

## Société de Paix d'Abbeville et du Ponthieu, 1892.

Petite par le nombre de ses adhérents, dit modestement de cette Société son fondateur, M. Jules Tripier, elle n'en est pas moins (ajouterons-nous) l'égale des autres par son but élevé et sa contribution à la croisade pacifique. Dignement représentée par M. Tripier au Congrès de la paix de Berne (1892) et d'Anvers (1894), elle a montré une réelle vitalité, puisqu'elle compte 25 groupes locaux dans l'arrondissement d'Abbeville et 4 dans celui d'Amiens.

### Alliance des Savants et des Philan .hropes. 1892.

« L'Alliance des savants et des philanthropes de tous les pays, pour protéger, améliorer et moraliser la vie humaine », est une Association internationale dont la branche française, présidée par M. le D$^r$ Dumontpallier, avec M. Tridon pour secrétaire général, a son siège à Paris, 100, rue Saint-Lazare. Son programme général d'amélioration et de civilisation croissante de l'humanitté l'amenait naturellement à s'élever contre la guerre, qu'elle combat par des conférences, des publications, les manifestations pacifiques auxquelles elle prend part. Elle s'est occupée aussi du problème de la dépopulation, connexe de la guerre, auquel elle a consacré un Congrès, en 1896. Elle est intervenue en faveur des Boërs. Signalons surtout le mémoire remarquable qu'elle a adressé, en 1890, au ministre des affaires étrangères, sous ce titre : « Suggestions pour les meilleurs moyens d'assurer la paix générale. » Sa « Lettre sur les services rendus par l'Alliance, etc. », publiée en 1900, retrace ses efforts pour la réalisation de la paix perpétuelle, qu'elle attend surtout du perfectionnement de l'éducation.

### Ligue franco-italienne, 1892. — Société de la Paix de Felletin et Aubusson, 1893.

Nous n'avons pas de renseignements particuliers sur ces deux sociétés. La première a son siège à Paris, et son secrétaire est M. Raqueni. M. Jiacometti la représenta au Congrès. La deuxième est représentée par M. l'abbé Pichot, à Monaco, et M. Jorrand, ingénieur, à Aubusson (Creuse).

### Concordia, 1995.

La Société d'études et de correspondance internationales, fondée en 1895 par M. Emile Lombard, professeur au Lycée Montaigne, et désignée habituellement par le nom de sa Revue « Concordia », a pour objet de faciliter les relations internationales par l'étude des manifestations intellectuelles et morales des peuples. C'est une vaste fédération de groupements autonomes existant dans tous les pays. A côté, fonctionne un Bureau de correspondance internationale, fondé en 1896, pour mettre en rapport des correspondants de diverses nationalités s'intéressant aux mêmes questions : études, occupations ou distractions. — Concordia n'est donc pas une Société de la Paix, à proprement parler, mais elle travaille indirectement et très efficacement au mouvement pacifique, et sa Revue lui fait une large place dans une chronique spéciale rédigée en esperanto et en français. Elle compte, parmi ses membres d'honneur, des pacifiques illustres comme M<sup>me</sup> de Suttner, H. Dunant, E.-T. Moneta, F. Passy, comte D. de Tolstoï, etc.

### Bureau français de la Paix, 1896.

Dû à l'initiative de M. Gaston Moch, ancien officier d'artillerie, le Bureau français de la paix a pour but de relier enlre elles les diverses Sociétés françaises et de leur servir d'intermédiaire auprès du Bureau de Berne, rôle qui pourrait devenir plus important si les diverses sociétés actuelles en arrivaient à coordonner plus étroitement leurs travaux. Son premier acte fut un appel aux nations, lancé en 1897. L'organisation d'une bibliothèque, la traduction et la publication d'importants ouvrages pacifiques (*Bas les Armes!* de M<sup>me</sup> de Suttner; l'*Ere sans violence*, de von Egidy, etc.); des mémoires ou rapports sur la question du désarmement, de la paix armée, de l'Alsace-Lorraine, etc.; des études de plus longue haleine sur la constitution de l'armée nationale; la fondation des correspondances scolaires internationales, de concert avec M. Mieille, professeur de langues vivantes; une propagande spéciale en faveur de la langue internationale « Esperanto »; un appel aux éducateurs de la jeunesse; des adresses et pétitions pour l'Arbitrage; des leçons sur « l'Evolution vers la paix »; une large part à l'organisation des Congrès de 1900 et de 1902, tels sont les principaux travaux exécutés par M. Moch au nom du Bureau qu'il représente ou en son nom personnel, comme l'un des plus zélés propagateurs des idées pacifiques.

### Alliance universelle des Femmes pour la paix par l'éducation, 1896.

Fondée le 18 mars 1896 par M<sup>me</sup> la princesse Wiszniewska, cette Société, d'abord intitulée « Ligue des femmes pour le désarmement international », est une tentative de pacification universelle par les femmes qui a rapidement prospéré, puisqu'elle a fini par réunir, dans quelques années, 5 millions d'adhésions individuelles ou collectives. Elle a des comités nationaux autonomes dans la plupart des pays civilisés et plusieurs groupes locaux en France; son comité central de 12 dames, siège à Paris, 7 *bis*, rue du Débarcadère, et nomme un Bureau directeur. La contribution de cette Alliance à l'œuvre de la paix est considérable : elle s'est manifestée par des appels aux femmes de tous les pays, renouvelés chaque année, depuis 1898; une pétition de 616,000 votes en faveur de la Conférence de La Haye, des adresses pour l'arbitrage, un concours pour une poésie pacifique populaire; de nombreuses conférences et discours de sa présidente, la princesse Wiszniewska, et de sa vice-présidente, M<sup>me</sup> Maria Chéliga; des banquets et des fêtes parfaitement organisés et surtout un Congrès très réussi, tenu à Paris les 27, 28 et 29 septembre 1900, sur les questions si intéressantes du rôle de la femme comme agent pacificateur et de la paix par l'éducation, devenue le but propre de l'Alliance. C'est la plus importante Association féminine qui se soit spécialement adonnée à la poursuite de la paix, si bien faite pour attirer le concours de la partie du genre humain la plus accessible à la pitié.

### L'Egalité (1888), 1896.

Ce groupe féministe, fondé en 1888, a fait adhésion, en 1896, au mouvement pacifique. Présidente : M^{me} Vincent, 7, rue de Paris (Asnières).

### Comité de défense des indigènes (1893), 1899.

Le comité de défense et de protection des indigènes, créé en 1893, participe, depuis 1899, au mouvement de la paix auquel le rattache étroitement son but humanitaire et juridique : l'application du droit des gens aux peuples ou peuplades non encore civilisées, trop souvent en butte à des injustices que le comité se propose de dénoncer et de combattre. Sous la présidence successive de MM. d'Abbadie (Isaac), sénateur de la Guadeloupe, et Paul Viollet, membre de l'Institut, avec pour vice-président M. le professeur Charles Gide ; il a exercé son activité sur des points très divers : secours aux blessés indigènes et poursuite de beaucoup d'abus à Madagascar ; salaire des indigènes aux îles Comores ; spoliations subies par les Canaques de la Nouvelle-Calédonie ; protestation contre les massacres d'Arménie ; certains faits de la mission Marchand ; la guerre des Philippines ; la conduite des Européens en Chine, etc , etc. Pour les affaires coloniales en général, le comité a émis des vœux ou déposé des mémoires concernant les compagnies à charte, le commerce de l'alcool en Afrique ; la justice indigène et la réglementation du travail dans les colonies. Il s'est efforcé d'attirer l'attention de la Conférence de La Haye sur les indigènes en général et les Africains en particulier.

### Société Gratry de la paix, 1899.

Fondée en 1899 par M^{me} la baronne de Lourmel, cette société, dont le titre indique le caractère, veut répandre les idées de paix et de concorde, préconiser l'arbitrage et y amener les gouvernements (art. 2 et 3 des statuts). Son secrétaire est M. l'abbé Pichot, à Monaco, auteur d'un ouvrage sur le désarmement et l'arbitrage. Elle a recueilli dès le début, l'adhésion des huit évêques, de Versailles, Oran, Blois, Constantine, Gap, Tulle, Pamiers et Nice qui ont donné, par cette

initiative, au clergé catholique le bon exemple de s'intéresser au
mouvement pacifique si conforme aux préceptes de la religion chrétienne. Il n'est pas inutile de rappeler à ce sujet le concours prêté à
notre cause par plusieurs ecclésiastiques ou prédicateurs de talent,
tels que l'abbé Gratry, l'abbé Caraude, M<sup>gr</sup> Perraud, les pères Didon
et Hyacinthe et l'attitude très favorable du pape Léon XIII en maintes
circonstances, ainsi que le rôle important joué par la papauté dans
l'histoire de l'arbitrage.

### Ligue française pour le droit des femmes. — Association « La Paix et le Désarmement par les femmes, » 1899.

La première de ces sociétés, fondée en 1882 et présidée par
M<sup>me</sup> Maria Pognon, est une association féministe qui, après avoir
adhéré en 1899 au mouvement pacifique, s'est efforcée d'y rallier,
en 1901 les divers groupes analogues français et étrangers. — La
deuxième, fondée par M<sup>me</sup> Camille Fammarion, femme du célèbre
astronome, en 1899, a fait entendre, en 1901 et 1902, d'intéressantes
conférences contre la guerre.

### Association internationale des journalistes de la Paix, 1899.

Organisée provisoiremement le 21 septembre 1897, cette association, dont le président est M. Ch. Beauquier, député, compte parmi
ses adhérents des membres de la presse de tous les pays et de toute
opinion, tels que MM. Moneta, Hostein, G. Moch, Romanonès, Flesa,
G. Renard, J. Bois, et des pacifiques de marque : M<sup>me</sup> de Suttner,
M. Cheliga, etc. Elle a adressé, en 1899, un appel à la presse universelle pour l'inviter à réclamer l'intervention des puissances signataires à la Haye dans la guerre du Transvaal et a protesté aussi
contre la censure exercée par l'Angleterre sur les nouvelles venues du
théâtre de la guerre.

### Société chrétienne des amis de la paix, 1899.

Créée le 10 mai 1899 au Havre, par M. le pasteur Allégret, elle a
pour but de combattre la guerre par la parole, la plume et tous les
moyens légitimes. Elle exerce principalement sa propagande dans les
milieux ouvriers, par des conférences, des réunions hebdomadaires,
des distributions de brochures et d'« almanachs de la Paix ». Sa revue
mensuelle, l'*Universel,* tire à deux mille exemplaires et publie, dans
chaque numéro, outre des articles de fond pacifiques. une chronique
de la Paix. — Cette Société, qui admet au nombre de ces membres
actifs, en dehors de son recrutement personnel, les adhérents à l'une
des cinq sociétés de la paix, indiquées dans l'article 4 des statuts,
comptait, en 1901, près de cent membres et disposait d'un budget de

1.200 francs. Elle a puissamment contribué à faire circuler les pétitions lancées par la section havraise de la Société d'arbitrage, avec qui elle collabore avec entente et succès. — En conformité de ses statuts, qui prévoient la constitution de sections autonome fédérées, un groupe de cette société s'est récemment formé à Bolbec, sous la présidence de M. Barthié.

### Union internationale, 1900.

Cette Union, dont la fondation fut décidée le 3 août 1900, est un vaste essai d'organisation internationale provoquée par M. Stead, le journaliste anglais bien connu, dans le but de créer un centre d'action pacifique destiné à compléter le bureau de Berne qui est plutôt un centre de renseignements. Un Conseil international au sommet, des groupes nationaux comme base, seront les éléments essentiels de cette institution. Les travaux d'une Commission provisoire, ayant pour président M. le professeur Richet et pour secrétaire M. Lucien Le Foyer, assistés de MM. Crook, E. Ducommun, Hodgson Pratt, H. La Fontaine, G. Moch, E.-T. Moneta, Novicow, F. Passy. W.-T. Stead, Trarieux et Mme Pognon, ont amené la constitution de plusieurs groupes nationaux étrangers. Pour le groupe français, une réunion a eu lieu dernièrement d'où est sortie la nomination d'un comité directeur comprenant des noms tels que : Mme Séverine, MM. Séailles, Buisson, Psichari, Bonet-Maury, Louis Olivier, Fontanès, Weiss, G. Lyon, M. Revon, Dunant, etc. Ce groupe va organiser des conférences auxquelles sera consacrée la totalité de ses ressources (2.000 fr.). La Commission provisoire a protesté au nom de l'Union contre les pillages de Chine et la guerre du Transvaal. — L'Union internationale ne veut ni faire double emploi avec les sociétés françaises de la Paix, ni se substituer à elles, mais se les affilier et les relier les unes aux autres, ainsi que tous les groupements scolaires, ouvriers, féministes et religieux, qui agissent sur les hommes, afin de former au-dessous d'eux, une opération internationale.

### Ligue Rouennaise de la Paix, 1901.

L'une des dernièrss venues, mais non des moins actives, la Ligue Rouennaise, fondée le 17 janvier 1901, a réuni rapidement cent quatorze membres, sous la présidence de M. Spalikowski, publiciste. Préparée par une conférence de M. Richet, elle a pu faire entendre, durant les quelques mois de son existence, plusieurs orateurs célèbres du parti pacifique français, tels que: MM. F. Passy, Le Foyer, E. Arnaud (par deux fois), W. Monod, Spalikowski. Son secrétaire, M. Couët, a fait aussi des conférences dans les environs de Rouen et publié de nombreux articles dans la presse locale. La vente et la distribution de brochures de MM. Ducommun, Le Foyer, Spalikowski ; une bibliothèque pacifique des pétitions et adresses aux journaux, aux chambres et aux candidats sollicitant des mandats étectifs, complètent cette propagande. Les statuts de la Ligue, très détaillés, prévoient la possibilité de sa fédération avec des sociétés similaires européennes ou même de n'importe quel pays.

### Société de l'Education pacifique, 1901.

Due encore à l'initiative féminine, cette Société veut poursuivre la réalisation de la paix par l'éducation. Ses fondatrices, M^mes Madeleine Carlier et Marg. Bodin, étant membres de l'enseignement, sont bien placées pour agir efficacement dans ce sens et présentent un excellent programme, déjà esquissé par M^lle Bodin dans un vœu sur l'enseignement de l'histoire, présenté au Congrès des Instituteurs, tenu à Bordeaux, en août 1901. Siège social à Croisilles (Pas-de-Calais) ; groupes locaux dans plusieurs départements.

### Eglise évangélique de Cette.

Œuvre fondée en 1832, par M^lle Coralie Hinsch, elle est présidée, comme corps religieux, par M. le pasteur Ed. Krüger, à Nîmes, et n'admet la légitimité d'aucune guerre quelconque. Un Comité d'action pacifique s'est créé dans son sein, et a pour secrétaire M. le pasteur Olaüs Kellermann, auteur d'une brochure sur la guerre et la paix. C'est tout ce que nous savons de ce groupe, récemment ajouté à la liste des sociétés pacifiques publiée par le Bureau de Berne.

### Union patriotique de France pour la pacification de l'Europe et le désarmement, 1902.

Cette Société, fondée tout dernièrement, se propose de mettre en lumière la nécessité de la patrie d'une part, et les dangers de l'égoïsme national de l'autre, de dégager, par conséquent, la mesure du « vrai patriotisme de demain. » Son programme est envoyé par M. Edger, secrétaire-délégué, à Paris, qui reçoit les adhésions.

Cet historique, déjà trop long, est cependant incomplet, car nous avons laissé systématiquement de côté les sociétés pacifiques du Sud-Ouest et leurs sections : Toulouse, Montauban, Castres, Viane, Carcassonne, Tarbes, etc., qui font l'objet d'un rapport particulier. Nous aurions pu également citer rétrospectivement une dizaine d'associations disparues aujourd'hui, après avoir plus ou moins joué un rôle dans le mouvement pacifique français. Cette énumération fastidieuse aurait eu cependant l'avantage de montrer que, s'il naît beaucoup de groupements, presque trop, dans notre pays, il s'en éteint également quelques-uns, et de fortifier l'impression qui se dégage, croyons-nous, de la liste des trente sociétés actuelles ; la richesse, on pourrait dire l'exubérance de cette végétation, tout en dénonçant une orientation pacifique des esprits dans les milieux les plus divers (ce dont il faut se réjouir), n'a peut-être pas toute la vitalité, ni surtout la productivité que l'on pourrait désirer. Tel un arbre en apparence vigoureux, mais dont la sève, détournée en de muitiples rejetons, ne donne que peu de fruits, on peut se demander si le mouvement pacifique français ne s'épuise pas en des créations trop nombreuses et dont la plupart sont manifestement trop faibles pour travailler avec profit au résultat souhaité par toutes ; la réalisation de la paix universelle qui de plus, en plus, à une époque où l'opinion publique tend à être souveraine, nécessite incontestablement la conversion et le concours des masses.

S'il en est ainsi, l'on sera naturellement amené à chercher quels sont les moyens de développer les sociétés françaises et de vulgariser leur action en vue d'un meilleur résultat.

La multiplication excessive des groupements pacifiques en France, surtout dans ces derniers temps — 5 sociétés créées ou adhérentes en 1899, 6 en 1901 — le manque de proportion dans leur répartition et dans leurs moyens d'action, l'absence de cohésion qui résulte, pour le parti lui-même, de cet émiettement des forces pacifiques trop peu reliées les unes aux autres, sont des inconvénients majeurs déjà mis en lumière par plusieurs écrivains de ce parti (1), qui ont montré la nécessité d'une union plus étroite des diverses sociétés soit nationales, soit internationales, et la question a fait l'objet d'une résolution adoptée à l'unanimité par le XI^me Congrès de la Paix (Monaco, 1002), après avoir été étudié et discuté par le X^me (Glascow, 1901).

Rappelons brièvement les principaux de ces inconvénients en ce qui concerne les Sociétés françaises. Le grand nombre des groupes entraîne leur faiblesse par suite de l'éparpillement des forces et des ressources disponibles, qui diminue l'importance respective de chaque association et réduit certaines d'entre elles à une situation des plus médiocres, voisine de l'impuissance. Le petit nombre de leurs adhérents et la modicité de leurs finances, ne leur permettent pas d'agir d'une manière intense et soutenue sur un public qui souvent les ignore, faute de publicité suffisante. La plupart de ces groupes, en effet, ne peuvent avoir un organe ; s'ils en ont un, cette publication les ruine et reste inconnue ; pour certains même le local fait défaut, les frais d'impressions, d'affiches et autres dépenses pour arriver à donner deux ou trois conférences annuelles, absorbent la totalité de leurs anémiques budgets. Ils végètent donc, jusqu'à ce qu'ils s'évanouissent quand la personnalité qui les a fondés se déplace ou disparait ; à moins que — c'est le cas le plus heureux — ils ne soient obligés de s'agréger, pour subsister, à une association analogue mieux favorisée.

(1) Notamment M. Moch. *De l'organisation du mouvement pacifique en France*, article paru dans la *Paix par le Droit*, 1896, p. 229, et M. Cernesson dans le *Rapport du X^e Congrès*, déjà cité.

Quant aux Sociétés plus importantes, leur situation, meilleure au au point de vue absolu, n'est peut être pas relativement aussi brillante qu'il le paraît ; si leurs ressources sont plus abondantes, elles sont plus vite absorbées aussi par des frais plus considérables et notamment par le service de leurs Revues, d'autant plus coûteuses qu'elles sont plus importantes et mieux éditées ; revues qui, se faisant mutuellement concurrence et réalisant en somme un double emploi, trouvent moins d'abonnés et d'acheteurs qu'un organe unique ouvert à tous les groupements et auquel tous collaboreraient. Si le nombre et la valeur de leurs membres, de leurs conférenciers surtout, sont plus considérables, l'ère de leur action est aussi plus étendue, elle embrasse parfois le territoire tout entier ; rien d'étonnant, dès lors, à ce qu'elle soit faible, en dehors du centre principal où elles s'exercent, et peu efficace auprès du grand public, qui confond les diverses sociétés les unes avec les autres, ne s'explique pas leur diversité et reste, en somme, assez indifférent à leurs efforts. Il faut bien reconnaître que jusqu'ici le mouvement pacifique s'est exercé sur une élite et par elle ; il est temps et il importe de trouver le moyen d'agir sur les masses et par elles, surtout les masses ouvrières des grands centres et les masses rurales, les deux grands réservoirs de forces du pays.

Mais les Sociétés actuelles sont mal réparties dans des localités d'importance très inégale. Mettons de côté Paris, siège de vingt associations ou groupes. Tandis que le Havre jouit de deux sociétés de la paix et que de très petites villes sont dotées d'un groupe, des centres comme Marseille, Lille, Bordeaux, Nancy, Dijon, Orléans, Nantes et généralement tout l'ouest de la France en sont dépourvus. Toutes les sociétés, à part deux ou trois sections, semblent se concentrer en quatre groupements principaux assez compacts (Nord, région de Paris, Centre et Midi, avec le petit groupement de Nice, Saint-Raphaël, Monaco, ce dernier n'étant plus même de France), s'écartant peu du méridien de Paris et laissant entre eux et tout autour la plus grande partie du territoire sans forces collectives organisées. En outre, les forces individuelles sont très inégalement répandues entre ces sociétés. D'une part, il arrive fréquemment qu'une même personne appartienne à plusieurs associations différentes, aux travaux desquels elle ne participe guère que par l'envoi d'une cotisation ; d'autre part, il se rencontre, dans mainte localité, des pacifiques isolés faisant partie d'associations distinctes qui souvent n'y sont point officiellement représentées, et ces partisans d'une même cause ne se connaissent pas et ne se livrent à aucune propagande d'ensemble. Ceux-là même qui agissent au nom d'un groupe ne sont pas toujours secondés ; la besogne n'est pas répartie suivant les aptitudes et les goûts de chacun, de sorte que les uns sont surchargés, les autres inutilisés. On l'a très bien dit, le pacte pacifique, qui devait être organisé comme un service public et spécialement à l'image de l'appareil guerrier qu'il aspire à rendre inutile, compte plus de chefs que de soldats ou, suivant une autre image, trop de chapelles et pas assez de fidèles pour une église.

Un manque de cohésion incontestable et funeste résulte de cet état de choses. Chaque société poursuivant un but spécial n'a pas de rapports — ou très peu — avec les autres et n'en reçoit pas plus de secours qu'elle ne leur en apporte. Rien d'étonnant, dès lors, à ce que le rendement ne réponde pas aux forces dépensées ; les frais généraux, tant matériels que moraux, sont trop élevés, il y a un véritable gaspillage de forces, et le parti pacifique, comptant à la fois trop d'organes ou pas assez, suivant le milieu considéré, s'agite en définitive, non sans résultat, mais pour un résultat bien inférieur à celui que lui donnerait une action méthodique et concertée sur l'opinion publique.

Il y a donc lieu — et la question devrait se poser avant tout dans ce premier Congrès national qui constitue déjà entre les Sociétés françaises, un lien passager, mais qui aura, nous l'espérons, des effets durables — de développer ces sociétés non quant au nombre des créations diverses, assurément, mais quant à l'efficacité de leur action. Il ne s'agit certes pas de créer de nouveaux organes indépendants, alors que certains semblent bien poursuivre le même but par des moyens peu différents, mais de consolider les créations existantes et de faire que leurs efforts, mieux coordonnés, s'ajoutent et se multiplient pour s'imposer à l'attraction des masses et les attirer dans le mouvement pacifique.

A supposer que l'état actuel soit conservé, comme dans le cas d'une organisation nouvelle des forces pacifiques, il faut bien remarquer la grande importance des *procédés de propagande* au point de vue de l'action sur ces masses auprès desquelles les sociétés doivent tendre à se vulgariser. Ces procédés sont très variés : conférences, discours, réunions, fêtes, publications, appels, almanachs, articles, livres, concours et prix, etc. Chacun à sa valeur propre ; l'essentiel est de les employer avec discernement et opportunité, suivant les milieux et les circonstances, et de développer à la fois la propagande collective et la propagande individuelle en s'efforçant d'amener chaque nouvel adhérent à faire des adhésions à son tour, afin de multiplier les résultats d'une façon croissante et pour ainsi dire automatique. Dans les conférences et écrits de propagande, il conviendrait, sans négliger les arguments rationnels et sentimentaux qui peuvent produire de l'effet sur le public, de se placer surtout sur le terrain des *réalités concrètes*, afin de renverser par avance l'objection d'utopie que font encore aux pacifiques beaucoup de gens cultivés : montrer, avec chiffres, graphiques et documents photographiques à l'appui, les frais exorbitants et les gaspillages de la paix armée, payés par le contribuable sans autre résultat qu'une instable sécurité (1) ;

(1) L'*Illustration* du 20 septembre dernier, reproduit deux photographies montrant ce que deviennent les munitions de guerre : on jette à la mer les

la progression croissante des budgets de la guerre et leur disproportion
en regard des dépenses accordées à l'instruction publique, à l'agriculture, etc. ; l'impossibilité technique et économique de la guerre
moderne, devenue la véritable utopie. On opposerait à ce tableau les
bienfaisants résultats de *l'arbitrage international*, avec ces deux
cents cas heureux dans un milieu si contraire, sa simplicité, sa facilité maintenant, surtout qu'on possède dans la *Cour de la Haye*, mal
connue et à tort dédaignée, l'organisme prêt à fonctionner pratiquement pour généraliser la solution juridique des conflits internationaux et le germe, dans un avenir plus prochain qu'on ne le croit,
d'une fédération des Etats civilisés, que toute l'évolution historique
prépare et justifie par la création d'aires de sécurité de plus en plus
étendues. En exposant ces *faits* simplement, on ne tardera pas à persuader à l'opinion publique que ce ne sont pas des sujets de disser-
tation académique, encore moins des rêves d'illuminés, mais des
*objets réels, actuels et pressants de la politique rationnelle autant
qu'internationale,* qu'il lui appartient de diriger en exerçant une
pression sur les gouvernements par ses représentants élus, lesquels
s'empresseront de présenter des programmes pacifiques dès qu'ils les
verront populaires. Il n'est pas douteux que les masses seront
entraînées dans le mouvement pacifique quand, le connaissant mieux,
elles le *reconnaîtront réellement pratique*, s'attachant non à changer
les hommes, ce qui est l'œuvre des siècles ou d'un éveil soudain et
intérieur des consciences, mais les *institutions*, que le progrès
modifie insensiblement tous les jours au point de miner, sans qu'on
s'en aperçoive, celles qui ne sont plus en harmonie avec les mœurs et
les besoins de l'époque ; quand elles comprendront que la cessation
de la paix armée et l'organisation juridique réclamée par le parti de
la paix est, bien mieux que toutes les théories sans lendemain qu'on
fait briller à leurs yeux, la véritable solution du problème de la
misère et, dans la mesure du possible, la réalisation, comme on l'a dit,
du paradis sur la terre. C'est surtout par *la presse*, et par la presse
quotidienne, la seule lue par le grand public qui ignore, dédaigne ou
ne peut acheter les revues pacifiques, qu'il faudrait répandre ces
idées : le journal à un sou pénétrant aujourd'hui jusqu'aux villages
les plus reculés, est le véhicule le meilleur, et si l'on ne peut en avoir
des organes quotidiens spéciaux, peut-être même de préférence à ces
derniers que tout le monde ne lirait pas, il faudrait absolument
s'assurer le concours de feuilles de tous les partis et y insérer de fréquents articles qui ne pourront échapper à personne et montreront à
tous que la question de la paix est une question neutre et d'intérêt
général. L'action sur la foule doit être préparée et complétée par

obus par 5.000 à la fois, soit 100.000 francs de perdus ; les boîtes de con-
serves par 20.000 kilos, etc.

l'action sur la jeunesse et sur l'enfance dans l'école, qui forme les générations de demain. Ici l'adhésion des *éducateurs* et spécialement des instituteurs et des autorités qui les forment et les dirigent est absolument nécessaire, celle des premiers à cause de l'action directe sur l'enfant par la leçon et toute l'orientation de l'enseignement, celle des seconds afin d'encourager et de stimuler les maîtres, et surtout de les autoriser et de les engager au besoin à se munir de manuels d'enseignement résolument pacifiques, où le patriotisme ne sera plus le ridicule chauvinisme qu'il est trop souvent aujourd'hui. Nous avons vu plusieurs sociétés faire de l'éducation la base de leur action pacificatrice, et avec raison, car, formées par une éducation pacifique, les générations nouvelles arriveraient à l'action avec des manières de penser qui ne permettraient plus la survivance de l'état de guerre. Dès à présent même, l'enfant qui le recevrait apporterait dans sa famille, au sortir de la classe, des idées pacifiques auxquelles il n'avait peut-être manqué qu'une occasion pour apparaître et se développer dans un terrain favorable.

Tels sont, *grosso modo*, les principaux moyens de vulgariser l'action des sociétés, de les faire sur les masses. Mais que sert de parler d'action à des organismes qui n'ont pas la force d'agir, soit parce qu'ils veulent embrasser un champ trop vaste pour leurs forces, soit parce que ces forces sont trop minimes pour rien entreprendre? Nous avons vu plusieurs sociétés restreindre et spécialiser de plus en plus leur but; on doit les en féliciter et les encourager dans cette voie, en engageant à y entrer à leur tour celles qui verseraient encore dans la même erreur. Il est impossible de réaliser rien de pratique si l'on veut trop entreprendre : la diminution d'un programme, en concertant l'effort vers un point déterminé, est déjà un moyen d'augmenter les forces disponibles dans chaque groupe. Mais, considérant l'ensemble du parti dont les diverses sociétés sont les éléments, il faut surtout, pour lui donner toute la puissance dont il est susceptible et le répartir d'une manière convenable, créer entre elles des rapports plus étroits, de manière que les plus actives et les plus favorisées puissent infuser un peu de leur vitalité aux autres qui, à leur tour, leur rendraient le service de les faire connaître et de les développer sur tous les points où elles agissent elles-mêmes; puis, de manière à réaliser matériellement et moralement toutes les économies possibles sur les services qui pourraient être communs de tout temps aux divers groupes; surtout de manière à pouvoir agir à un moment donné d'un commun accord et aussi rapidement que possible en vue des intérêts de la cause pacifique.

Deux procédés sont possibles pour arriver à cette union :

1° Ou bien la *fusion* de toutes les sociétés actuelles dans une société nouvelle, Société française de la paix, qui siègerait naturellement dans la capitale et aurait des comités locaux dans toute la France, divisée en régions ou provinces d'une étendue à déterminer et qui à défaut même d'entente sur les principes, pourrait se borner à un accord sur des points en quelque sorte matériels, qui auraient déjà l'excellent résultat de diminuer les frais généraux et le gaspillage des forces du parti dans son ensemble : par exemple, la rédaction d'une seule Revue pacifique à frais communs, ouverte à tous les groupes et à toutes les opinions, l'organisation d'un bureau de renseignement et de publication faisant exécuter les impressions du gros en moindres frais possibles, etc., etc.

Mais nous croyons qu'on peut aller plus loin. La fédération a ses partisans et ses adversaires et nous n'avons pas nous-mêmes la prétention de prendre définitivement parti sur ce point qui doit être discuté et résolu par le Congrès. Ne demandant qu'à être éclairé par ces lumières, nous croyons cependant pouvoir conclure, d'un examen attentif de la situation présente, que la fédération serait possible et avantageuse.

Elle est possible, car si l'on estime que les divers groupes doivent conserver leur caractère et leur programme propres, rien ne s'oppose à ce qu'ils adoptent un principe commun d'entente et d'action. Ce principe commun, acceptable par tous, pourrait être l'*éducation pacifique* poursuivie par plusieurs sociétés et préconisée par l' « Internationel arbitration & Peace association » comme objet d'études pour toutes les sociétés de la paix en vue d'une union plus étroite. Nous proposerions de préférence, pour nos sociétés françaises, l'*arbitrage international* que beaucoup ont mis en tête de leur programme, que la plupart ont défendu, propagé, recommandé aux gouvernements. C'est en sa faveur que pourraient travailler utilement les sociétés de la paix dans tous les pays si elles savaient s'unir sur ce point particulier et fécond, car elles pourraient se subdiviser à leur tour en sections plus petites, avec des sous-comités s'il y a lieu ou tout au moins un délégué, ces derniers pouvant être multipliés suivant les besoins jusque dans les plus petites localités.

2° Ou bien la *fédération* des sociétés actuelles, sous le titre de Fédération des sociétés françaises de la paix, chacune conservant son titre et son caractère spécial, mais en adoptant une base et des moyens d'action commus et un organisme central chargé de relier les diverses sociétés, de pourvoir aux intérêts communs dans la mesure fixée par le pacte fédératif et d'organiser des groupes nouveaux dans les localités qui en sont dépourvues.

Le premier procédé, s'il était possible, aurait de grands avantages. D'abord il répondrait à l'idée simpliste de la foule qui croit à l'existence d'une « Ligue de la Paix » et ne s'explique pas la diversité des organes actuels. Il porterait à son maximum l'unité et la discipline du parti pacifique, en garantissant une action rapide, multiple, générale, puissante par sa concentration sur les seules questions pacifiques, entraînant le minimum de frais et de forces en vue d'un résultat déterminé. Cette organisation, une fois effectuée, répondrait à la tendance française qui est en somme centralisatrice et serait ainsi en harmonie avec nos institutions, aussi bien celles qui peuvent l'appuyer que celles contre lesquelles elle s'élève.

Son *inconvénient* majeur serait d'enlever aux sociétés ainsi fondées leur *caractère distinctif et essentiel*, qu'il peut être bon de conserver encore. La multiplicité des groupes, en effet, provient de la diversité des opinions et des points de vue et permet, en offrant à chacun le milieu qui correspond le mieux à ses préférences, de réunir peut-être plus d'adhésions que s'il n'y avait qu'une seule société. Chacune attire des adhérents par le caractère qu'elle a ou est censée avoir, le programme qu'elle présente, les personnalités qui la dirigent et caractérisent ses tendances. Dans la liste que nous avons présentée, nous avons trouvé des sociétés poursuivant la paix au nom de principes économiques et politiques, d'autres au nom de principes religieux dans des confessions différentes et avec plus ou moins d'intransigeance. Certaines associations unissent étroitement la question de la paix aux réformes politiques et sociales dont elles font la condition nécessaire de la pacification ; d'autres y voient une question connexe à une autre qui les intéresse ; quelques-uns, enfin, poursuivent un but déterminé, philanthropique, scientifique ou même d'agrément, qui ne se rattache qu'indirectement à la paix. Parmi celles qui ne visent que la pacification internationale, les unes préconisent, comme moyen le désarmement, les autres l'éducation, celle-ci les procédés juridiques, celle-là tout spécialement l'arbitrage. Si l'on estime qu'il n'est pas mauvais de conserver toutes ces nuances et surtout que les associations qui en ont fait leur raison d'être ne consentiront pas facilement à les perdre, on se demandera si une fusion complète est désirable ou même possible, du moins actuellement. Visons toujours un idéal supérieur, mais respectons aussi la réalité vivante, matière de tous les progrès.

Nous verrions plutôt ce résultat possible par une *fédération* générale des sociétés françaises de la paix qui paraît avoir les principaux avantages de la fusion sans ses inconvénients. Fournissant aux divers groupements actuels une représentation et une base d'action communes, tout en leur laissant une complète autonomie ; respectant chez chacun son titre et son but actuels, en les reliant seulement par un pacte déterminé et en leur permettant ainsi de coopérer avec plus d'efficacité au mouvement général, la fédération est le meilleur moyen d'établir des rapports plus étroits sans enlever à chaque société ce qui fait son originalité et peut-être sa raison d'exister. C'est un juste milieu entre l'état de dispersion où nous sommes et l'unité complète à laquelle nous devons tendre, une transition naturelle entre une situation peut-être avantageuse aux intérêts particuliers de chaque groupe, mais nuisibles à coup sûr aux progrès de la cause pacifique, et un état nouveau, plus ou moins prochain, où la plupart de ces organes feront eux-mêmes de la paix leur préoccupation principale, sinon unique. Sous le régime de la fédération, le temps lui-même travaillera pour une union plus étroite, parce que les sociétés ayant des rapports plus fréquents, se connaîtront mieux, élimineront peu à peu ce qui les divise pour ne conserver que ce qui les unit, les progrès généraux et les réformes partielles pouvant ainsi rendre peu à peu inutiles tout ou partie des programmes qu'elles poursuivent aujourd'hui (1). La fédération présente encore, comparativement à la fusion totale, l'avantage de conserver plus d'émulation entre les divers groupes dans la poursuite du but commun et quant aux moyens d'entente et d'action, le maximum de souplesse et d'opportunité, car on peut le limiter à tels ou tels principes acceptés par tous les groupes. On aurait alors une force considérable pour agir sur les gouvernements, les amener à utiliser le tribunal de la Haye, jusqu'ici officiellement dédaigné (2) et à conclure des traités permanents d'arbitrage par lesquels ils s'engageraient à y recourir, en attendant une deuxième convention celle-ci obligatoire que nous devons appeler de tous nos vœux.

Le principe d'entente étant bien arrêté, il ne s'agirait plus que d'*organiser* la fédération ; et ici nous ne voyons pas quel obstacle sérieux pourrait se présenter. Nous ne ferons pas, en effet, aux pacifiques français l'injure de supposer qu'il pourrait se trouver parmi eux des personnalités qui préféreraient demeurer à la tête d'un petit groupe sans avenir plutôt que devenir les simples représentants ou délégués d'un organisme florissant, rattaché à une puissante fédération. Outre que l'intérêt de la cause tout entière passe évidemment avant les questions d'amour-propre personnel, il est bien clair qu'en l'espèce cet amour-propre serait singulièrement mal entendu, l'obscurité durant toute leur existence et une fin prématurée menaçant plus ou moins des créations souvent peu justifiées.

La *question financière* ne saurait non plus, bien qu'importante, constituer une pierre d'achoppement. La fédération implique forcément, d'une part la cotisation des sociétés en vue du but commun et des frais généraux ; d'autre part, des secours divers, tels que livres, brochures, journaux, imprimés envoyés d'office ou faits sur la demande des groupes avec conditions les plus avantageuses par l'organisme central, qui, par des mesures générales et arrêtées d'avance, ferait de notables économies de temps, de démarches, de toute sorte.

Cet *organisme central* serait formé de *délégués* des diverses associations, dans des proportions à déterminer, et qui se réuniraient

(1) Il se peut, par exemple, que les questions du féminisme, de la protection des indigènes, etc., soient résolues avant celle de la paix.

(2) Mais qui s'est ouvert enfin à l'initiative des Etats-Unis à propos de l'affaire du *fonds pieux de Californie*.

périodiquement pour décider des questions intéressant la Fédération et de l'orientation générale de la propagande, ainsi que pour apprécier les résultats obtenus. Si une réunion annuelle était jugée suffisante, elle pourrait se confondre avec les Congrès nationaux que nous inaugurons aujourd'hui. Entre temps, il paraît nécessaire que la Fédération ait un *Comité directeur* et un *Bureau de renseignements*, permanents tous deux, installés de préférence dans la capitale et constamment en rapport avec chacune des Sociétés fédérées. Ce Comité d'action et ce Bureau peuvent évidemment être créés de toutes pièces ; mais pourquoi abuser de ces créations coûteuses, difficiles à organiser et pour lesquelles, en définitive, on s'adresse toujours aux mêmes représentants (ou à peu près) du parti pacifique, quand nous avons sous la main des organismes déjà existants et créés précisément pour le but que nous poursuivons? Pourquoi ne pas confier au *Groupe français de l'Union internationale* cette direction du mouvement pacifique français, au *Bureau français de la Paix* cet office de renseignements? Reportez-vous aux notices que nous leur avons consacrées : relier entre elles les diverses Associations françaises poursuivant la paix en instruisant les hommes ; relier les Sociétés pacifiques comme centre de renseignements et intermédiaire auprès du Bureau de Berne, tels sont respectivement les programmes de ces deux importants rouages. Qu'une organisation analogue à celle que nous vous proposons d'élaborer dans les autres pays, sous la direction des groupes nationaux de l'Union internationale, et l'édifice devient des plus harmonieux ; sur une base solide pourrait alors s'élever, avec le Conseil international de cette Union pour Comité d'initiative et le Bureau de Berne pour centre d'administration, la *Fédération universelle* des Sociétés de la Paix.

Tout cela est possible, il n'y a qu'à le vouloir. Et si tous ne le veulent pas encore, certains du moins le désirent puisque, nous l'avons vu, plusieurs Sociétés françaises ont inscrit la fédération dans leurs statuts. Nous voyons là une preuve que la fédération partielle — la fusion partielle aussi, sans doute, puisque nous en avons trouvé des cas — serait certainement possible et même facile. Ce résultat, déjà fort appréciable comme premier pas vers une fédération générale que les centres d'attraction ainsi créés rendraient plus facile, ne serait pas suffisant ; et d'ailleurs les mêmes raisons qui font souhaiter la Fédération à ces sociétés, doivent, à la réflexion, s'imposer à toutes les autres. Nous avons déjà fait remarquer que les principaux chefs du parti pacifique et beaucoup de membres notables s'intéressent aux destinées de plusieurs sociétés : ce partage, qui a causé jusqu'ici un surcroît de travail et une dispersion des forces pour ces pacifiques, n'est-il pas de nature à faciliter maintenant la Fédération ?

Ses avantages, dont nous avons déjà indiqué les principaux, seraient la contre partie des inconvénients dont nous souffrons

actuellement. On peut les résumer en quelques mots : économie
d'efforts, meilleure répartition des frais et des ressources du parti
pacifique, utilisation de toutes les capacités dans tous les milieux,
suppression des doubles emplois et des gaspillages , conservation des
initiatives individuelles et d'une saine émulation, mais possibilité
d'une action commune et rapide dans des cas où l'intérêt général est
en jeu, par exemple pour provoquer un pétitionnement national
contre un conflit menaçant, etc.; possibilité de décharger les chefs
du parti des soucis d'administration qui les absorbent et les empêchent de se livrer tout entiers à la propagande par la parole et par la
plume, qui doit être leur principale occupation ; organisation de
groupements et de réunions dans toutes les parties de la France par
délégations permanentes et envoi de conférenciers éminents, susceptibles d'entraîner l'opinion publique et qu'il est si difficile de faire
entendre actuellement en province, dans les régions un peu éloignées
de Paris ; possibilité de réduire le nombre des périodiques et organes
à une seule Revue paraissant plus souvent, mieux fournie, d'un
format et d'une rédaction supérieurs à ceux d'aujourd'hui, de
manière à mieux attirer l'attention et à faire connaître le parti pacifique ; action sur la presse quotidienne de tous les partis et de
toutes les localités par les Comités locaux ou représentants du Comité
d'initiative agissant au nom de la Fédération là où il n'y pas actuellement de Société de la paix constituée ; en somme, tous les avantages
d'une décentralisation organisée, dont les éléments divers sont rattachés par un lien permanent et bien défini.

Il y aurait encore une solution que nous nous contenterons d'indiquer sans insister, car elle nous semble à la fois acquise et insuffisante.
Ce serait de se borner à unir les diverses Sociétés françaises d'une
manière momentanée par des Congrès nationaux annuels, comme
celui-ci, qui donneraient l'occasion d'orienter la propagande générale
et d'exercer une action collective en laissant, tout le reste du temps,
les divers groupes absolument libres de leur activité. Certes, un
pareil résultat serait déjà fort appréciable, et il faut espérer que
l'heureuse initiative de l'Association toulousaine de la Paix, aura
tous les ans ses imitateurs, les Congrès nationaux étant, à côté de la
Fédération, un excellent moyen de développer et de fortifier l'action
des éléments du parti pacifique. Mais ces solennités seraient insuffisantes, à notre avis, car les réunions trop courtes et trop rares,
moins suivies peut-être avec le temps, l'ordre du jour trop chargé,
l'action trop discontinue, ne donneraient pas les mêmes résultats
qu'une Fédération avec un organisme permanent prêt à agir dans
tous les cas. Nous voyons les Congrès internationaux se réunir
depuis plus de douze ans, dans les meilleures conditions de succès,
puisqu'ils sont préparés et leurs divers éléments reliés par le Bureau
de Berne, si supérieurement dirigé ; assurément, il y aurait de
l'aveuglement ou de l'injustice à ne pas leur reconnaître une large

part dans les progrès des idées pacifiques ; cependant on est fondé à penser qu'ils ne sont pas arrivés à des résultats pratiques suffisants, puisque nous les voyons accueillir et appuyer des projets d'union plus intime et plus durable des Sociétés de la Paix. Cette union, nous la trouvons, en attendant une fusion plus étroite, dans la Fédération que nous proposons.

Si nous jetons maintenant un coup d'œil sur les pratiques suivies en pays étranger, nous constaterons que, dans la majorité de ces pays, la *tendance à l'unité a remplacé la diversité primitive*. D'une façon générale, dans les pays où le mouvement pacifique est le plus actif et le mieux dirigé, les grandes Sociétés ont absorbé les autres groupes devenus de simples sections locales. C'est ce qui est arrivé surtout en *Allemagne*, où la « Deutsche Friedensgesellschaft », fondée en 1892, compte aujourd'hui soixante-un groupes et a beaucoup plus d'importance que les deux ou trois autres Sociétés qui ont subsisté à ses côtés. Il faut noter que cette Association publie une revue mensuelle très florissante au prix de 1 marck, soit 1 fr. 25 par an, somme réduite encore de moitié pour les groupes de la Paix ! En Suisse, il existe, outre la Ligue internationale de la Paix et de la Liberté, *une* Société suisse, qui n'est d'ailleurs qu'une section de la précédente et qui comprend actuellement dix-sept groupes dont chacun prend tour à tour la présidence pendant un an. Dans la plupart des Etats du nord de l'Europe : Suède, Norwège, Danemark, Belgique, Pays-Bas, nous trouvons *une* grande Société de la Paix avec des sections et une seule Revue. L'exemple du Danemark est particulièrement typique : l'Association de la Paix de Danemark est *l'unique Société* pacifique de ce pays, peu étendu il est vrai, mais où la propagande est très bien organisée ; l'Association compte soixante-douze sections et se ramifie par elles dans tout le territoire. En Autriche, il y a plus de variété, ce qui s'explique à cause de la bigarrure qu'est cet Etat au point de vue ethnographique et linguistique ; mais encore y a-t-il une grande Société nationale l'emportant de beaucoup sur les autres et créant des sections dans les provinces. En Hongrie, une seule Société ; de même en Roumanie et en Russie.

C'est dans le midi de l'Europe que se trouvent le plus grand nombre et la plus grande variété d'associations. En Italie, par exemple, les forces pacifiques sont dans un état d'éparpillement analogue au nôtre, avec seize sociétés, bien que l'une d'elles, l'« Unione lombarda », se distingue par son importance, et celle de la Revue bi-mensuelle, très intéressante et très lue, *La vita internazionale*, qui lui sert d'organe. — En Portugal, il n'y a que deux sociétés.

Quant à l'*Angleterre* et aux *Etats-Unis d'Amérique*, berceau des sociétés de la Paix, le grand nombre des groupements que présente la liste des organes pacifiques en ce qui concerne ces pays, ne doit pas faire illusion sur la nature du mouvement qui s'y manifeste.

Grâce à une vie locale très intense, à une *initiative individuelle* très développée, complétée *par un esprit d'association* des plus marqués et un sens très vif des nécessités pratiques, permettant aux individualités d'unir étroitement leurs efforts en vue d'un but commun, tout en gardant leur essentielle originalité ; la Grande-Bretagne, avec ses treize sociétés, dont la principale, « Peace Society », compte trente-deux groupes auxiliaires ou affiliés, les Etats-Unis, avec leurs quatorze associations, sont de toutes les façons plus près que nous de l'unité. Il est à remarquer surtout que leurs journaux sont peu nombreux, bien informés et très intéressants.

Ainsi trois tendances caractérisent le mouvement pacifique général au point de vue de son organisation :

Dans les pays de race germanique, il tend à l'unité par la fusion des divers groupes en un seul et arrive tout au moins à les réduire à quelques-uns ;

Dans ceux de race latine, c'est la division à l'excès avec l'indépendance absolue des groupements et leur multiplication démesurée ;

Dans les pays anglo-saxons, on trouve des créations multiples dues à l'initiative individuelle et locale très intenses, avec une grande vitalité et une autonomie complète, mais sachant s'unir pour l'action collective, tendant en somme à l'alliance, à la fédération.

S'il est reconnu que la seconde de ces alternatives portée à son extrême par le mouvement pacifique français avec ses trente et quelques sociétés, est défavorable à une action vigoureuse, pratique, efficace sur l'opinion publique qu'il importe de gagner définitivement à notre cause ; il reste à choisir entre les deux autres systèmes. Dans la crainte que le premier, théoriquement le plus simple et le meilleur une fois organisé, ne paraisse exiger actuellement trop de sacrifices et une discipline à laquelle nous ne sommes pas encore habitués, nous prenons la liberté de vous recommander la fédération comme un moyen terme sauvegardant tous les intérêts, permettant de régulariser, de coordonner et de mieux répartir les efforts des sociétés françaises et de préparer la même fédération dans le monde international.

Et M. Langlade concluait par le projet de résolution suivant, qu'il considérait comme la suite naturelle de l'exposé qui précède.

### PROJET DE RÉSOLUTION

*Le premier Congrès national des Sociétés françaises de la Paix, réuni à Toulouse, du 16 au 18 octobre 1902 ;*
*Considérant qu'il est urgent d'établir entre ces sociétés*

*des rapports plus étroits, afin de les développer et de vul-
gariser leur action dans les masses ;*

*Que les Congrès nationaux annuels, tout en réalisant un
premier pas des plus heureux dans la voie de cette union
possible et nécessaire, seraient insuffisants pour créer une
action permanente, intense et générale ;*

*Que la fusion complète de tous les groupements actuels
en une seule société, quoique désirable en principe, serait
peut-être prématurée ;*

*Est d'avis qu'il y a lieu d'établir une Fédération des
Sociétés françaises de la Paix sur la base commune de
l'arbritage international ;*

*Charge une Commission composée de MM..............
de préparer un projet de statuts généraux et d'organisation centrale qui devront être adoptés pour cette fédération ;*

*Et exprime le vœu que les propositions de cette commis-
sion lui soient soumises le plus tôt possible, afin que, discu-
tées et adoptées par le Congrès lui-même, elles permettent
d'orienter sans retard la propagande générale du parti
pacifique français.*

Comme conclusion de ses observations, M. Le Foyer pro -
posait au Congrès de se rallier nettement à l'idée de fédération qu'il considérait « comme un moyen terme, sauvegardant tous les intérêts, permettant de régulariser, de coordonner, et de mieux répartir les efforts des Sociétés françaises..... »

L'Alliance universelle, par l'organe de M. Jounet, était
d'avis, avant de trancher la question de fédération, de s'unir
sur un programme commun, en vue d'une action commune,
par délégués spécialement nommés à cet effet. M. Prud'hommeaux, secrétaire de l'Association de la Paix par le Droit,
professeur agrégé de l'Université, avait lui aussi envoyé des
observations tendant à l'établissement d'un Comité fédéral
des Sociétés françaises de la Paix avec un projet fort bien
étudié, en 6 articles, dont voici le texte.

ARTICLE PREMIER. — Il est créé, entre toutes les Sociétés de la
Paix adhérent aux présents statuts, un *Comité Fédéral des Sociétés
françaises de la Paix.*

La fonction de ce Comité sera de prendre toutes les décisions intéressant l'ensemble des Sociétés pacifiques du pays. Il organisera la

propagande ou la manifestation des idées pacifiques, toutes les fois qu'il y aura lieu de donner à celles-ci une expression commune (pétitions, congrès nationaux de la Paix, etc.) ; il arrêtera toutes les mesures d'ordre général (vœux, approbations, blâmes, démarches auprès de la Chambre ou des pouvoirs publics, etc.) que les événements de la politique intérieure ou extérieure pourront ; en un mot, il sera l'instrument de l'*action collective* des Sociétés de la Paix françaises, dans toutes les circonstances où cette unité d'action sera jugée nécessaire.

Art. 2. — Le *Comité Fédéral* tiendra ses séances à Paris, dans un local n'appartenant à aucune des Sociétés de la Paix existantes. Il se réunira régulièrement et à jour fixe une fois par mois. Mais, en cas de d'urgence, il sera convoqué par son président et son secrétaire.

Art. 3. — Le Comité fédéral se composera de deux membres par Société, choisis autant que possible parmi les personnes habitant Paris. Les pouvoirs des deux délégués de chaque Association seront transmis au Secrétaire du Comité Fédéral par le Bureau de cette Association. Les délégués seront désignés pour une année par les diverses Sociétés. Ils seront rééligibles.

Les Sociétés n'ayant pas de membres à Paris pourront confier leurs pouvoirs à des membres d'autres Sociétés, déjà délégués ou non.

Art. 4. — Le Comité Fédéral élira son Bureau et élaborera lui-même son règlement intérieur.

Art. 5. — En l'absence d'un organe officiel du Comité Fédéral, les communications de ce Comité seront adressées indistinctement à tous les journaux ou périodiques pacifiques de langue française qui seront tenus de les insérer.

Art. 6. — Pour couvrir les dépenses éventuelles du Comité Fédéral (local, frais d'impression, etc.) une cotisation annuelle sera versée, par le trésorier de chaque association ou groupement représenté, entre les mains du trésorier du Comité. Cette cotisation sera de 5 francs par chaque centaine de membres inscrits sur les contrôles de chacune des sociétés adhérentes.

Les documents et projets de résolution qui précèdent mettent nettement en relief le problème principal au sujet duquel M. Mérignhac résume les opinions émises en faisant remarquer qu'on a en présence trois systèmes : *a*) autonomie complète, comme par le passé, pour les Sociétés françaises ou maintien du *statu quo*; *b*) fédération complète ; *c*) maintien de l'autonomie avec un lien central réunissant les Sociétés sur les points d'entente commune.

Le débat est ouvert. Le premier orateur, M. Moch, rappelle que le Bureau français de la Paix, par lui créé, constituait déjà une première tentative d'union des sociétés pacifiques françaises. Il est d'avis qu'il conviendrait de nommer un comité pour étudier la question de la fédération et la faire résoudre par voie de *referendum*; il faut être très prudent, suivant lui, et ne pas prendre de résolutions hâtives. M. Ruyssen rend hommage au Bureau français de la Paix qui n'a pas réussi, dit-il, parce qu'il est né d'un effort individuel; il faudrait, suivant lui, créer quelque chose de durable avant de quitter Toulouse. Les mots lui importent peu pourvu qu'on agisse et les congressistes ne doivent pas se séparer avant d'avoir créé un organe (Bureau, Commission, Délégation) devant, en attendant la préparation de la fédération, élaborer le programme du prochain congrès et fonctionner comme Bureau provisoire de la Paix pouvant agir pour le cas où il se produirait quelque événement grave dans l'ordre international.

Après que MM. Moch et Ruyssen se sont mis d'accord sur les bases qui précèdent, M. Arnaud fait observer que les groupes de la Ligue internationale de la Paix et de la Liberté qu'il préside, constituent, eux aussi, une fédération pacifique. Il appuie l'idée d'une *action* commune et demande, pour la faire aboutir, l'institution d'un bureau de neuf membres représentant les sociétés françaises adhérentes au Congrès jusqu'à la prochaine réunion annuelle. Ce bureau aurait une double attribution : 1° Etude de l'action à exercer en commun dans l'avenir ; 2° Représentation des groupes pacifiques jusqu'au prochain congrès.

La discussion est ouverte, souvent chaude et ardente, mais toujours courtoise; divers orateurs, notamment MM. Passy, Tachard, Le Foyer, Sabatier, Moch, Arnaud, Decans, Fraissinet, Crouzet, prennent la parole à des points de vue divers, notamment dans le but de préciser le plus exactement possible les attributions de l'organisme qui va servir de représentation aux Sociétés françaises dans l'intervalle du premier au deuxième congrès, de lui donner une influence suffisante, sans lui accorder pourtant une initiative trop considérable, et n'en faire, comme il a été dit, ni un pouvoir absolu ni une simple boîte aux lettres. Finalement, de l'échange de vues, faisant se dégager cette idée unanimement admise et qui concilie tous les suffrages ; à savoir que la délégation proposée constituera surtout une commission d'études devant préparer l'action future des groupements pacifiques et organiser le prochain congrès national. A l'unanimité le Congrès accepte dans cet ordre d'idées la résolution suivante.

### RÉSOLUTION

*Le premier Congrès des Sociétés françaises de la Paix décide d'instituer une délégation de neuf membres représentant, jusqu'au prochain Congrès, les Sociétés pacifiques françaises adhérentes au Congrès.*

*Cette délégation a pour objet :*

*1° D'élaborer le programme du prochain Congrès national ;*

*2° De servir d'organe aux Sociétés françaises de la Paix, au cas où les événements extérieurs sembleraient exiger une manifestation publique de l'opinion pacifique ;*

*3° De mettre à l'étude l'organisation de l'action commune des groupements pacifiques français.*

Ont été ensuite élus, à l'unanimité, membres de la délégation provisoire de neuf membres :

MM. Arnaud, Beauquier, Follin, Le Foyer, Mérignhac, Moch, Passy, Richet, Spalikowski.

La suite de l'ordre du jour appelle la discussion de la deuxième question concernant les congrès nationaux de la paix en France et leurs rapports avec le Congrès international. M. Ruyssen, rapporteur, donne lecture du rapport suivant qui élucide, avec une netteté absolue, les divers points à traiter : Lieu et date des Congrès — pouvoirs — représentation — mode de votation — compte rendu — invitations aux sociétés étrangères, questions pratiques de réduction des prix de voyage, de frais de séjour, etc., etc. Nous ne pouvons mieux faire que de transcrire le rapport lui-même, dont M. Ruyssen a donné lecture.

MESDAMES, MESSIEURS,

En invitant les Sociétés françaises de la Paix à tenir leurs premières assises nationales dans l'une des villes les plus hospitalières de France, la Société toulousaine de la Paix a pris une initiative dont nous ne saurions trop la louer et dont on a le droit d'attendre beaucoup. Ce Congrès sera, nous l'espérons fermement, renouvelé à intervalles réguliers. Il y a même tout lieu de croire que les Congrès à venir seront plus féconds en résultats tangibles que le Congrès de Toulouse, qui se ressentira, sans doute, des tâtonnements d'une première expérience, et devra consacrer une bonne partie de ses efforts à l'organisation des sessions ultérieures. Mais on peut, dire d'ores, et déjà que les Congrès à venir seront ce que nous les auront faits à Toulouse en précisant de prime abord le rôle, la nature et le mode d'action des Congrès nationaux en général. Il n'y a pas de tâche plus urgente que de profiter de cette première entrevue pour préparer les suivantes auxquelles nous arriverons sachant nettement qui nous sommes, ce que nous pouvons, ce que nous voulons.

Que doit donc être le Congrès national de la Paix ?

Evidemment, il n'aura de raison d'être et d'originalité que pour autant qu'il se distinguera des Congrès internationaux, et il aura avantage, à mon sens, à s'en distinguer de trois manières : par sa composition — par sa date, — par la nature de ses travaux.

### 1° Composition du Congrès national

Le Comité d'organisation du Congrès toulousain a parfaitement compris qu'il n'avait guère, à ce point de vue, qu'à transposer et à adapter aux circonstances le règlement si sage et déjà éprouvé des Congrès internationaux. Nos Congrès comprendront donc :

*a*) Des délégués des Sociétés françaises de la paix.

*b*) Des délégués d'institutions publiques ou d'autorités constituées ayant manifesté le désir d'appuyer notre propagande.

*c*) Des délégués de Sociétés qui n'ont pas la Paix pour but essentiel, mais ont ont adhéré au Congrès de la Paix.

*d*) Des membres des Sociétés de la Paix non délégués, mais adhérant au Congrès.

La troisième de ces quatre catégories est, à mon sens, la plus importante après la première. Nous réussirons sans trop de peine à réunir les délégués des principales Sociétés françaises de la Paix. Mais combien serons-nous à ce compte ? Et quelle autorité aurons-nous sur l'opinion publique si nos Congrès se composent en majorité de ceux qu'on pourrait appeler les « professionnels » de la Paix, les spécialistes de l'idée, que l'on rencontre régulièrement dans tous les Congrès internationaux ? Ces « professionnels » qui se déplacent à grands frais pour rencontrer hors de France nos amis d'Allemagne, d'Angleterre, d'Italie et d'ailleurs, et qui profitent de ces exodes communs pour se retrouver et se concerter avec leurs compatriotes, n'auraient guère d'intérêts à donner rendez-vous en France à ces mêmes compatriotes,

s'ils n'avaient des chances de grouper en grand nombre d'autres amis
de la Paix qui, sans appartenir expressément à notre organisation,
combattent cependant pour nos idées sur d'autres terrains et par d'autres armes. Les Congrès internationaux déjà nombreux, gênés dans
leurs allures par la différence des langues et par certaines questions
internationales délicates, acceptent mais ne sollicitent pas le concours
de ces pacifiques étrangers au parti. Nous devons, à mon sens, agir
tout autrement. Il nous appartient, sans exclure personne, d'aller au
devant de certains concours et d'appeler à nous les associations qui,
par leur activité propre, contribuent à la paix du dehors et du dedans :
Sociétés scientifiques, pédagogiques, philanthropiques, Chambres de
commerce, Coopératives, Mutualités, Bourses du travail, Syndicats
patronaux et ouvriers. Il appartiendra à l'organisation permanente
que, sans doute, le Congrès laissera après lui de faire un choix des
groupements qu'il conviendra d'engager à envoyer des représentants
au prochain Congrès national. Il conviendrait même, à mon avis, de
supprimer la clause du règlement provisoire qui exige le dépôt, six
semaines à l'avance, des Statuts des Sociétés adhérentes. Avons-nous
donc l'intention de trier nos adhérents ? Au nom de quel principe ?
Avec quel criterium ? Une déclaration écrite du Secrétaire et le paie-
ment de la cotisation prévue doivent suffire. Au reste, il n'est que
juste que le parti de la paix se réserve une large part dans la direction
des Congrès ; et l'article 5 lui assure la prépondérance en n'accordant
qu'une voix à chaque Société adhérente.

Les articles relatifs aux cotisations, à l'attribution des voix et au
contrôle des pouvoirs paraissent irréprochables. Mais je supprimerais
volontiers la phrase de l'article 9 qui implique une préférence en
faveur des associations des pays d'origine latine. Rien ne nous empêche, si les circonstances s'y prêtent, de poursuivre la fédération prochaine des peuples latins et d'inviter les associations des deux pénin-
sules voisines à joindre leurs efforts aux nôtres. Mais il y aurait, pour
les nations anglo-saxonnes et scandinaves, dont les Sociétés pacifiques
nous donnent un si admirable exemple de vitalité et de discipline, une
injustice vraiment choquante à spécifier, dans un règlement, que leurs
avis peuvent être moins utiles à nos débats que ceux des pacifiques
d'origine latine. Ne sont-ce pas précisément les Sociétés scandinaves
qui ont fait faire le plus de progrès à l'idée de la pacigérance ? N'est-ce
pas entre deux grandes nations anglo-saxonnes que l'arbitrage permanent a été mis en question et pratiquement débattu pour la première
fois ?

### 2° Date des Congrès Nationaux.

S'il est vrai que l'un des rôles des Congrès nationaux doit être de
simplifier et de préparer la tâche, si laborieuse, des Congrès interna-

tionaux, l'idée ne s'impose-t-elle pas que les premiers doivent régulièrement alterner avec les seconds à deux ans d'intervalle. L'expérience a prouvé qu'il y avait des inconvénients à trop multiplier les Congrès internationaux. Non pas que la besogne ait jamais manqué à ces derniers, mais trop souvent le temps a fait défaut pour élaborer et amener à mâturité plusieurs des questions inscrites au programme. Le Congrès de Glascow, notamment, a donné un fàcheux exemple des effets de cette précipitation. Il serait souhaitable que, dans l'intervalle des Congrès internationaux, espacés de deux en deux ans, les Congrès nationaux, réunis en *chaque pays*, eussent le temps de discuter le programme des Congrès internationaux. Déjà les Congrès nationaux des Sociétés de la Paix ont lieu régulièrement aux Etats-Unis et dans les pays Scandinaves. Rien ne serait plus facile que de proposer, au prochain Congrès de Vienne (Pàques 1903), le principe de l'alternance annuelle des Congrès nationaux et des Congrès internationaux.

### 3° Travaux des Congrès nationaux.

C'est surtout par la nature de ses travaux que le Congrès national doit prendre, vis-à-vis du Congrès international, une physionomie originale. Français, ce Congrès doit faire œuvre française, et cette œuvre peut être triple.

*a*) Tout d'abord, une œuvre de propagande locale. A ce premier point de vue, le Congrès de Toulouse inaugure lui-même une utile tradition. Il se réunit dans une région où le mouvement pacifique est encore tout récent. Il confère ainsi aux premiers pionniers de ce mouvement une force et un encouragement précieux en prouvant d'une façon tangible au public de la région toulousaine que la genèse soudaine de sociétés pacifiques dans ce coin de France, n'est pas une éclosion isolée et passagère, mais qu'elle se rattache à une organisation qui a donné des preuves de durée et d'homogénéité. Il sera bon que les organisateurs des prochains Congrès s'inspirent des mêmes préoccupations et attirent de préférence leurs collègues dans les centres où la propagande pacifique est en voie de progrès, là surtout où elle est encore hésitante, là même où elle doit compter avec des résistances locales et des préventions que le Congrès dissipera par le sérieux et l'entrain persuasif de ses délibérations. Il n'est pas nécessaire que le Congrès se réunisse toujours dans une très grande ville. Ceux qui ont assisté à l'Assemblée générale de Turin (1898), n'ont pas perdu le souvenir de la magnifique réception qui leur fut faite le lendemain dans la petite ville vaudoise de Torre-Pellice. Et tout récemment, nous avons pu nous convaincre que les Congrès ouvriers les plus retentissants ont réussi dans des centres d'importance secondaire. Il conviendra donc d'organiser les prochains Congrès dans les régions où l'in-

térêt paraîtra évident de porter avec éclat l'affirmation de nos principes et la démonstration de notre existence et de notre vitalité.

*b*) Une autre œuvre s'impose à l'effort des Congrès nationaux,
œuvre sur laquelle j'insisterais si le Comité du Congrès de Toulouse
n'y avait dès à présent consacré la première question de son programme, je veux dire l'organisation sur un plan plus rationnel de la
propagande pacifique française. Les efforts déjà tentés et pour la plupart demeurés infructueux, doivent, sans nous décourager, nous ouvrir
les yeux sur les difficultés de l'entreprise. Pour ne pas empiéter sur le
domaine réservé au rapporteur de la première question, je me contente
de signaler quatre points sur lesquels l'accord me paraît aisément
réalisable :

1° Adoption par plusieurs sociétés d'un même périodique rédigé par
un Comité commun.

2° Rédaction par un Comité mixte et vente en commun de l'*Almanach de la Paix* et de brochures de propagande.

3° Organisation régionale des conférences.

4° Organisation commune du service des projections lumineuses.

*c*) Il reste enfin au Congrès à remplir une dernière mission, non la
moindre, et, à coup sûr, la plus délicate, si délicate que le Comité du
Congrès de Toulouse, désireux sans doute de ne point engager, sous sa
propre responsabilité, le parti de la Paix dans une voie dangereuse, a
évité d'y faire allusion ; je veux parler de l'attitude que le Congrès
devra prendre à l'égard de la politique extérieure de la France. Hâtons-
nous, d'ailleurs, de spécifier que le Congrès devra s'abstenir soigneusement de toute ingérence dans la politique intérieure ; celle-ci est
l'affaire des partis, œuvre passagère de passions ou d'intérêts limités ;
elle ne pourrait que nous diviser. Mais celle-là est l'affaire du pays
tout entier, elle peut, elle doit nous unir. Notons, d'ailleurs, que, sur
ce point, le premier Congrès national de la Paix se montre plus timide
que son modèle, le Congrès international. Celui-ci comporte toujours
un rapport du Secrétaire général du bureau de Berne sur les « événements de l'année ». Ce rapport, rédigé toujours dans les termes les
plus circonspects, est soigneusement discuté par une Commission spéciale et soumis au vote du Congrès. Or, il n'est pas douteux que ce
genre de débuts est particulièrement délicat dans un Congrès international. On l'a bien vu à Paris et à Glascow lorsqu'est venue sur le
tapis l'épineuse question de la guerre Sud-Africaine. On a assisté à
Paris à cet étrange spectacle : d'un côté les Anglais se faisaient un
point d'honnneur d'attirer sur la politique de leur pays la sévérité du
Congrès ; et, d'autre part, la courtoisie internationale exigeait, à l'égard
d'hôtes si durement éprouvés dans leur patriotisme, des réserves et
des atténuations. A Glascow, la déférence pour le pays hospitalier qui
les recevait interdisait aux congressistes étrangers, l'expression absolument sincère de leur tristesse et de leur indignation. Et cependant,

tous les Congrès internationaux ont rempli leur mission ; ils se sont érigés avec les ménagements de forme désirables, en organes solennels de l'opinion pacifique.

Comment donc les Congrès nationaux, dégagés de tout devoir de courtoisie internationale, craindraient-ils de porter sur la politique extérieure française, un jugement que les Sociétés de la Paix ne craignent pas de porter publiquement pour leur propre compte (1)? Si réellement, comme nous le croyons, une « opinion pacifique », toujours plus éclairée et plus consciente, est en train de se former en France, il serait étrange que le Congrès des Sociétés de la Paix ne saisit pas cette occasion de donner une voix publique à cette opinion. Et si, comme il arrive trop souvent en un pays où le pays reste singulièrement ignorant des problèmes internationaux, cette opinion est souvent encore mal informée, hésitante et divisée contre elle-même (tel a été, par exemple, le cas bien typique de l'affaire des créances Lorando-Tubini) ; n'appartient-il pas au Congrès d'ouvrir à de sérieuses et impartiales discussions un terrain neutre d'où nous sortirons mieux instruits et plus rassurés contre nos doutes ? En un mot, si nous sommes d'accord sur la politique extérieure de notre pays, nous avons tout avantage à le proclamer, et si nous sommes divisés, il importe plus encore que nous apprenions par quoi et dans quelle mesure nous le sommes.

Au reste, un fait est de nature à nous rassurer sur l'unité et le bon ordre de nos débats. Autant les questions intérieures divisent des hommes faits pour se comprendre et s'estimer, autant les problèmes extérieurs sont de nature à rapprocher des hommes venus de tous les points de l'horizon politique. N'a-t-on pas vu MM. de Mun, Denys Cochin et Jaurès tenir à la tribune un langage identique sur la question arménienne ? Tous les partis ne sont-ils pas unanimes à réprouver les atrocités authentiques commises au cours de telle expédition ? La politique de paix et d'arbitrage est-elle donc suspendue à la politique des partis ?

Il me paraît donc indispensable d'inscrire à l'ordre du jour de tout Congrès national un rapport sur la politique extérieure de la France examiné au point de vue des principes pacifiques. Ce rapport, rédigé à l'avance, serait discuté en Commission avant d'être soumis au Congrès. Si l'unanimité fait défaut, le Congrès pourra, pour dégager les responsabilités, décider de rendre publique la proportion des voix pour et des voix contre. Il pourra aussi décider, dans certaines circonstances, d'envoyer une adresse aux pouvoirs publics ou charger une délégation de présenter aux ministres compétents les vœux des pacifiques français. Il pourra ainsi avoir la juste prétention d'être l'organe

---

(1) Pour ne rien dire d'autres Sociétés telles que celle de la Protection des indigènes, etc.

vivant d'une opinion pacifique à la fois réfléchie et hardie, énergique et prudente.

### Rapports du Congrès national avec le Congrès international.

La physionomie du Congrès national ainsi définie, il est aisé de préciser les rapports de ce nouvel organisme avec le Congrès international. En dehors des questions de doctrine ou de politique purement intérieures, pour lesquelles le Congrès national doit demeurer maître de son programme, nous devrons assurer l'étroite et homogène collaboration des deux Congrès. Cette collaboration peut être double.

D'une part, le Congrès national peut réaliser certaines décisions du Congrès international que le bureau de Berne ne peut exécuter. Telle est, par exemple, la décision du Congrès de Monaco, invitant les Sociétés de la paix des divers pays à s'associer, dans la plus large mesure, les Sociétés coopératives et d'une façon générale, toutes les organisations ouvrières et industrielles. Il serait utile que, pour le prochain Congrès national, le Conseil d'administration s'inspirât des décisions des onze Congrès internationaux, publiées en brochure par le Bureau de Berne et s'efforçât de faire passer de la théorie à la pratique celles de ces décisions qui relèvent de l'activité locale nationale des Sociétés pacifiques.

Et réciproquement, le Congrès international doit préparer la tâche du Congrès national. A cet effet, le Comité devra, avant de dresser son programme, s'enquérir auprès du Bureau de Berne des questions qui seraient déjà inscrites à l'ordre du jour du prochain Congrès international, ou de celles que le Secrétaire général recommanderait à l'examen des Congrès nationaux. En outre, chaque Congrès national pourra prendre l'initiative d'un certain nombre de questions dont il demandera l'inscription au programme du Conseil international et pour lesquelles il proposera des rapporteurs.

Telle devra être, à mon avis, l'organisation des Congrès nationaux, si ceux-ci veulent faire une besogne utile et originale. Des derniers paragraphes de la seconde question du programme, je n'ai qu'un mot à dire.

Il est indispensable qu'un *compte rendu* soit rédigé et imprimé. Mais il revient au Comité du Congrès d'apprécier qu'elle étendue ses ressources permettent de donner à ce document. Le plus simple serait de rédiger ce compte rendu d'accord avec un journal local ou une Revue pacifique. Les frais de publications se réduiraient alors aux dépenses du tirage à part. Il est à peine besoin d'indiquer qu'un Secrétaire du Congrès assisté, s'il se peut, d'un sténographe, devra être désigné d'avance pour cet office, qui implique du même coup, le le service des communiqués à la presse.

Quant aux questions pratiques de frais de séjour et de réduction des prix de voyage, force est bien de s'en remettre à l'initiative des organisateurs... et aux influences personnelles dont ils disposent. Les compagnies de chemins de fer prodiguent aux uns ce qu'elles refusent aux autres. De même on ne saurait adopter de règle fixe pour la réduction de frais de séjour. Il n'est pas donné à tous les amis de la paix de rendre leur hospitalité aussi large que leur amitié. Ce sont questions personnelles ou locales qu'il convient de laisser à l'ingéniosité et au bon vouloir des organisateurs des prochains Congrès.

La discussion est ouverte à la suite de la lecture de ce travail, principalement en ce qui concerne le rapport sur les événements internationaux et la politique extérieure française. Le Président croit que ce rapport sera inutile et dangereux ; dangereux parce qu'il contiendra peut-être des appréciations excessives ou erronées et de nature à gêner l'action du gouvernement à l'étranger ; inutile, parce que s'il y a à appeler l'attention sur des faits graves, on ne se contentera pas d'une mention au rapport et qu'un vœu sera certainement émis. M. Giacometti appuie cette observation que combattent MM. Ruyssen, Le Foyer, Arnaud et Sabatier.

Finalement, les conclusions de la commission sont adoptées et l'on vote le projet de résolution suivant.

### RÉSOLUTION

*Les Congrès nationaux de la Paix se réuniront régulièrement une fois dans l'intervalle des Congrès internationaux, à une date qui permette de préparer avec fruit l'œuvre du Congrès international suivant.*

*Tout Congrès international devra inscrire d'office à son ordre du jour un rapport sur les événements internationaux d'actualité. Ce rapport, rédigé par un rapporteur désigné à l'avance par la Délégation permanente des Sociétés françaises de la Paix, sera discuté, dès l'ouverture du Congrès, par la Commission compétente, et le texte autopté par la Commission sera soumis au Congrès, discuté en séance publique et adopté, quant aux points qui réuniront les deux tiers des suffrages exprimés ; ce rapport sera communiqué à la Presse.*

M. Moch dépose ensuite, toujours dans l'ordre d'idées que concerne la deuxième question, et à titre de renseignement et d'étude préliminaire, le rapport suivant, destiné au XIIe Congrès universel de la Paix, et concernant les modifications à apporter au règlement des Congrès.

I. — L'expérience des six derniers Congrès universels de la Paix (je compte comme un Congrès l'Assemblée générale de Turin, en 1901), me permet de considérer comme suffisamment établi, qu'il est urgent de transformer, dans son essence même, le règlement des Congrès.

Bien des critiques peuvent être portées contre ce règlement, notamment en ce qui concerne la préparation et la conduite des délibérations, au sujet de laquelle il édicte des prescriptions minutieuses, — si minutieuses qu'on ne leur obéit guère. Je m'en tiendrai ici aux détails qui concernent la représentation des Sociétés et le droit de vote, c'est-à-dire la base même et l'autorité morale des résolutions prises dans nos Assemblées.

II. — Quand un Congrès a pour objet de faire délibérer en commun les membres de plusieurs associations, fédérées ou indépendantes, on peut le concevoir soit comme un Congrès de ces associations elles-mêmes, soit comme un Congrès d'individus, membres de ces associations. Dans le premier cas, ce sont les associations qui, par l'intermédiaire de délégués dûment accrédités, exercent le droit de vote ; dans le second cas, les membres du Congrès ont seulement à justifier de leur qualité de membres d'une des associations adhérentes, après quoi ils prennent part aux délibérations et aux votes à titre purement individuel.

De par leur règlement actuel, les Congrès universels de la Paix se rangent dans la première catégorie ; les articles 2 et 3 spécifient en effet que, seuls, les délégués des Sociétés, au nombre maximum de dix par Société, ont voix délibérative, les autres membres de ces Sociétés, non délégués, n'ayant que voix consultative.

Cette réglementation présente, en théorie comme en pratique, les inconvénients les plus graves.

III. — En théorie, l'idée d'une délégation confiée par une Société à certains de ses membres, éveille nécessairement l'idée d'un mandat impératif imposé à ces membres. On ne voit pas, en effet, pourquoi une Société prendrait la peine de désigner des délégués, si ces derniers n'ont pas mission de défendre les idées de leurs commettants et n'ont pas reçu d'instructions à cet effet.

Sans doute, les idées de délégation et de mandat impératif ne sont pas nécessairement liées ; et l'on peut fort bien concevoir qu'une Société désigne ses délégués sans autre préoccupation que de choisir des hommes intelligents, droits et ayant l'expérience du mouvement pacifique ; il va de soi qu'à de tels hommes on ne peut donner qu'un blanc-seing, certain qu'on est qu'ils voteront suivant leur conscience, en restant fidèles aux principes et en s'inspirant des circonstances et de la discussion.

Mais cette façon de faire est, en réalité, l'idéal ; et l'idéal, c'est ce qu'on ne réalise pas ! Il arrive bien que des Sociétés soient ainsi représentées ; ce sont celles qui ont eu la bonne fortune de pouvoir confier leurs mandats à quelqu'un des personnages les plus éminents du mouvement pacifique, à l'un de ces orateurs respectés dont personne ne s'aviserait de vouloir limiter la liberté d'action. Mais, en règle générale, quand une Société désigne des délégués, elle leur donne en même temps des instructions ; et ces instructions tendent toujours à ne pas se maintenir dans les généralités, mais à déterminer le plus nettement possible la ligne de conduite que devra tenir le délégué. C'est ce que fait, par exemple, la Société allemande de la Paix, qui tient à cet effet une Assemblée de délégués de ses groupes locaux, où les principaux points de l'ordre du jour du prochain Congrès sont discutés et donnent lieu à un vote. Après quoi, l'on voit arriver au Congrès des Délégués qui déclarent très posément qu'ils ont reçu mandat de voter dans tel sens, ce qui équivaut à dire que toute la délibération, à laquelle prennent part les délégués de toutes nations, est sans valeur à leurs yeux.

Cette idée du mandat impératif est si bien connexe de celle de la délégation, que certains de nos amis, parmi ceux même qui sont les apôtres les plus convaincus de la liberté sous toutes ses formes, en arrivent à ne pas les dégager l'une de l'autre. C'est ainsi que M. Hodgson Pratt, dans la Note sur *Le droit de vote aux Congrès de la Paix* qu'il a soumise au Congrès de Glasgow (*Tenth Universal Peace Congress*, p. 123) constate avec étonnement que les délégués d'une même Société peuvent fort bien ne pas s'entendre au cours des délibérations, et voter en sens contraires les uns des autres. Dans le même ordre d'idées, il proteste contre le fait qu'une Société puisse être représentée par des délégués qui sont membres, non de cette Société, mais d'une autre ; cela, parce que ces délégués n'ont pas pris part régulièrement aux séances de la société en question. Et pourtant, on ne voit vraiment pas, même dans le cas du mandat impératif, pourquoi on limiterait la liberté du choix des Sociétés, du moment que ces dernières auront trouvé des représentants qui acceptent leurs instructions ; et je ne cite cet exemple que pour montrer à quel point certains esprits considèrent le mandat impératif comme lié au règlement actuel du Congrès.

IV. — Eh bien, il faut le dire très hautement : le jour où la doctrine du mandat impératif serait officiellement adoptée parmi nous, ou seulement généralisée en pratique, c'en serait fait de nos Congrès.

Les Congrès universels ont précisément pour but de rapprocher des hommes qui vivaient éloignés les uns des autres, et de leur permettre de modifier, au contact d'idées nouvelles pour eux, les idées parfois trop étroites qu'ils avaient contractées dans leur milieu habituel. Et le jour où les effets de cette indispensable éducation mutuelle auraient été annihilés par l'usage du mandat impératif, il n'y aurait plus qu'à supprimer les Congrès. Il serait bien inutile, en effet, de s'imposer la gêne et la dépense de longs voyages pour enregistrer simplement les votes antérieurs des Sociétés, chose qui peut se faire aussi bien par correspondance, qui se ferait même mieux ainsi, car toutes les Sociétés peuvent être interrogées et répondre par correspondance, alors que toutes ne peuvent pas se faire représenter au Congrès. Et, en tout cas, les hommes les plus éminents du parti pacifique, ceux qui font toute la valeur des Congrès, par la part active qu'ils prennent aux travaux des commissions et aux délibérations (ce sont, comme on dit, « toujours les mêmes qui se font tuer »), ceux-là s'abstiendraient certainement de venir pour apporter seulement au Congrès une consigne *ne varietur*, et n'y rien faire d'utile.

V. — On peut encore noter, en passant, qu'il n'est nullement démontré qu'un vote, rendu par des délégués munis de mandats impératifs, exprime réellement les vues de la majorité du parti. Car, d'une part, le nombre des voix des délégués n'est pas proportionnel à l'effectif des sociétés ; et, d'autre part, les délégués ne pouvant pas couper leur mandat en deux pour tenir compte de l'opinion des minorités de leurs sociétés respectives, il peut arriver que la majorité soit constituée au Congrès par des délégués représentant chacun une très petite majorité, et qui, dans leur ensemble, ne représenteraient donc que la minorité du parti pacifique international : c'est ce qui se passe dans les Parlements, où certaines commissions sont élues par des bureaux tirés au sort, et où il arrive que l'Assemblée vote en sens contraire de ce qu'avait fait une commission.

VI. — Pour résumer ce qui précède, je considère comme indispensable que le règlement des Congrès ne puisse pas être interprété dans un sens qui permette de considérer qu'il implique l'attribution à ses membres de mandats impératifs. Et puisque, par cela seul, que les Congrès sont des assemblées de délégués, un grand nombre de gens sont amenés à penser (par une déduction qui leur semble logique, mais n'est que spécieuse) que ces délégués doivent être porteurs de semblables mandats, je crois nécessaire de transformer la base même de ces assemblées, en en faisant, non plus des Congrès de Sociétés, mais des Congrès de membres des Sociétés de la Paix.

VII. —.Une autre raison qui milite en faveur de ce changement d'orientation, est l'impossibilité où l'on se trouve d'assurer aux Sociétés une représentation équitable et qui leur donne donc satisfaction à toutes.

Ce point constitue, dans toutes les fédérations, une grande difficulté. La constitution des Etats fédéraux y obvie généralement en partageant le pouvoir législatif entre deux Chambres, dont l'une représente les personnes idéales que constituent les Etats fédérés, considérés ici comme égaux entre eux, tandis que l'autre représente les citoyens, c'est-à-dire l'opinion de la majorité, de quelque manière que celle-ci soit distribuée entre les Etats.

Mais, dans le cas d'un Congrès, c'est-à-dire d'une Assemblée fédérale unique, comment faire ?

Les Sociétés très nombreuses, qui sont généralement les plus anciennes, demandent à exercer une influence plus grande que celle des petites ; on conçoit aisément que telle association, dont les adhérents se comptent par milliers et parfois par dizaines de milliers, prétende désigner plus de délégués que telle petite Société, de formation récente, et qui se réduit, absolument ou à peu près, à son Bureau.

Mais on ne peut songer à donner aux Sociétés un nombre de suffrages qui soit proportionnel à leur effectif. A ce compte, si l'on accorde une voix à une association qui compte une centaine de membres, les grandes Sociétés auraient droit à un nombre de voix qui permettrait, à quelques-unes d'entre elles, réunies, de faire la loi au Congrès.

On a cherché à tout concilier en limitant à dix le nombre des voix d'une même Société. Mais il est clair que cette limitation, tout arbitraire, ne va pas sans soulever des protestations dans l'un et l'autre sens.


VIII. — Il arrive fréquemment que des Sociétés soient représentées sans même savoir par qui. Ce cas n'est pas seulement celui des nombreuses Sociétés qui, n'ayant aucun de leurs membres en état de faire le voyage, envoient aux organisateurs du Congrès ou à quelque autre ami un mandat en blanc. Il se produit aussi très souvent que des délégués, porteurs de plusieurs voix, en donnent quelques-unes à des membres du Congrès qui sont venus sans être porteurs d'aucun mandat.

Cette pratique ne peut manquer de paraître singulière à ceux qui poussent le respect du mandat jusqu'à le vouloir impératif. Mais elle est très défendable et, pour ma part, j'ai souvent donné le conseil de la suivre.

La situation des membres du Congrès non munis de mandats est en effet assez peu relevée. Ils ont bien voix consultative, mais ils sont naturellement portés à n'en pas user, car il est désagréable de ne pas pouvoir soutenir de son vote une opinion qu'on a défendue par la parole. Ils en viennent donc forcément, d'abord, à considérer le Congrès comme un simple spectacle, puis à s'en désintéresser. Aussi ai-je toujours encouragé ceux qui disposaient de plusieurs suffrages à en donner quelques-uns à des collègues dont la seule infériorité consistait à n'être pas en relations avec une Société dont les voix fussent disponibles. Que dire en effet d'un règlement aboutissant à la situation suivante :

Durand dispose de 10 voix, conférées par sa Société ;

Dubois a reçu en tout 17 mandats, mais le maximum règlementaire étant de 10, il est obligé d'en laisser perdre 7 ;

Et pendant ce temps, Dupont, Dumont et Duval arrivent au Congrès, tous trois membres intelligents et zélés d'une Société qui ne dispose que de deux voix et les a données aux deux premiers, laissant forcément Duval sans aucun mandat.

IX. — La vérité, qu'il faut savoir regarder en face, est que les Sociétés de la Paix sont loin de faire preuve d'une même vitalité.

Le tempérament national entre pour beaucoup dans leur diversité à cet égard. Dans certains pays, la vie corporative est très intense : on sait, par exemple, combien est forte, chez les Allemands, la tendance de se former en groupements, et combien active la vie de ces associations, le « Vereinswesen ». Dans de semblables pays, les Sociétés de la Paix se réunissent fréquemment, discutent les questions théoriques ou politiques qui sont à l'ordre du jour, apprennent ainsi à connaître la valeur de leurs membres, et peuvent désigner, en connaissance de cause, des délégués qui arrivent bien préparés au Congrès ; et, après le Congrès, on tient une réunion spéciale où les délégués rendent compte de ce qui s'est passé. Il arrive même que de telles sociétés puissent faire les frais du voyage de leurs délégués, qui peuvent donc être désignés sans autre considération que celle de la confiance qu'ils inspirent, et sont ainsi, à tous les titres, les vrais représentants de leurs mandants. (Il est juste de dire que je ne connais que trois, ou peut-être quatre exemples de sociétés aussi fortunées.)

Dans d'autres pays, qui sont malheureusement fort nombreux, sinon même les plus nombreux, la vie des Sociétés de la Paix est véritablement fictive. Ces sociétés se composent d'un président actif et dévoué, parfois (mais pas toujours) secondé par un petit nombre des membres du Comité, et d'une foule anonyme et amorphe de sociétaires, dont le rôle se borne à payer plus ou moins régulièrement une petite cotisation, et à voter, en très petit nombre, pour maintenir régulièrement en fonctions les membres du Bureau. Je sais telle société — l'une des plus renommées dans l'histoire du mouvement —

dont les membres ne sont convoqués qu'une fois l'an, pour une « Assemblée Générale » qui n'a d'une semblable assemblée que le nom, car on la considère surtout comme une fête en vue de la propagande ; on y invite en effet le public, au moyen de lettres imprimées, répandues en grand nombre ; on y fait entendre un ou deux discours, des poésies, parfois de la musique ; et quand le trésorier a lu un rapide compte rendu financier, et le secrétaire la liste des membres du Conseil sortants, mais rééligibles, et celle des nouveaux membres proposés par le Comité, tout le monde lève la main, étrangers aussi bien que sociétaires. Il est évident que tout ce qui se fait sous le couvert de cette association est dû au cinq ou six membres du Comité qui, plus zélés que leurs collègues, se réunissent périodiquement.

A quelques détails près, cette histoire est celle d'un trop grand nombre de sociétés, dont les membres ne connaissent guère le mouvemement pacifique que sous les espèces de quelque propagandiste, qui les a enrôlés, et grâce à qui la poste leur apporte, une fois par an, une cotisation à recouvrer ; heureux quand ils sont abonnés à une de nos petites revues — je ne dis pas quand ils la lisent !

Quelle valeur peut bien avoir le titre de délégués de semblables sociétés ? Et que devient ainsi, à l'application, l'article du règlement qui réserve aux seuls délégués la voix délibérative ?

Sans doute, ces contatations troubleront l'optimisme de plus d'un de nos amis ; et d'aucuns penseront que toute vérité n'est pas bonne à dire et qu'il eût mieux valu laisser celles-ci dans l'ombre. J'estime au contraire qu'il faut envisager en face une situation dont la prolongation peut nous causer de grandes déceptions.

X. — D'aucuns se sont étonnés de constater que, dans chaque Congrès, la majorité des membres se compose de nationaux du pays où se tient le Congrès. Cela est pourtant inévitable : il est naturel qu'il y ait eu plus d'Italiens au Congrès de Rome, et plus d'Anglais à celui de Glasgow.

Cela n'est pas sans présenter certains inconvénients. Ces membres qui, chaque fois, viennent des régions les plus voisines de la ville où l'on siège, se renouvellent d'un Congrès à l'autre. Et les protagonistes du mouvement, qui vont porter la bonne parole tantôt dans un pays et tantôt dans un autre, arrivent à se trouver noyés au milieu de cet élément flottant, et inexpérimenté de nos Assemblées. De là vient que — sauf sur les points fondamentaux de la doctrine — il se prend parfois des résolutions que le Congrès précédent, ou le suivant, n'auraient pas votées. C'est ainsi qu'à Chicago on a pris, sur la question si délicate des nationalités, une résolution dont les termes n'auraient certainement pas été admis par un Congrès surtout composé d'Européens, gens qui ont malheureusement payé assez cher une compétence plus grande sur ce sujet. De même les Congrès de Londres et de Glasgow ont présenté un caractère nettement religieux, qu'on n'aurait pas admis dans un Congrès siégeant sur le Continent.

Cet inconvénient, de présenter une composition très variable, est inhérent à un Congrès dont le siège se déplace nécessairement beaucoup ; c'est une question de distance, de temps et de dépenses. Il est juste de dire, d'ailleurs, que chaque fois que, sur une question réellement importante, un Congrès a été sur le point d'adopter une proposition contraire à la doctrine ou à quelque vote précédent, nos amis ont eu la sagesse d'écouter ceux qui, plus expérimentés, s'efforçaient de les ramener.

Cette accession à chaque Congrès de membres nouveaux, et — par une conséquence regrettable, mais naturelle — inexpérimentés, est d'ailleurs fort désirable, puisqu'elle témoigne des progrès du parti. Et, n'y eût-il aucune autre raison de le faire, qu'il conviendrait encore de déplacer chaque année le siège du Congrès, la réunion de ces assemblées étant par elle-même un acte de propagande, qui provoque la création de Sociétés nouvelles, ainsi que de nombreuses adhésions aux Sociétés existantes. C'est ainsi que, sur 47 sociétés et groupes existant en France en 1902, 27 ont été fondées depuis 1899 ; et il est impossible de méconnaître, dans cette floraison, l'influence de la réunion des Congrès de 1900 et de 1902.

Mais la question se pose de savoir si tous ces néophytes, membres de sociétés nouvellement créées, ou membres nouveaux des Sociétés anciennes, peuvent être fondés à réclamer le droit de vote au même titre que leurs anciens. Il me semble, au contraire, qu'il y aurait lieu de leur imposer une sorte de stage préliminaire, en spécifiant, par exemple, que, pour jouir de la voix délibérative, il faudrait être, depuis six mois au moins, membre d'une Société de la Paix.

Evidemment une telle mesure — pas plus d'ailleurs que toute autre — ne fournirait une garantie absolue de compétence ; mais encore en apporterait-elle une certaine présomption. Il y a des chances pour que quelqu'un, affilié depuis six mois au mouvement, se doute qu'il a été tenu des Congrès avant le premier qu'il verra, qu'on y a pris des résolutions, qu'il existe un certain Bureau de Berne, et que ce Bureau publie annuellement un recueil des résolutions des Congrès. Bref, il y a probabilité qu'une semblable mesure épargnerait au Congrès la répétition périodique d'idées condamnées, le prononcé de certains discours oiseux, et la tendance à émettre des votes inconsidérés.

Il est vrai qu'en admettant au Congrès, avec voix simplement consultative, les membres plus récemment entrés dans les Sociétés de la Paix, on pourrait voir se produire une partie de ces inconvénients. Mais l'expérience montre que cela n'est guère à craindre. Dans la pratique, comme je le constatais plus haut au paragraphe VIII, les congressistes qui n'ont pas voix délibérative se sentent dans une situation inférieure et se contentent d'écouter les autres.

XI. — Voyons maintenant comment sont appliquées, dans la pratique, les prescriptions de détail de notre règlement actuel.

Bien certainement, les rédacteurs de ce règlement on cru faire une œuvre claire, et il ne semble pas, à un lecteur attentif, qu'ils y aient manqué. Et pourtant, chaque année, les articles concernant la représentation et la cotisation des Sociétés sont interprétés de telle manière, qu'on est obligé de conclure, ou bien à leur défaut de clarté, ou bien à une singulière nonchalance des Sociétés.

Aux deux Congrès à la préparation desquels j'ai travaillé (et si, en 1900, j'ai été secondé dans une certaine mesure, je me suis trouvé littéralement seul en 1902), je n'ai presque pas vu arriver de délégué qui sût exactement le nombre de voix dont disposait sa Société, ni la cotisation qu'elle devait. Le plus souvent, il y avait une légère erreur sur l'un et l'autre point, les secrétaire de la Société ayant compté sur une voix par cent membres, alors que les Sociétés de la Paix proprement dites disposent d'une voix supplémentaire, et que le maximum de dix voix, correspondant à la cotisation de 55 francs, est atteint dès que la Société compte huit cent un membres. Mais, très fréquemment, ils arrivaient sans avoir aucune idée du nombre de voix qui devaient leur être attribuées.

On sait que, sur ce point, c'est la déclaration signée du représentant de la Société (président ou secrétaire) qui fait foi.

Or, je vois encore, arrivant à Monaco, certain président qui me demanda ses bulletins de vote ; je savais que sa Société, formée depuis quelques mois, ne comptait encore que fort peu de membres. Je lui demande : « A combien de voix avez-vous droit ? — Mais, je ne sais pas. — Combien de membres compte votre Société ? — Nous sommes au moins huit mille. — Comment, vous avez déjà huit mille membres actifs, cotisants ? — Non, mais nous avons fait circuler des pétitions qui ont recueilli au moins huit mille signatures. — Mais combien avez-vous de membres réellement actifs, par exemple de membres ayant droit de voter pour l'élection de votre Conseil ? — Au Conseil, nous sommes douze ! — Ce n'est pas ce que je vous demande, je voudrais savoir par combien de membres ces douze sont élus ? — Peut-être deux ou trois cents. »

Pour en finir, car nous étions en pleine bousculade de l'arrivée, je lui donnai les quatre voix correspondant à cet effectif.

Je sais bien qu'une pareille ignorance, désarmante à force de candeur, est exceptionnelle ; et peut-être me reprochera-t-on de l'avoir citée. Mais, ce dont mon expérience ne me permet pas de douter, c'est que — soit insouciance, soit pour toute autre raison —

aucune base n'est moins assurée, pour le droit de vote des Sociétés, que la déclaration prévue par l'article 3 du règlement.

XII. — Les dispositions relatives à la cotisation ne sont pas mieux comprises par les intéressés.

Il est vrai que, sur un point, elles prêtent à la controverse. Elles ne spécifient pas, en effet, si la cotisation de la Société est due en addition des cotisations déjà payées par les délégués à titre individuel, ou si ces dernières viennent en défalcation de la cotisation de la Société.

On sait qu'une Société a droit à dix voix au plus, correspondant à la cotisation maximum de 55 francs. Si la Société a dix délégués, et que le Comité local d'organisation use du droit que lui donne l'article 5, de prélever sur chaque membre du Congrès une cotisation de 5 francs, ces dix membres auront encore à payer, de leur poche, 50 francs de cotisations individuelles. Total, 105 francs.

Mais *quid* d'une Société disposant de dix voix, qu'elle confie à un seul délégué ? Ici, le Comité ne percevra que $55 + 5$ francs, et cette inégalité est choquante.

Comme, en définitive, les cotisations sont une affaire intérieure du Comité d'organisation, qui peut les régler suivant ses ressources, puisque le règlement ne lui impose qu'un maximum (art. 5), j'ai fait prévaloir, pour les deux Congrès à l'organisation desquels j'ai travaillé, une solution libérale, consistant à considérer la cotisation des délégués comme comprise dans celle de la Société. Du moment qu'une Société avait droit à dix voix, nous lui demandions le maximum de 55 francs, quitte à elle à s'arranger avec ses délégués ; nous n'avions pas à savoir si cet argent sortait de leur poche ou de la Caisse sociale. Dans ces conditions, toutes les cotisations sans exception pouvaient être considérées comme étant de 5 francs. En effet :

Les membres isolés du Congrès, non délégués, payaient 5 francs chacun ;

Les Sociétés non spécialement vouées à la propagande pacifique, 5 francs chacune ;

Et les Sociétés de la Paix, 5 francs, plus 5 francs pour chacune de eurs voix.

On jugera si je fus étonné quand un de ces amis qui aiment à démontrer leur amitié à coups de pavés, écrivit des articles virulents dans des journaux quotidiens, étrangers à notre mouvement, pour reprocher à ces congrès à 5 francs d'être des réunions ploutocratiques, majorisées par l'or des Sociétés les plus puissantes ! Cela encore prouvait, ou que le règlement n'est pas clair, ou que d'aucuns viennent au Congrès sans le connaître, deux hypothèses également fâcheuses pour la bonne tenue de nos assemblées.

XIII. — A propos du droit de vote, il est utile de dire quelques mots des votes eux-mêmes.

Le mode actuel de votation ne va pas sans difficulté, en raison de la diversité du nombre de voix que possède chaque délégué : le bureau a souvent de la peine à s'y reconnaître. Mais il n'y aurait plus de difficulté d'aucune sorte si les membres délibérants ne disposaient plus que d'une voix chacun.

Il est vrai que, dans la proposition qu'on trouvera plus loin, certains membres pourront avoir une ou deux voix supplémentaires. Mais ces membres seront peu nombreux, de sorte qu'il ne résultera de là aucune complication comparable à celles qu'on rencontre actuellement.

Jusqu'ici, l'habitude a toujours été de faire procéder au vote en priant les congressistes de lever la main, tenant leur paquet de cartes de vote, après quoi on procède à une contre-épreuve.

Au Congrès de Monaco, un membre me fit observer que cette méthode ne tient pas compte des membres qui désirent marquer expressément leur abstention, et qu'il conviendrait de procéder pour eux à une troisième épreuve. Cette observation me sembla fondée, et je m'y conformai par la suite. Il me semble qu'il serait bon d'en tenir compte en introduisant dans le règlement l'obligation de faire chaque vote en trois fois : « *Oui. — Non. — Abstention.* »


XIV. — A quelque point de vue que l'on examine ces questions primordiales, de la composition de nos Congrès, du droit de vote et de la cotisation qui s'y rattache, on arrive à cette conclusion, que notre règlement est inapplicable sur certains points et obscur, c'est-à-dire difficilement et capricieusement applicable, sur d'autres.

Son défaut fondamental consiste en ce qu'il s'efforce d'organiser la représentation des Sociétés, considérées comme les véritables membres du Congrès, et que, soit qu'il soit impossible d'y parvenir, soit que les conditions très diverses de l'existence de nos Sociétés le rendent difficile, la représentation que l'on a établie est, en pratique, purement illusoire.

Il me semble donc indispensable de renoncer à des dispositions dont la pratique démontre amplement l'impuissance, et à une organisation dont nos Congrès ne présentent que l'apparence mensongère.


En résumé, j'estime que les huit premiers articles du Règlement du Congrès adopté en 1897 devraient être abrogés et remplacés par les suivants :


ARTICLE PREMIER. — Les Congrès universels de la Paix se composent :

*a*) De membres des Sociétés de la Paix ;

*b*) De représentants d'Institutions publiques ou d'autorités constituées ayant fait connaître au Bureau International de la Paix leur désir d'appuyer ses efforts;

*c*) De représentants de Sociétés qui n'ont pas la Paix pour but essentiel, mais ont adhéré au Bureau International de la Paix, en lui communiquant leurs statuts au moins six semaines à l'avance.

Art. 2. — Toute personne justifiant, par la présentation d'une carte ou d'un certificat, qu'elle est membre, depuis six mois, d'une Société de la Paix, a voix consultative et délibérative.

Art. 3. — Les Institutions, Autorités et Sociétés désignées à l'article premier, paragraphes *b* et *c*, ont droit chacune à un seul représentant, avec voix consultative et délibérative. Ces voix peuvent être cumulées avec celles dont disposent les membres désignés à l'article 2, jusqu'à concurrence de trois voix par membre, au maximum.

Art. 4. — Les personnes qui font partie d'une Société de la Paix depuis moins de six mois sont admises au Congrès, avec simple voix consultative.

Art. 5. — Toute personne admise au Congrès (avec ou sans voix délibérative) paiera, pour les frais du Congrès, une cotisation qui ne pourra excéder cinq francs.

Pareille contribution sera exigée de chacune des Institutions, Autorités ou Sociétés représentées en vertu de l'article 3.

Art. 6. — La vérification des pouvoirs des membres ayant droit à des voix délibératives est faite avant l'ouverture des débats, par les soins du Comité d'organisation. Chacun d'eux reçoit autant de cartes de vote qu'il a de voix. Ces cartes sont d'une autre couleur que les cartes de membre du Congrès.

Art. 7. — Le public est admis, autant que possible, à assister aux séances, mais dans une enceinte spéciale et sans avoir le droit de prendre part aux débats.

Enfin, l'article 29 du règlement, ainsi conçu :

« Les résolutions sont prises à la simple majorité des voix », et devenu l'article 26 du nouveau règlement, devrait être complété et précisé de la manière suivante :

Art. 28. — « Les résolutions sont prises à la simple majorité des voix, que les membres du Congrès expriment en levant la main, munie de leurs cartes de vote.

« Chaque vote doit être suivi de la contre-épreuve, suivie elle-même d'une troisième épreuve destinée aux membres qui désirent marquer expressément leur abstention. »


M. Mérignhac félicite bien vivement M. Moch de ce remarquable exposé destiné au XII<sup>e</sup> Congrès universel de la Paix, et qui soulève tant de délicats problèmes. Il constate que les travaux de MM. Ruyssen et Moch sur les Congrès nationaux et l'organisation définitive à leur donner, ont abordé la plupart des points saillants dont la discussion s'imposera aux assemblées pacifiques françaises dans l'avenir. Mais il croit que le Congrès de Toulouse pensera, avec lui, que toute discussion ferme serait ici prématurée, et qu'il convient de renvoyer, à des études et à des délibérations ultérieures, les résolutions à prendre, résolutions pour lesquelles les rapports de MM. Moch et Ruyssen constitueront la plus utile contribution. Et le Congrès partageant cet avis décide :

### RÉSOLUTION

*La délégation provisoire des Sociétés françaises de la Paix est chargée d'instituer une commission qui examinera les rapports de MM. Moch et Ruyssen sur le règlement des Congrès de la Paix. Cette commission présentera un projet de règlement au prochain congrès national de la Paix*

**Séance du vendredi 17 octobre, 10 heures du matin.**

M. Mérignhac préside, assisté de MM. Passy, Feuga, adjoint au maire, Moch, Miquel, Aubry et Dubos.

L'ordre du jour appelle la troisième question concernant l'Association toulousaine de la Paix, sa fondation, ses manifestations, la création de groupes dans les villes voisines, la constitution de ces groupes et leurs rapports avec la Société pacifique Toulousaine.

M. Dubos, secrétaire général adjoint de la Société pacifique Toulousaine, qui a beaucoup contribué à la création des groupes affiliés à cette Société dont il va être question ci-après, était, pour ces motifs, le rapporteur naturel de la troisième question qu'il a traitée avec une compétence toute spéciale à laquelle on a rendu unanimement hommage.

M. Dubos donne d'abord quelques détails sur la Société mère, l'Association toulousaine de la Paix (1). Cette Asso-

(1) Cette Association s'appelait au début : *Association toulousaine de la Paix par le Droit*. Elle a dû changer de nom le 19 novembre 1900, à la

ciation a été fondée le 4 mai 1900 par M. Mérignhac, professeur à la Faculté de droit de l'Université de Toulouse, dont les travaux sur l'arbitrage, la Conférence de la Paix et le Droit de la guerre font autorité en France et à l'étranger. Ses présidents d'honneur sont : MM. Passy, de l'Institut ; Léon Bourgeois, président de la Chambre des députés, et d'Estournelles de Constans, député de la Sarthe, tous deux membres de la Cour arbitrale de La Haye ; Pauliat et Rambaud, sénateurs ; Perroud, recteur de l'Académie de Toulouse ; la baronne de Suttner, présidente de la Société viennoise de la Paix ; Bajer, parlementaire danois, président du Bureau de Berne ; Arnaud, président du Comité central de la Ligue de la Paix et de la Liberté.

Le Bureau de la Société est ainsi constitué : M. Mérignhac, président ; vice-présidents, MM. Feuga, adjoint au maire, Duméril, Guilhem, Guiraud, professeurs à la Faculté des lettres et à la Faculté de médecine ; secrétaire général, M. Magnol, suppléant à la Faculté de droit ; secrétaires généraux-adjoints, MM. Aubry et Dubos ; trésorier, M. Morel, avoué au tribunal civil ; secrétaires, MM. Decans, Salles, Cros-Mayrevieille, Malric, Martin, Peyronnet ; membres du bureau, MM. Istria, inspecteur d'Académie ; Dr Maurel, professeur à la Faculté de médecine ; Zéglicki, juge au Tribunal civil ; Crouzel, bibliothécaire universitaire ; Lataziewicz, professeur honoraire de l'Université ; Fraissinet, avocat.

Les articles 1, 2 et 3 précisent, comme suit, le but de l'Association et les moyens par elle employés pour le réaliser.

ARTICLE PREMIER. — Il est créé à Toulouse une Société dite *Association toulousaine de la Paix*, ayant pour programme la substitution de l'arbitrage à la guerre dans les conflits internationaux et le développement des institutions pacifiques de toute sorte.

demande du Bureau international de Berne, pour éviter une confusion dans les envois et les correspondances avec l'Association de la Paix par le Droit, de Paris. Ce changement, tout de forme, n'implique donc ni une renonciation à l'emploi des voies de droit dans la solution des litiges internationaux qui est l'objectif principal de la Société, ni un désaccord avec la Société française de Paris, avec laquelle nous entretenons les meilleurs rapports, ainsi que le démontre la présence de ses chefs les plus autorisés au Congrès de Toulouse.

Art. 2. — L'Association organise, pour réaliser son programme, des réunions et des conférences; adhère, après examen, aux propositions et aux pétitionnements pacifiques de toute nature; entretient une bibliothèque; publie des opuscules et des brochures; accorde des prix aux œuvres pacifiques et, d'une manière générale, prête son concours et son action à toutes les initiatives qui lui paraissent devoir aider au développement du mouvement pacifique.

Art. 3. — Dans la poursuite de son but humanitaire et philanthropique, l'Association fait abstraction la plus complète de toute préoccupation politique ou confessionnelle et fait appel à toutes les bonnes volontés sur le terrain essentiellement pacifique.

Les discussions politiques et religieuses sont interdites.

L'Association n'entend pas se désintéresser des revendications territoriales françaises que son action ne saurait ni gêner ni omettre et qui doivent être tranchées en dehors d'elle, mais à propos desquelles elle recommande le recours aux solutions juridiques et pacifiques.

Enfin, tout en réprouvant, avec la Conférence de la Paix de 1899, les excès des armements à outrance, elle se déclare profondément attachée à l'armée nationale, gardienne de l'intégrité du territoire.

La Société pacifique Toulousaine fut inaugurée, avec un éclat incomparable, par une conférence de M. d'Estournelles de Constans sur *les résultats de la Conférence de la Paix*, le 24 janvier 1901, au théâtre du Capitole, devant une salle d'élite qui groupait tout ce que Toulouse contient de notabilités dans l'enseignement, la magistrature, le barreau, les arts, la presse, le commerce et l'industrie. Toulouse gardera longtemps le souvenir de cette belle solennité qui a compté parmi ses fêtes les plus belles et les plus touchantes. Depuis ce moment, l'Association toulousaine a fait preuve de l'activité la plus heureuse dans la voie du progrès pacifique. Elle a créé des groupes importants, dont M. Dubos va tracer rapidement l'histoire. Et ces groupes sont déjà si nombreux, que M. Arnaud, dans l'*Indépendance belge* du 22 octobre 1902, n'a point hésité à déclarer, à la louange de notre cité, que pareil résultat n'avait encore été atteint nulle part. A Toulouse même, l'Association très florissante et qui compte près de trois cents membres, a provoqué la constitution d'un « groupe régional du Midi pour l'indépendance des Boërs », dont le président a été M. Mérignhac, et le secrétaire général l'auteur de ce rapport.

Ce groupe régional, correspondant avec celui de Paris, a produit une action considérable dans le Midi, se traduisant par des brochures telles que celles de M. Mérignhac « sur les pratiques anglaises dans la guerre du Transwaal », que le Comité des Boërs de Paris a répandu dans l'Europe entière, et des conférences telles que celles du Jonkheer Sandberg sur les « camps de concentration », qui a provoqué à Toulouse une émotion intense et a eu les plus heureux résultats au point de vue pécuniaire. Le Comité toulousain a été heureusement aidé, dans son action charitable par les groupes hospitaliers de notre ville, et notamment par l'Union des Femmes de France.

La Société pacifique toulousaine a beaucoup contribué à la création à Toulouse de la *Bibliothèque nationale de la Paix*, créée à Toulouse à la suite de la conférence de M. d'Estournelles de Constans, le 3 février 1901.

Enfin, la Société pacifique Toulousaine vient de donner la dernière et la plus éclatante preuve de sa vitalité en convoquant et en organisant le premier Congrès français de la Paix, qui lui donne le plaisir de recevoir, dans l'hospitalière cité et dans le magnifique hôtel d'Assézat et de Clémence-Isaure, les pacifiques venus de tous les côtés du pays et auxquels des voix autorisées ont déjà souhaité la bienvenue à maintes reprises. Notre Société, dit M. Dubos, avait espéré mieux et, un moment, elle a pu compter sur le Congrès international qu'elle a cédé à une auguste influence. Elle espère bien se dédommager et devenir, à bref délai, le siège d'un autre Congrès, celui-ci international, auquel elle vous convie tous, réunis aux pacifiques du monde entier.

M. Dubos aborde ensuite l'examen des groupes formés, sous l'impulsion de la Société Toulousaine, dans les villes voisines.

Ces groupes sont ceux : d'Albi (1902), d'Aurillac (1902); de Brive (qui vient de naître); de Carcassonne (1901); ce dernier groupe a été inauguré le 30 avril 1901, par une conférence sur l' « Evolution pacifique en France au dix-neuvième siècle ». Cette séance d'inauguration a eu lieu avec le patronage de la Municipalité, de la Chambre de commerce de Carcassonne, de la Société des arts et des sciences et de la Société des études scientifiques, sous la présidence de M. Bouisset, vice-président du Conseil de préfecture, président du groupe de Carcassonne. Le groupe de Cahors s'est fondé en 1901; celui de Limoges a été constitué tout récemment; celui de Limoux a été inauguré le 2 juin 1901, par une conférence sur l' « Organisation de la Paix, spécialement dans le midi de la France, la conférence internationale de La Haye, ses conséquences et la guerre anglo-transwaalienne », sous la présidence de M. Garretta, receveur particulier des finances, président du groupe de Limoux. Le groupe de Narbonne, en voie de formation, promet d'être fort important ; celui de Perpignan date déjà de 1902. L'Association pacifique de Tarbes, constituée en 1901, vient d'être inaugurée il y a quelques jours, le 12 octobre, sous les auspices de la Municipalité, par M. Boué, président du groupe, premier adjoint au maire, qui a tenu l'auditoire sous le charme de sa parole vive et colorée, en traitant des horreurs de la guerre. Le délégué de l'Association toulousaine a traité du « *développement des idées pacifiques* » et indiqué les bases générales du Congrès futur de Toulouse. Le groupe tarbais compte près de deux cents adhérents ; il a pour secrétaire général M. Lartigue, au zèle et à l'activité duquel tout le monde rend hommage. Le groupe pacifique de Villefranche-de-Lauragais (Haute-Garonne), a été inauguré le 1er juin 1901, sous les auspices de la Municipalité, par une étude sur « Les Associations pacifiques dans le midi de la France, leur action, leur avenir ». Enfin, le groupe de Villefranche de Rouergue (Aveyron), fondé en 1902, compte une cinquantaine de membres ; l'activité de son président, M. Fraysse, et le zèle des membres du Bureau, sont de sûrs garants de son avenir.

Tels sont les principaux groupements pacifiques qui se ramifient sur l'Association toulousaine. D'autres sections sont en formation à Agen, Rodez, etc.

Tous ces groupes ont adopté les statuts de l'Association de Toulouse et conservent leur autonomie locale. Le nombre de membres du Bureau varie suivant les localités et l'importance de la section ; ces groupes agissent pour leur compte personnel, imposant à leurs adhérents une cotisation soit de 2 francs, comme à Toulouse, soit de 1 franc, comme à Tarbes.

Au point de vue financier, ces groupes versent à l'Association toulousaine, la moitié de leurs cotisations, en principe, si leurs ressources le permettent.

Enfin, nous donnerons quelques renseignements sur le groupe montalbanais, dit : Association montalbanaise de la Paix par le Droit, qui a été créé le 30 avril 1901 et inauguré par M. Ruyssen le 27 mai 1901, dans une conférence sur : *L'Evolution pacifique moderne.*

Le groupe montalbanais, qui est affilié à l'Association toulousaine, a adopté en principe les statuts de cette Association, dont elle ne diffère qu'au point de vue local et du coût des cotisations qui sont fixées à 1 franc.

En outre de la conférence de M. Ruyssen, l'Association montalbanaise a provoqué une émouvante conférence du Jonkheer Sandberg, le 8 décembre 1901, sur : *Les Camps de concentration* et, le

3 juin 1902, une autre intéressante conférence de M. l'abbé Parizot, membre du Congrès, intitulée : *La Guerre en face de la Raison.*

Le groupe montalbanais, comptant près de deux cents membres, est présidé par M. Cazals, professeur au Lycée, a pour secrétaire M. Langlade, auteur du savant rapport lu au sujet de la première question; il est appelé à un très grand développement.

M. Aubry, délégué de l'Association toulousaine, dont il est un des secrétaires généraux-adjoints, a inauguré très heureusement le groupe de Castres en 1901, par une conférence sur : *Le Mouvement pacifique et les Sociétés de la Paix.*

La Société pacifique de Castres est devenue suffisamment importante pour que son zélé secrétaire général, M. Pichon, ait pu instituer, tout à côté, un groupe spécial, à Viane.

Le groupe castrais est présidé par le distingué président du Tribunal, M. Miquel; il a pour fervents adhérents : MM. Cambefort, notaire à Lavaur et Marchandeau, notaire à Gaillac, qui deviendront probablement chefs de groupes à constituer dans leur ville respective.

Des remerciements sont adressés à M. Dubos, pour cette communication d'un intérêt local considérable. Comme conclusion, la Commission compétente avait proposé de diviser les Sociétés françaises de la Paix en un certain nombre de groupements régionaux (1). Divers membres, tels que MM. Moch et Kellermann, ont nié l'utilité de ces divisions régionales, qui seraient forcément arbitraires. Le Président ajoute que les groupements possibles se sont déjà produits, notamment entre la Société toulousaine et les Sociétés régionales, entre la Société la Paix par le Droit et et la Ligue de la Paix et de la Liberté et leurs groupes locaux. L'assemblée, adoptant cette manière de voir, se borne à ordonner l'insertion du travail de M. Dubos aux *Actes du Congrès.*

La suite de l'ordre du jour appelle les délibérations relatives à la quatrième question concernant *le mouvement en faveur de l'arbitrage en Europe pendant ces dernières*

---

(1) La Commission compétente demandait la division des diverses Associations pacifiques françaises en quatre groupes : Nord, Midi, Est, Ouest. On a fait remarquer que rien ne commandait ces divisions qui auraient pu être plus restreintes ou multipliées à l'infini.

*années, dans les Congrès de la Paix et les Parlements nationaux, spécialement au point de vue des Sociétés françaises et du Parlement français.*

Le rapporteur était M. Emile Arnaud, président de la Ligue internationale de la Paix et de la Liberté, membre du Comité directeur de l'*Indépendance belge,* dont la compétence est bien connue en matière d'arbitrage international. Très aimablement il rend hommage, en débutant, aux juristes de la Faculté de droit de Toulouse, MM. Rouard de Card et Mérignhac, dont les ouvrages font autorité en la matière, auxquels il joint les autres auteurs, tels que Revon et Dreyfus, et déclare qu'il laissera de côté l'historique de l'arbitrage dans l'antiquité et les temps modernes, se préoccupant uniquement des destinées futures de l'institution pacifique.

Tous les documents relatifs aux arbitrages internationaux, dit M. Arnaud, ont été réunis dans un ouvrage récent de M. La Fontaine, sénateur belge. Il nous apprend que, de 1800 à 1820, certains Etats soumettent à des arbitres des différends nés de la guerre. En 1814, la France et la Russie nomment une commission pour régler des différends de frontières. Mais le fait important à retenir pendant cette période, c'est que les arbitrages n'ont pas abouti à des sentences immédiatement exécutées ; ils ont donné lieu à des négociations, à des transactions.

Depuis longtemps, il n'y a pas eu de traités d'arbitrage entre grandes nations (sauf entre la Grande-Bretagne et les Etats-Unis) et cependant nous avons vécu en paix. M. Arnaud ne souhaite pas que la Cour de La Haye soit encombrée d'affaires. Mieux vaudrait qu'il n'y eût pas de conflits internationaux. Le point essentiel, c'est qu'il n'y ait pas d'autre moyen que le Droit pour résoudre ces conflits.

Le Congrès de Rome, en 1892, a proclamé la maxime d'après laquelle « les rapports entre nations sont régis par les mêmes principes de Droit et de morale que les rapports entre individus ». Il faut donc donner aux nations un Code, un Tribunal, une procédure, des moyens d'exécution.

Le projet de Code international, adopté par le Congrès de Budapest, a été soumis aux plénipotentiaires réunis à La Haye, mais la Conférence de La Haye n'a pu aboutir à faire admettre l'arbitrage obligatoire. M. Mérignhac, dans son ouvrage devenu classique sur la Conférence de La Haye, a cependant démontré que l'œuvre constituait un progrès considérable. On a adopté des motions reconnaissant la solidarité internationale. On a constitué la Cour permanente d'arbitrage. Le désir des membres de la Conférenc, de voir les gouvernements conclure des traités d'arbitrage, est nettement indiqué. La conclusion de ces traités serait l'achèvement de l'œuvre de La Haye.

M. Arnaud appelle l'attention du Congrès sur ce point et détermine le rôle de la France en ce qui concerne les traités d'arbitrage permanent et la clause compromissoire. Il fait remarquer qu'un grand nombre de traités soumis à la ratification du Parlement sont muets sur la clause compromissoire, et que, sur les onze traités d'arbitrage permanent conclus de 1880 à 1900, aucun n'intéresse la France.

Il y a eu cependant un vote unanime de la Chambre (proposition Barodet 1895), et des projets de traité, d'arbitrage anglo-américain, anglo-français. M. Arnaud rappelle que lors de l'incident de Fachoda, une délégation des Sociétés françaises de la Paix, dont il faisait partie, se rendit auprès du ministre des affaires étrangères pour lui demander d'entamer des négociations avec la Grande-Bretagne en vue d'un traité d'arbitrage permanent. Et, aujourd'hui, malgré tous ces efforts et les vœux de Chambres de commerce, etc., etc., rien n'est fait.

M. Arnaud appelle l'attention du Congrès sur le discours récent de M. le Président du conseil, dans lequel sont énoncées les assurances pacifiques les plus formelles. Par l'organe de son chef, le gouvernement a donc pris un engagement ferme dans le sens d'une politique extérieure toute de conciliation et de concorde internationale. Nous allons en prendre acte, et nous demanderons qu'il en soit autrement aujourd'hui qu'hier. Il est facile de conclure des traités d'arbitrage permanent avec certains pays (Russie, Italie, Espagne, Suisse, Etats-Unis, etc., etc.). La Suisse, fait remarquer M. Arnaud, a déjà fait quelque chose. Le Conseil national, à l'unanimité, a demandé au gouvernement, qui a accepté l'invitation, d'insérer la clause compromissoire dans les traités, avec recours, en principe, au tribunal de La Haye. Eh bien, nous allons demander à notre Parlement de faire de même ; et le gouvernement, dont nous venons de mettre en relief ci-dessus l'attitude résolument pacifique, ne pourra que le suivre dans cette voie.

M. Arnaud rappelle qu'au moment des élections, beaucoup de députés ont adhéré à un programme nettement pacifique, et que, d'autre part, ils font partie en grand nombre de la *Conférence inter-parlementaire.*

« Eh bien, dit le rapporteur, dressons la liste de ces parlementaires pacifiques, et donnons-leur le mandat formel de rappeler ses engagements au gouvernement et de présenter nos résolutions.

« Si, maintenant, nous descendons de la théorie générale qui précède aux points spéciaux, nous constatons une lacune considérable dans le dernier traité passé entre la France et le Siam. Ce traité ne contient pas la clause compromissoire ; il y a là une omission à réparer. La même lacune regrettable se rencontre, au surplus, dans la Conférence de La Haye elle-même ; la plupart des Républiques américaines, d'origine ibérique, dont va bientôt parler M. Mérignhac, n'ont pas été représentées à la Conférence de la Paix. Pour leur ouvrir l'accès de cette Conférence, il n'est pas nécessaire d'une convention nouvelle ; il suffit de permettre, par négociations directes entre les puissances, à ces Républiques, de devenir parties contractantes à la Convention du 29 juillet 1899 pour le règlement pacifique des conflits internationaux. Contrairement au droit commun des conventions internationales, l'article 60 ne fait pas, de la Convention de La Haye, dont nous parlons, une Convention à laquelle on puisse adhérer par une déclaration (1). C'est là une solution regrettable ; mais enfin il est facile de la réparer en s'accordant à l'amiable entre Etats, sur la possibilité, pour les puissances exclues, d'adhérer à la Conférence ».

M. Arnaud aborde enfin une dernière et non moins intéressante question. L'article 27 de la Convention de La Haye pour le règlement pacifique des conflits internationaux, dit que les nations signataires ont le *devoir*, quand un conflit éclate, d'avertir les litigants que la Cour de La Haye leur est ouverte. Comment arriver à mettre pratiquement en mouvement un organisme qui joue ce rôle d'avertisseur ? Si on s'en rapporte aux Etats eux-mêmes, sans leur imposer aucune obligation formelle, il est à craindre qu'ils ne gardent le silence de peur de se compromettre aux yeux des litigants. A La Haye, M. d'Estournelles avait proposé de donner mandat au secrétaire général du Bureau international de La Haye, d'adresser une lettre aux représentants des litigants dans les Pays-Bas, pour leur rappeler l'existence de la Cour et la nécessité d'y recourir. Des objections de toute sorte furent adressées à la proposition du délégué français, dont la principale était que le secrétaire général du Bureau n'aurait peut-être pas l'autorité nécessaire pour intervenir (1). Et, pourtant, on sentait

(1) Comparer sur ce point l'ouvrage de M. Mérignhac sur la *Conférence de la Paix*, paru à Paris, en 1900, avec une préface de M. Léon Bourgeois, § 193.

(1) Mérignhac, *Ibidem.* § 167.

qu'il y avait quelque chose à faire. La Conférence interparlementaire de Vienne libellait en ces termes un projet de résolution qui faisait toucher du doigt la lacune contenue dans l'article 27.

Considérant que l'article 27 de la Convention, pour le règlement pacifique des conflits internationaux, votée par la Conférence de La Haye de 1899, impose aux puissances signataires le « *devoir*, dans le cas où un conflit aigu menacerait d'éclater entre deux ou plusieurs d'entre elles, de rappeler à celles-ci que la Cour permanente leur est ouverte ;

Et, considérant que l'accomplissement de ce devoir sera efficacement facilité si l'appel à l'arbitrage est fait par une alliance de puissances, puisque l'autorité en serait augmentée et la responsabilité diminuée à mesure que s'accroîtrait le nombre des puissances alliées dans ce but ;

La Conférence interparlementaire exprime le désir que les puissances qui ont signé ou qui signeront ladite Convention de La Haye s'organisent, tout en reconnaissant réciproquement leur pleine autonomie et indépendance, de telle sorte qu'elles puissent en commun et de la manière la plus pratique remplir l'obligation imposée par ledit article 27 ;

La présente résolution sera transmise par le Secrétariat général de l'Union interparlementaire à tous les gouvernements, et les groupes interparlementaires pourvoiront, de la manière qu'ils jugeront utile, à ce que leurs gouvernements se prononcent sur le principe de cette résolution et sur l'attitude qu'ils prendront à cet égard.

M. Bajer, le parlementaire danois bien connu, notre excellent confrère du Bureau de Berne, ajoute M. Arnaud, a essayé de combler la lacune et a présenté un projet dit d'*Alliance pacigérante*, qui a été accepté par le dernier Congrès international de Monaco, lequel a, sur ce point, adopté la résolution suivante, qui consacre en même temps un projet de traité d'alliance pacigérante apporté par M. Arnaud au onzième Congrès universel de la Paix. Voici la substance du projet et du rapport.

## Union pour la Pacigérance.

M. Frédéric Bajer expose l'état de la question qu'il a soulevée dans une réunion de la Commission du Bureau, le 1ᵉʳ octobre 1900, en vue de former une alliance pacigérante. Le Comité d'étude de cette question a été confirmé par le dixième Congrès universel de la Paix et chargé de se compléter.

M. Emile Arnaud développe à ce propos, dans le onzième Congrès, un projet modèle d'un Traité d'alliance pacigérante, qui ne soulève aucune objection.

Ce projet est ainsi conçu :

. . . . . . . . . . . . . . . . . . . . . . . . . . . . . . . . . . . . . . . . .

Il est conclu, dans les termes suivants, un traité d'Alliance pacigérante :

I. Les Etats contractants reconnaissent réciproquement leur pleine autonomie et indépendance.

II. Les Etats contractants s'engagent respectivement à coopérer au maintien de la paix générale.

III. Les Etats contractants s'engagent à soumettre à la Cour permanente d'arbitrage, instituée par la « Convention pour le règlement pacifique des conflits internationaux » signée à La Haye, le 29 juillet 1899, chacun des conflits ou différends qui pourraient naître entre eux et qui ne pourraient être réglés par les voies diplomatiques ou par toute autre voie choisie d'un commun accord, quels que puissent être la cause, la nature et l'objet de ces difficultés ; ils s'engagent, en conséquence, à ne se livrer, l'un vis-à-vis de l'autre, directement ou indirectement, à aucun acte de guerre.

IV. — Les arbitres devront statuer conformément aux principes généraux du droit international ; ils devront appliquer toutes stipulations et toutes règles contenues dans des traités particuliers aux nations litigeantes. En l'absence de toute convention modificative particulière aux nations litigeantes, les arbitres devront se conformer aux règles tracées par la convention de La Haye sus-énoncée.

V. — L'une des parties peut réclamer, avant la signature du compromis, le droit à une juridiction d'appel. Cette demande faite, la sentence n'est rendue qu'en premier ressort.

L'appel doit être signifié dans le mois de la notification de la sentence à défaut de quoi celle-ci devient définitive.

A défaut de stipulations du compromis, la Cour devra comprendre un nombre de membres double du nombre d'arbitres ayant statué en premier ressort, le sur-arbitre excepté.

Toutes les règles applicables au premier degré de juridiction sont applicables à l'appel.

VI. — Les parties donneront aux arbitres, par une clause spéciale du compromis, le pouvoir et les moyens de sanctionner leur sentence. Chacune des parties devra observer et exécuter loyalement la sentence, de manière à ne pas laisser, autant que possible, la sanction juridique intervenir.

VII. — Chacun des Etats contractants aura, à tour de rôle, la présidence de l'Alliance Pacigérante et à ce titre sera chargé : 1° d'assurer l'action commune définie à l'article 9 ci-après, et ayant pour but l'accomplissement du devoir imposé par l'article 27 de la Convention de La Haye sus-énoncée ; 2° d'assurer l'application de l'article 10 de la présente convention.

VIII. — Le 1er janvier de chaque année, la présidence est dévolue à celui des Etats alliés dont le nom suit, dans l'ordre alphabétique, le nom de l'Etat dont la présidence s'achève. Quand la série des Etats alliés est épuisée, on revient, pour la transmission de la présidence, à l'Etat de l'Alliance dont le nom occupe le premier rang alphabétique. La première année la présidence appartiendra à :

. . . . . . . . . . . . . . . . . . . . . . . . . . . . . . . . . .

Si un Etat dont le tour de présidence se présente se trouve en état de guerre, le tour passe à l'Etat suivant dans l'ordre alphabétique.

IX. — Dans le cas où un conflit aigu menacerait d'éclater entre deux ou plusieurs puissances, les Etats alliés leur rappelleraient aussitôt, par un acte collectif que la Cour permanente d'arbitrage leur est ouverte.

L'Etat chargé de la présidence aura, à cet effet, tous pouvoirs nécessaires : son adhésion à l'Alliance constituera pour lui une obligation stricte de remplir cette mission, obligation dont aucune circonstance ne sera de nature à le décharger.

En outre, l'Etat-Président aura pour mission d'offrir aux Etats en conflit selon qu'il avisera, soit les bons offices, soit la médiation de l'Alliance Pacigérante.

Cette mission ne préjudiciera en rien aux droits de chacun des Etats alliés d'offrir aux Etats en conflit ses bons offices ou sa médiation. De plus, l'action de l'Alliance ne dispensera pas chacun des Etats alliés du devoir d'employer tous les moyens en son pouvoir pour assurer la solution pacifique ou juridique du conflit.

X. — Dans le cas où l'un des Etats contractants requis par un autre Etat signataire de recourir à l'arbitrage pour la solution d'un conflit, refuserait de discuter ou de signer le compromis, ou refuserait ensuite de désigner les arbitres, l'Etat-Président agirait en ses lieu et place deux mois après une mise en demeure qui serait notifiée par l'Etat-Président à l'Etat mis en cause et qui serait restée sans effet.

Si ce refus émanait de l'Etat-Président lui même ou si celui-ci ne remplissait pas la mission à lui confiée par les présentes, il serait déchu de plein droit de la présidence deux mois après qu'il aurait reçu notification de la demande et l'Etat appelé à la présidence agirait en ses lieu et place.

Si, dans le cas prévu au présent article, l'Etat défaillant succombait et refusait l'exécution de la sentence devenue définitive, tous les Etats contractants auraient le devoir d'aider l'Etat-Président à fournir aux arbitres les moyens de sanctionner leur sentence.

L'Etat défaillant aura le droit de former opposition à la sentence dans les deux mois de la notification qui lui sera faite de celle-ci. Il devra dans l'acte même d'opposition et sous peine de nullité, signifier ses dires modificatifs du compromis primitif et faire connaître le nom des arbitres choisis par lui. Dès lors, l'affaire sera jugée contradictoirement en la forme ordinaire.

XI. — S'il arrivait qu'une des hautes parties contractantes dénonçât le présent traité, cette dénonciation ne produirait ses effets qu'un an après la notification à l'Etat-Président, et seulement au regard de la puissance qui l'aurait notifiée. L'Etat-Président transmet la notification aux autres Etats contractants.

Le Congrès donne une chaleureuse adhésion au projet de M. Bajer, en faveur duquel déjà la Société pacifique toulousaine avait déjà voté un vœu. « En nous unissant, dit le rapporteur, dans un Congrès *national* à une résolution *internationale,* nous ne sortons pas de nos attributions ; nous montrons que notre pays est acquis à l'idée de MM. Bajer et Arnaud et entend la faire réussir en ce qui le concerne. Allons plus loin et, dans l'ordre d'idées qu'ébauchera tout à l'heure M. Mérighnac comme rapporteur de la sixième question, donnons mandat à la Société toulousaine d'étudier les conditions d'un traité d'Alliance pacigérante à intervenir entre la France, l'Espagne, le Portugal, l'Italie et les Républiques du Sud-Amérique ».

Le rapport de M. Arnaud, très attrayant en la forme et très ferme dans le fond, est l'objet de félicitations méritées de la part du Président ; il donne lieu à quelques observations. M. Sabatier trouve dangereux d'énumérer telles ou telles puissances avec lesquelles seraient passés les traités d'arbitrage et préférerait une formule générale.

M. Arnaud répond qu'il n'y a aucune exclusion dans sa pensée, qu'il a d'abord émis le principe général et cité les Etats avec lesquels le traité lui paraissait de nature à pouvoir être passé immédiatement, sans préjudice des autres à intervenir ultérieurement. Il y a, dit-il, des degrés dans la facilité. M. Sabatier objecte encore que M. Arnaud a omis l'Autriche-Hongrie avec laquelle le traité pourrait être facilement négociable, tandis qu'il a cité la Grande-Bretagne avec laquelle la conclusion immédiate serait difficile. Or, nous devons faire attention à la répercussion de nos votes sur le pays. Il n'y a aucun intérêt à faire une énumération quelconque. M. Tachard appuie l'observation de M. Sabatier et M. Arnaud déclare renoncer à toute énumération. Dans ces conditions, tout le monde se met d'accord et l'on adopte, à l'unanimité, les résolutions suivantes qui sont la conclusion pratique de l'exposé de M. Arnaud.

## RÉSOLUTIONS.

*Le Congrès charge sa Délégation permanente de dresser, le plus promptement possible, la liste des Membres du Parlement français favorables à la cause de la Paix.*

*Le Congrès donne mandat aux Membres du Parlement français acquis à la cause pacifique, à déposer, dans le plus bref délai possible, à leur chambre respective, un projet de résolution analogue à celui voté à l'unanimité le 3 octobre 1902 par le Congrès National suisse et accepté par le Conseil Fédéral et suivant lequel :*

*Le Gouvernement est invité à réclamer l'introduction dans tout traité à intervenir d'une clause par laquelle les Etats contractants s'engageraient à soumettre à la Cour permanente de La Haye les différends qui pourraient naître de l'application de ces traités et qui ne pourraient être réglés d'un commun accord, à moins que, pour des motifs particuliers, ils ne jugent à propos de recourir à une autre juridiction.*

*Le premier Congrès national des Sociétés françaises de la Paix adresse, à M. le Ministre des Affaires étrangères, ses vifs remercîments pour ses efforts continuels en vue du maintien de la Paix générale.*

*Le Congrès exprime respectueusement, à M. le Ministre des Affaires étrangères, son vif désir de voir s'ouvrir incessamment des négociations en vue de la conclusion de traités d'arbitrage permanent entre la République Française et tous les Etats en mesure de conclure avec elle de tels traités.*

*Le Congrès serait reconnaissant à M. le Ministre des Affaires étrangères de proposer au Siam une convention additionnelle au traité récemment conclu avec lui, convention destinée à être soumise à la ratification du Parlement français en même temps que le traité lui-même, et aux termes de laquelle tout différend pouvant s'élever entre la France et le Siam et qui ne serait pas résolue à l'amiable, serait soumis à la Cour d'arbitrage de la Haye.*

*Le Congrès serait heureux de voir le Gouvernement français prendre l'initiative de négociations tendant à faire déclarer ouverte la convention de La Haye pour le règlement pacifique des conflits internationaux, afin que toute puissance puisse adhérer sans condition à cette convention.*

*Le Congrès prie les Membres pacifiques du Parlement de soumettre le plus tôt possible au vote des deux Chambres une motion en ce sens.*

*Le Congrès approuve l'idée d'une union pour la Pacigérance émise par M. Frédéric Bajer, ainsi que le projet de traité d'Alliance Pacigérante soumis par M. Emile Arnaud au onzième Congrès universel de la Paix. Désireux de voir se réaliser le plus tôt possible une telle union il charge l'Association toulousaine de la Paix d'étudier les conditions dans lesquelles un traité d'alliance pacigérante pourrait être conclu, notamment entre la France, l'Espagne, le Portugal, l'Italie et les Républiques Sud-Américaines et de présenter sur ce sujet un rapport au prochain Congrès.*

*Le premier Congrès national des Sociétés françaises de la Paix, réuni à Toulouse du 16 au 18 octobre 1902, adresse à M. le Président du Conseil des Ministres l'expression très respectueuse de sa vive reconnaissance pour l'adhésion très catégorique à la cause de la Paix qu'il a donnée — au nom du Gouvernement de la République Française — dans son discours du 6 octobre 1902:*

*Le Congrès compte sur l'initiative de M. le Président du*

*Conseil et de M. le Ministre des Affaires étrangères et sur le concours du Gouvernement tout entier pour réaliser par des actes, notamment par la conclusion du plus grand nombre possible de traités d'arbitrage permanent, la parole de Michelet : « Au vingtième siècle, la France déclarera la Paix au Monde ».*

La suite de l'ordre du jour appelle le rapport de M. Aubry sur la cinquième question concernant la Conférence de la Paix de 1899, son action dans le présent et les moyens de l'étendre à l'avenir, en envisageant surtout le rôle de la France dans cette extension. Le rapporteur fait remarquer que M. Arnaud à déjà fait adopter des résolutions spéciales sur des points particuliers concernant la Conférence de la Paix ; il a donc, par avance servi lui-même de rapporteur au sujet des points visés par le cinquième question. M. Aubry ajoute qu'il doit donc se borner à faire émettre un vœu général ; la Cour arbitrale n'est pas connue dans le grand public ; seuls, les membres spéciaux s'en occupent et encore avec quelque scepticisme. Les Sociétés de la Paix et spécialement les Sociétés françaises qui ont été si bien représentées à La Haye par la Délégation française, doivent donc commencer un mouvement de propagande générale ; et c'est à ce mouvement à créer que correspond le vœu suivant proposé par M. Aubry, accepté par la Commission et adopté à l'unanimité par le Congrès.

### RÉSOLUTION.

*Le Congrès est d'avis que les Sociétés de la Paix usent de tous les moyens en leur pouvoir pour faire une propagande incessante en faveur de l'œuvre de la Haye, et particulièrement de la Cour permanente d'arbitrage qui doit apparaître comme le Tribunal de Droit commun des conflits internationaux.*

M. Albert Jounet avait proposé l'adoption d'un ordre du jour déjà présenté au dixième Congrès universel de la Paix et n'ayant pu utilement venir en discussion. La résolution votée par le Congrès toulousain sur la proposition de M. Aubry, ainsi que celles votées antérieurement au rapport de M. Arnaud, donnent, croyons-nous, satisfaction à notre confrère qui pourra, en soutenant ultérieurement son vœu devant le Congrès international, s'appuyer de l'aide morale des résolutions du Congrès de Toulouse. Voici le vœu proposé par M. Jounet au nom de l'Alliance universelle. Le Congrès de Toulouse n'a pas cru pouvoir suivre entièrement M. Jounet dans les détails, et sa proposition, qui pourra peut-être être reprise à Rouen l'année prochaine, où elle sera l'objet de l'examen approfondi qu'elle mérite.

## Vœu de M. Jounet et raisons à l'appui.

Le Congrès émet le vœu :

*a*) Que l'on institue, comme organe complémentaire du Tribunal arbitral de La Haye, un *Jury* international, élu parmi les membres de la Conférence interparlementaire et des Sociétés de la Paix (1).

Ce Jury comprendrait deux sections : Une *section* de Justice ayant le droit de présenter aux gouvernements, à titre de vœux officiels (2), d'arbitrales solutions des différends internationaux et une *section d'Accord* travaillant à établir et maintenir, entre les nations, les rapports sympathiques de toute nature et ayant le droit de présenter aux gouvernements, à titre de vœux officiels, des projets de traités d'arbitrage, de commerce et même d'alliance.

*b*) Que les diverses Sociétés de la Paix et la Conférence interparlementaire nomment, chacune, parmi ses membres, deux Comités correspondant aux deux Sections du Jury international. Ces Comités devront :

1° Propager l'idée du Jury international ;

2° Elaborer, à titre de vœux officieux, des solutions et des projets que, plus tard, le véritable Jury pourra présenter aux gouvernements, à titre de vœux officiels ;

(1) Les gouvernements nommeraient les Jurés parmi les candidats qu'auraient désignés la Conférence interparlementaire et les Sociétés de la Paix. Si c'était nécessaire, on renouvellerait les désignations jusqu'à ce que les gouvernements y rencontrent des candidats qui leur conviennent.

— Chaque nation serait représentée par quatre jurés : deux étant membres de la Conférence interparlementaire et les deux autres des Sociétés

(2) Le *vœu officiel* serait un vœu que les gouvernements s'engageraient à examiner officiellement et qu'après cet examen ils adopteraient ou rejetteraient.

3º Fournir les candidats de ces Sociétés et de la Conférence interparlementaire au Jury international.

### Explication sommaire.

Instituer le Tribunal arbitral de La Haye, c'était, dans l'œuvre pacifique, un progrès considérable. C'était donner à l'équité internationale,
une forme, un corps. C'était offrir aux peuples un endroit où s'adresser pour demander justice. Mais les peuples ne peuvent la demander
à cet endroit que par l'intermédiaire des gouvernements. Et les gouvernements n'ont point paru hâtés de recourir au Tribunal, ni même
les peuples de les pousser, par un grand mouvement d'opinion, à y
recourir.

Il y a des raisons à ce manque de hâte. Une des principales est, à
mon avis, que le Tribunal prononce des sentences proprement dites
et non de simples vœux. Or, souvent, les questions internationales
sont très délicates. Et les peuples, les gouvernements hésitent à soumettre, de prime abord, à un Tribunal qui la tranchera par une sentence, une question délicate où leurs intérets les plus chers et leur
honneur sont en jeu.

Voilà pourquoi, prévoyant la difficulté de trancher les questions
par des sentences, j'avais, dès 1890, proposé de les soumettre à un
Jury internationnal qui ne prononcerait que des vœux.

*L'existence actuelle de ce Tribunal n'empêcherait pas de créer
le Jury. Chacun aurait sa fonction spéciale.* En effet, on soumet-
trait d'abord la question litigieuse, le différend, à la section de Justice
du Jury. Et, comme elle ne pronocerait que des vœux, peuples et
gouvernements n'hésiteraient pas à lui soumettre les questions les plus
délicates. Puis, lorsque le Jury aurait étudié la question, lorsqu'il
aurait prononcé, sur elle, un ou plusieurs vœux officiels, si l'un de ces
vœux arrivait, par une chance heureuse, à satisfaire les peuples et les
gouvernements intéressés, alors on porterait la question devant le
Tribunal qui, *sans danger, désormais, de froisser les parties*, mettrait le vœu sous forme définitive, obligatoire et exécutoire, sous
forme de *sentence*.

Je viens d'expliquer et de justifier le rôle de la *section de Justice*
du Jury. Quant au rôle de la *section d'Accord*, il me semble s'expliquer et se justifier de lui-même. Tous les pacifiques admettront que,
pour établir le règne de la Paix, il ne suffit pas de soumettre à l'arbitrage les différents qui se produisent, mais qu'il faut encore travailler
à unir les peuples par de constantes relations sympathiques et par des
traités. C'est à ce travail que se vouerait la section d'Accord. Et elle
ne ferait pas double emploi avec la diplomatie politique. Car elle pré-
parerait, à titre de simples vœux officiels, à titre d'essais révocables,
les traités que la diplomatie politique mettrait sous forme exécutoire et
définitive.

Cette préparation, ces vœux seraient un très utile acheminement aux traités dont la conclusion est difficile, délicate et qui sont, par conséquent, les plus importants pour la solidité de la paix internationnale.

— Et, si je propose que les jurés soient nommés parmi les membres de la Conférence interparlementaire et des Sociétés de la Paix, c'est pour que le jury, étant, par sa composition, plus en rapport que le Tribunal de la Haye avec l'opinion pacifique, libre, flottante, publique, aide à relier cette opinion et ce Tribunal et contribue ainsi à faire du mouvement pacifique une puissante unité.

**Séance du vendredi 18 octobre, 2 heures 1/2 après-midi.**

M. Mérignhac préside, assisté de MM. Passy, Beauquier, Giacometti, Le Foyer, Tachard et Guilhem

L'ordre du jour appelle la discussion de la sixième question consacrée aux « Traités d'arbitrage permanent dans les rapports de race latine ». M. Mérignhac, rapporteur, s'exprime comme suit.

Mesdames, Messieurs,

Les traités d'arbitrage permanent sont à l'ordre du jour et, il faut l'avouer, ils méritent la faveur dont on les entoure, car ils constituent un merveilleux instrument de pacification. Là où ils existent, peuples et gouvernements savent que la guerre est impossible et qu'il faut en arriver fatalement à la conciliation. Or, il n'y a rien de plus pacifique que l'homme qui sait qu'il ne pourra pas se battre ; en se multipliant, les traités d'arbitrage permanent amèneraient nécessairement à la paix générale. Mais ils gênent les ambitions dissimulées ; ils se mettent en travers des projets des puissants, volontiers batailleurs ; aussi, si on les négocie sans difficultés avec les petits Etats, on hésite à l'égard des grands ; l'échec inexplicable du projet anglo-américain est, de ce qui précède, la démonstration la plus éclatante.

Serons-nous plus heureux au sujet du point qui fait l'objet de la sixième question ? Avant de convaincre les gouvernements intéressés, essayons de porter la conviction dans l'âme de ceux qui nous écoutent. Et tout d'abord ne pourrait-on voir, dans le présent projet d'arbitrage, une exclusion regrettable à l'égard des autres peuples et spécialement des races germanique, slave et anglo-saxonne? Non certes ; et spécialement, en ce qui concerne cette dernière, il n'y a rien qui puisse nous diviser, bien au contraire ; en effet, au point de vue commercial et économique, nous avons tout ntérêt à entretenir d'excellents rapports avec l'Angleterre, qui est largement tributaire de notre agriculture, de nos vignobles et de notre industrie de luxe.

Dans un rapport sur le *mouvement économique du Royaume-Uni en 1900*, M. Jean Perier, consul suppléant de France, après avoir rendu compte des importations et des exportations de le Grande-Bretagne dans les diverses branches commerciales, consacre un chapitre sixième et dernier au classement des pays qui commercent avec le Royaume-Uni. Il constate que, parmi les pays importateurs, la France vient immédiatement après les Etats-Unis et les Colonies britanniques pour 53.727.000 livres sterling, avant l'Allemagne qui n'importe que pour 31.161.000 livres sterling ; depuis trois ans la France n'a cessé d'accroître ses importations. Il ajoute que, durant 1900, notre pays s'est élevé du quatrième rang au troisième parmi les clients de l'Angleterre, avec des achats montant à 510.125.750 francs. Et M. Perier termine son rapport par cette déclaration à laquelle nous souscrivons bien volontiers : « Il est à supposer qu'après une période de crise, le Royaume-Uni surmontera les difficultés qui s'accumulent autour de lui. Nous devons le souhaiter, car, en vérité, on ne voit pas bien ce que la France gagnerait à la diminution de la puissance d'achat de son meilleur, de son plus riche, de son plus fidèle client, d'un client qui, en 1900, lui a acheté pour plus de 1 milliard 365 millions de marchandises ».

Les intérêts pacifiques sont donc ici, on le voit, en harmonie parfaite avec les intérêts commerciaux et économiques ; Français, nous devons donc souhaiter une entente cordiale avec la Grande-Bretagne.

M. Barclay, ancien président de la Chambre de commerce britannique de Paris, dont on a partout apprécié, comme il convient, la généreuse initiative en faveur d'un traité d'arbitrage permanent entre la France et son pays, nous écrivait tout récemment qu'il attachait une grande importance à ce que le Congrès de Toulouse manifestât spécialement sa sympathie en faveur de cet instrument diplomatique à venir. Il le fera chaleureusement s'il prend à cet égard conseil de son président. Les mêmes raisons existent vis-à-vis des Etats-Unis, qui, nous venons de le dire, sont au second rang parmi nos vendeurs internationaux. Et c'est pour ce motif que, dans l'exposé général du but de ce congrès, dont nous vous avons donné lecture à la séance d'ouverture, nous avons signalé les efforts réunis du président des Etats-Unis et d'un représentant pacifique français en faveur de la cour arbitrale de la Haye ; nous voulions montrer, par cet exemple, que, le cas échéant, une race latine a su faire cause commune avec la race anglo-saxonne pour le plus grand bien de l'idée pacifique. Seulement, on nous permettra, à propos du projet de M. Barclay, certaines remarques qui ont bien, croyons-nous, leur importance.

Le projet d'arbitrage anglo-américain, sur lequel a été calqué le projet anglo-français, comprend, dans ses articles 3 et 6, un tribunal mixte composé d'arbitres choisis par chaque pays litigant, d'après des proportions déterminées. Il y a là, disait M. Barclay dans un discours prononcé sur cette question, une nouvelle application du règlement des commissions mixtes qui ont déjà fonctionné avec succès dans divers arbitrages antérieurs. C'est cette idée qui nous paraît sujette à critique. Nous avons, à maintes reprises, dans notre *Traité théorique et pratique de l'arbitrage international*, où nous avons rendu compte en détail du projet d'arbitrage anglo-américain, fait l'éloge des commissions arbitrales qui, en général, se sont parfaitement acquittées de leur tâche. Mais nous avons ajouté que, dans quelques hypothèses, elles n'avaient pas fonctionné avec toute la justice et l'indépendance voulues (1). En tous cas, puisque nous avons aujourd'hui la Cour arbitrale de La Haye, pourquoi l'écarterions-nous de l'organisation projetée ? Nous nous plaignons qu'on ne la fasse point fonctionner ; eh bien, faisons-la fonctionner nous-mêmes et substituons-la aux commissions mixtes de M. Barclay (2).

Enfin, on a fait remarquer, peut-être non sans raison, que le projet anglo-américain était bien compliqué par la division qu'il établissait entre les réclamations pécuniaires ou non pécuniaires, territoriales ou non territoriales, excédant ou n'excédant pas certaines sommes ; qu'il y avait là une cause de confusion et d'incertitude qui avait dû être pour quelque chose dans son échec. Ne nous exposons pas à un semblable danger ; acceptons le projet Barclay pour l'arbitrage entre la France et la Grande-Bretagne, en le simplifiant et en constituant juge la juridiction qui désormais doit être celle du droit commun international, la cour arbitrale de La Haye.

Du côté slave, la démonstrtion que nous venons de faire n'est même point nécessaire, étant donné que la duplice, génératrice de l'alliance franco-russe, établit les rapports les plus amicaux entre la France et la Russie. Reste le point de vue germanique : ici, la situation est des plus délicates ; et voilà pourquoi on n'a pas osé, des deux côtés de la fontière, en dépit des efforts particuliers de certains pacifiques, prendre l'initiative d'un traité permanent d'arbitrage, comme on l'a fait pour la France et l'Angleterre. Assurément, la propo-

(1) *Traité théorique et pratique de l'arbitrage international*, Paris, 1895, récompensé en 1897 par l'Institut de France. Voir les §§ 117 et s.

(2) Le projet Barclay a, sur ce point, été critiqué par un certain nombre d'organes pacifiques, même en Angleterre. Et M. Barclay a si bien compris lui-même combien cette critique était fondée, qu'il s'est rangé à l'idée de rendre la Cour de la Haye juridiction obligatoire pour toutes les difficultés d'ordre économique surgissant entre la France et la Grande-Bretagne. Tel est aussi l'avis de M. d'Estournelles de Constans, dans une lettre du 15 octobre 1902, adressée à M. Barclay. Pourquoi ne pas généraliser et dire que tout différend sans exception compris dans le traité d'arbitrage sera déféré à la juridiction de La Haye ? M. Barclay, en adoptant cette manière de voir, lèverait toutes les objections que les juristes pourraient élever contre son projet de traité d'abitrage permanent.

sition, en l'état actuel des choses, n'aurait pas grand succès, sans qu'on ait à insister ; tout le monde s'en rend bien compte. Néanmoins, nous apprécions comme il convient en France, les initiatives pacifiques de nos voisins et c'est avec un entier contentement que nous avons vu, à plusieurs reprises, échanger entre l'empereur allemand et notre allié le tsar Nicolas II, promoteur de la Conférence de la Paix, des témoignages d'assurance pacifique qui, espérons-le, sont aussi sincères au fond qu'amicaux en la forme.

Notre projet n'a donc rien d'agressif pour ceux qu'il ne concerne point : il ne doit pas plus inquiéter les pacifiques anglais, américains ou allemands que le projet d'arbitrage avec l'Angleterre ne doit effrayer les Allemands, les Italiens, les Espagnols et les Portugais. Et, si on a eu le droit de proposer une alliance pacifique entre la France et l'Angleterre, pourquoi serions-nous empêchés d'agir de même entre la France, l'Italie, l'Espagne, le Portugal et l'Amérique du Sud ?

La seconde objection, qu'on pourrait élever contre notre projet, consisterait à nier l'existence de ce groupement ethnique qu'on appelle la *race latine*, et, par suite, la possibilité d'une entente durable et profitable entre ses diverses branches. Nous nous garderons bien d'aborder sur ce point une discussion ethnographique quelconque. Qu'est-ce qui constitue une race ? Cela se sent mieux que cela ne se définit : et les plus belles dissertations du monde sur la langue, les mœurs, les idées, la religion, la communauté d'origine n'ont convaincu, en général, que ceux qui tenaient à l'être, sans faire avancer la question d'un pas pour les esprits désintéressés. Mais nous sentons qu'il y a en nous du sang d'origine latine ; ce n'est pas à Toulouse et dans notre Midi qu'il conviendrait de nier l'existence du sentiment latin ; et, si nous ne souhaitons pas être groupés sous le même régime politique : français, italiens, portugais et espagnols, néanmoins nous avons la conscience qu'il y a entre nous ces aspirations communes qui produisent l'affinité entre les peuples.

L'idée de race, du reste, peut avoir des résultats désastreux, quand il s'agit d'opposer les races les unes aux autres ; quelquefois la situation internationale et les besoins de la conservation sociale de tel ou tel peuple commandent cependant cette opposition, et il faut bien alors s'incliner. La race devient en ce sens un instrument de lutte souvent fécond ; pour n'en prendre qu'un seul exemple emprunté à dessein à la race latine, n'est-ce pas en qualité de membres de cette race que luttent les Roumains de Transylvanie contre l'oppression magyare ? Nous avons nous-même, à la demande des représentants de ces membres proscrits de la grande famille latine, plaidé leur cause, en bonne compagnie, par la parole et par la plume ; ce n'est donc pas à nous qu'il faut dire que la race latine n'existe pas. Nous répondrions : allez en Transylvanie et là elle vous démontrera, par son propre mouvement, qu'elle est bien réellement vivante et agissante. L'idée de race s'affaiblit avec le bien-être, les facilités de la vie, la quiétude et la tranquillité égoïste ; elle ressuscite ardente et intense avec la douleur, la persécution, l'exil, la confiscation et la mort !

Heureusement, nous n'en sommes point là ; en ce moment, nous
invoquons la race au nom de la civilisation et du progrès pacifique ;
et l'on nous concèdera bien que, si elle existe quand le mal l'emporte,
elle ne saurait disparaître avec le triomphe du bien. Et nous ne sommes pas seuls à affirmer l'idée de race à propos des intérêts que la
paix seule peut servir, principalement les intérêts commerciaux et économiques. Voici ce qu'écrivait, en 1895, notre collègue M. Girault,
professeur à la Faculté de droit de Poitiers, dans ses *Principes de
colonisation et de législation coloniale*, à la page 43. Opposant les
*races latines* aux Germains, aux Slaves et aux Saxons, il disait :
« Que deviendront les races latines ? Ce serait un malheur pour l'humanité si elles ne venaient à ne plus compter. Chaque race a ses aptitudes particulières, ses qualités personnelles et son génie propre. »
Tout récemment, dans les *Débats* du 1er octobre 1902, un publiciste
distingué, M. Robert de Caix, publiait un article intitulé : *Relations
latines*, où l'on nous permettra de prendre l'extrait suivant tout à fait
caractéristique : « Il est trop évident que l'Espagne et la France ont,
sur certains points, trop d'intérêts parallèles à sauvegarder en commun
pour qu'on puisse les empêcher de s'en rendre compte en les excitant
à la défiance dès qu'un rapprochement semble s'ébaucher entre elles.
Certains organes étrangers ont dénoncé la préparation d'une « Ligue
latine » ; c'est un mot peut-être ambitieux et prématuré. Mais quoi
qu'on dise, on ne saurait dissimuler aux yeux des Français, des Italiens et des Espagnols que, dans certaines questions, ils peuvent utilement chercher des garanties entre eux, au lieu d'essayer d'en trouver
uniquement hors du monde latin. Même en dehors de toute politique
commune, précise, l'évolution actuelle du monde tend à leur imposer
peu à peu un sentiment de solidarité ». Enfin, M. Hanotaux, ancien
ministre des affaires étrangères, se déclarait partisan de l'union des
« races latines » dans un article publié dans la *Renaissance latine* du
15 mai 1902.

Ainsi, le juriste, l'homme d'Etat et le journaliste, le théoricien et
l'homme d'action, celui qui étudie dans le silence du cabinet les effets
et les causes des choses humaines et celui qui en suit les évolutions à
travers les incidents tumultueux des relations internationales, arrivent au même résultat et certifient, aussi bien au point de vue des
idées que de la réalité des faits, l'existence de cette entité qui s'appelle
la « race latine » ; les événements contemporains vont, au surplus,
corroborer leurs affirmations.

Les rapports entre la France et l'Italie, restés longtemps plus que
froids, grâce aux manœuvres ambitieuses de certains hommes d'Etat
disparus, sont devenus aujourd'hui tout à fait cordiaux. MM. Delcassé
et Prinetti, Barrère et le comte Tornielli ont, par leurs efforts, amené

un rapprochement qui s'est traduit par la conclusion d'accords commerciaux importants. Un diplomate distingué chargé tout récemment d'une enquète économique dans notre pays, le comte Sabini, dans la conclusion du rapport adressé à son gouvernement, parlait « du vieux fond de sympathie et d'aniffités ethnographiques et intellectuelles » de nature à cimenter un accord durable entre la France et l'Italie. Les faits économiques les plus récents confirment le rapprochement diplomatique. La chambre de commerce italienne à Paris à fait récemment connaitre que, du 1er janvier au 31 octobre 1902, le commerce franco-italien s'est élevé à 254.653.000 fr. dont 136.622.000 fr· de marchandises françaises et 118.031.000 francs de marchandises italiennes. Et, par la comparaison faite avec les résultats de la même période en 1901, on constate une augmentation de trafic général de 11.499.000 francs en faveur de la France et de 1.827.000 en faveur de l'Italie.

Le rapprochement n'est pas moins sensible entre la France et l'Espagne entre lesquelles les Pyrénées semblent avoir disparu au point de vue pacifique. Le voyage de la Reine régente à Paris, la présence du Prince des Asturies aux manœuvres du Midi sont des événements dont on ne saurait se dissimuler la portée évidente. Le jeune Roi lui-mème à voulu témoigner à son tour le goût très vif qu'il a pour notre pays. Tout récemment, les professeurs du Lycée de Bayonne, conduits par leur proviseur, assistaient à la rentrée de l'Institut royal de Saint-Sébastien ; et, à un discours vibrant de M. Cazac, prononcé en espagnol, Alphonse XIII répondait, en serrant la main du proviseur français, par quelques mots pleins d'une courtoisie délicate à l'adresse de notre pays. Un pacifique espagnol, M. le sénateur de Marcoartu, à la suite d'un banquet dont il avait pris l'initiative, a obtenu tout récemment, des notabilités indigènes et étrangères de Barcelone, le vote d'une adresse à la Reine demandant une entente avec la France, en vue de développer entre les deux pays les échanges d'affaires et d'idées et tout spécialement la réduction des taxes postales et télégraphiques et la prolongation du réseau téléphonique de la frontière à Madrid. M. Passy, à qui nous devons cette dernière information, a proposé de voter à M. de Marcoartu des remerciements bien mérités et d'emettre le vœu que l'adresse par lui provoquée « soit recommandée au nom des intérêts réciproques des deux nations, au gouvernement français, comme elle l'a été déjà au gouvernement espagnol. »

Nous ne saurions trop applaudir, à Toulouse, à ce rapprochement avec l'Espagne que M. Judet, dans le *Petit Journal*, qualifiait déjà prématurément d'alliance franco-espagnole. Nous avons, en effet, des rapports suivis avec l'Espagne et le rêve de beaucoup de nos représentants méridionaux serait d'établir le fameux chemin de fer transpyrénéen qui assurerait un cours ininterrompu d'échanges entre Toulouse et la Catalogne. C'est là l'un des buts que s'est proposés la Société pour l'amélioration du réseau des voies navigables du Sud-Ouest, qui a déjà fondé à Bordeaux et à Toulouse, deux comités florissants. Nous possédons à Toulouse un *centre espagnol* dont l'activité, un moment ralentie, reprendrait un essor nouveau par l'effet de rapports officiels devenus plus étroits. Il s'est affirmé, il y a quelques années, par la création, dans notre ville d'une société dite « *Société franco-ibérique* », ayant pour organe une publication spéciale qui, après avoir jeté un vif éclat de 1879 à 1894, s'est momentanément éteinte. Un cours de langue espagnole, professé par M. Lacaze, compte de nombreux élèves ; et la chaire de littérature espagnole de notre Université est occupée par le Doyen de la Faculté des lettres, dont les œuvres sont dignes du nom illustre qu'il porte ; j'ai nommé M. Mérimée. D'autre part, le professeur de droit international public de la Faculté de droit de notre Université, qui a l'honneur de parler en ce moment devant vous, a dirigé une grande partie de ses études vers la littérature juridique espagnole et servi à plusieurs reprises de trait d'union entre les juristes espagnols et ceux de son pays.

De tout ce qui précède, il résulte que les races latines existent bien, quoi qu'on en ait dit, et manifestent, d'autre part, en divers lieux et spécialement dans le Midi et à Toulouse en particulier, ces sympathies *ethnographiques* dont parlait le comte Sabini, non seulement par des aspirations platoniques, mais encore par des faits précis.

Il n'entre nullement dans nos intentions de faire étalage des grands mots de pan-latinisme ou pan-celtisme opposés aux non moins grandioses expressions de pan-slavisme ou de pan-germanisme ; il n'est pas davantage dans notre pensée d'opposer une race à une autre, la race latine, par exemple, à la race slave ou à la race germanique ou anglo-saxonne. Notre dessein est plus pacifique et plus simple ; nous avons voulu tout simplement constater qu'il y a dans les idées, les affinités et les intérêts une certaine cohésion entre différents peuples provenant d'une même souche ; que cette cohésion nous ne l'avons point faite ; qu'elle nous est préexistante, que nous n'avons dès lors ni à la nier, ni à la combattre et qu'il convient d'en faire état du mieux possible, au point de vue du progrès pacifique. Et l'on est amené tout naturellement, par les consisidérations qui précèdent, à proposer la conclusion d'accords amicaux permanents dans les rapports des nations de race latine. Parmi les peuples appartenant à cette race, les Français, les Espagnols, aussi bien ceux de l'Ancien que du Nouveau-Monde, et les Italiens se présentent comme étant pour le moment dans les meilleures conditions possibles pour accéder à ces accords, car on ne voit aucune difficulté de principe qui les sépare ; tout, au contraire, les réunit, en sorte que la conclusion de ces accords paraît facile. Mieux vaudrait, dit-on, réunir par les traités permanents d'arbitrage les Etats qui ont des chances d'entrer en conflit. Soit ; mais il faut d'abord pouvoir y parvenir, ce qui ne serait pas facile pour certains, par exemple pour l'Allemagne et la France. Et, d'autre part, cela n'empêche pas d'essayer de fortifier la paix entre ceux qu'aucune cause de discorde ne divise. Voilà pourquoi nous avons accepté avec plaisir la mission que le Congrès a bien voulu nous confier, dans une de ses résolutions précédentes, d'étudier les conditions dans lesquelles un traité d'*alliance pacigérante* pourrait être conclu entre la France, l'Espagne, le Portugal, l'Italie et les Républiques d'origine ibérique.

Voilà pourquoi, d'autre part, à raison de notre voisinage immédiat avec l'Espagne, nous serions heureux de voir conclure avec elle, plus particulièrement qu'avec toute autre nation latine, un de ces traités d'arbitrage permanent qui sont souvent le prélude d'une union plus étroite. Et quand nous parlons de l'Espagne, il n'est pas possible de ne pas réunir à leur ancienne métropole les Républiques américaines d'origine espagnole qui tendent, du reste, à se rapprocher de plus en plus de la Péninsule. De ce rapprochement il a été donné, en novembre 1900, une preuve convaincante. A cette époque un Congrès social et économique hispano-américain, réuni à Madrid, a groupé des délégués de l'Espagne, du Portugal et de l'Amérique latine. Les points soumis à l'Assemblée étaient des plus divers et touchaient à la plupart des questions pouvant intéresser les rapports de l'Espagne et de ses anciennes colonies. Le Congrès a voté des propositions et résolutions diverses qui, si elles sont ratifiées par les intéressés, institueront entre l'ancienne métropole et les pays hispano-américains une union commerciale, industrielle et économique des plus étroites. Nous ne voulons retenir ici que celles relatives à l'arbitrage. La Section première des délibérations du Congrès a, en effet, abordé ce point et établi un tribunal permanent, obligatoire, jugeant tous les litiges, sans exception, entre tous les Etats signataires et dont les décisions seront sanctionnées (1).

Devons-nous maintenant entrer dans l'examen détaillé du traité d'arbitrage permanent que nous proposons, en indiquer les grands et les petits côtés ? Nous ne le pensons pas, car il nous semble que nous empiéterions ainsi sur les attributions du pouvoir chargé de la confection des traités d'après la loi constitutionnelle. Nous nous bornerons donc à signaler trois points qui nous paraissent plus importants : 1º Il conviendrait que la sphère de l'arbitrage fut aussi vaste que possible et que l'on n'en retranchât que les points jugés absolument insusceptibles d'être tranchés par la voie juridique. Le traité du 23 juillet 1898 entre l'Italie et la République Argentine soumet, dans son article premier, à l'arbitrage tous les litiges sans *exception*. Il semble que l'on pourrait agir de même entre les trois Etats latins. Toutefois, nous craignons fort qu'on ne persiste dans la vieille restriction concernant l'existence, l'indépendance et l'honneur des contractants (2); — 2º Il con-

---

(1) Conf. sur ce point notre article paru en 1901 dans la *Revue du Droit public et de la science politique en France et à l'étranger*, nº 5, septembre et octobre 1901.

(2) Voir les développements donnés à ce sujet dans notre *Traité théorique et pratique de l'arbitrage international*, §§ 181 et s

viendrait, quant à la procédure, de se référer purement et simplement à la Convention de La Haye du 29 juillet 1899 sur le règlement pacifique des conflits internationaux ; — 3° Il faudrait accepter les dispositions de la même Convention, au sujet du choix des arbitres et recourir purement et simplement à la Cour arbitrale instituée à La Haye.

Telles sont, Mesdames, Messieurs, les principales considérations que nous voulions vous exposer au sujet de la sixième proposition ; elles justifient, croyons-nous, complètement le vœu que nous vous proposons d'émettre à cet égard. Avant de songer à des ambitions trop grandes et, par exemple à des traités d'arbitrage permanent avec des pays qui ne sont pas absolument prêts à nous tendre la main, réalisons ce qui est à notre portée, nous souvenant du mot charmant et bien vrai :

« Tout bonheur que la main n'atteint pas est un rêve. »

Les Romains possédaient *la paix romaine*, qu'ils avaient assise sur les ruines des peuples vaincus ; c'était la paix universelle d'alors, magnifique dans ses résultats, mais dont le sang, l'astuce et la violence avaient fait tous les frais. Nous aussi nous espérons, mais par d'autres moyens, réaliser plus tard la même paix universelle. En attendant qu'elle se produise, ce que probablement ni nous ni nos enfants ne verrons, tâchons d'assurer ce que nous pouvons peut-être atteindre de la main à notre époque, *la paix latine.*

Un débat s'engage à la suite de cette lecture. M. Moch, tout en couvrant d'éloges le rapport de M. Mérignhac, si documenté, si substantiel, véritable traité de droit international sur la question des races, qui, dit-il, sera imprimé et mérite bien de l'être, combat la thèse qui y est soutenue. M. Moch s'exprime ainsi.

S'il est un point sur lequel anthropologistes et historiens soient d'accord, c'est l'inconsistance de l'idée de race, appliquée à l'humanité actuelle. On peut à la rigueur parler d'une race blanche, d'une noire, d'une jaune et d'une rouge, malgré les grandes différences qui se présentent à l'intérieur de chacun de ces groupements, et malgré l'existence de types intermédiaires qui forment transition de l'un à l'autre. Mais il faut renoncer complètement à se servir de la notion de race pour établir, à l'intérieur de chacun de ces groupes, des subdivisions vraiment conformes à la nature des choses. Les Français, par exemple. résultent du mélange séculaire de races préhistoriques inconnues, de Celtes, d'Ibères, de Romains, de Grecs, de Sémites, de Scandinaves, de Germains, pour ne pas parler des nombreux immigrants individuels de toute origine, que notre sol a attiré de tout temps et qui se sont toujours fondus dans la masse des habitants fixés avant eux. Et toutes les nations modernes en sont là. Toutes, jusqu'à celles qui sont arbitrairement considérées comme plus « pures » que les autres, ont été constituées par un brassement continuel des éléments les plus disparates. Et, dans les principales nations de l'Europe, ce sont toujours les mêmes éléments constitutifs que nous retrouvons en proportions variables, mais impossibles à déterminer.

En particulier, s'il existe une expression dépourvue de tout sens positif, c'est celle de « race latine ». *Il n'y a pas de race latine.* Il y a seulement un certain nombre de nations, également hétérogènes quant à leurs origines, et que les vicissitudes de l'évolution ont amenées à parler actuellement des langues dérivées du latin, ou, disons plus prudemment des langues parentes du latin, car il faut tenir compte de théories récentes suivant lesquelles les langues romanes actuelles descendraient d'une souche plus ancienne et seraient non les filles, mais seulement les nièces du latin.

Entre les peuples français, italien, espagnol, portugais, roumain, il existe donc un point commun et un seul, la ressemblance des langues qu'ils parlent. Mais dès qu'il s'agit des mœurs, des institutions, des intérêts matériel ou même — si l'on veut faire une concession à l'idée de race — des caractères ethnographiques, les différences et les ressemblances sont du *même ordre* qu'entre un quelconque de ces peuples et tout autre. Un Flamand ressemble plus à un Hollandais, un Breton à un Ecossais ou à un Irlandais, un Auvergnat à un Bavarois, qu'aucun d'eux à n'importe lequel des « frères latins ». Un Français a plus d'intérêts liés avec un Anglais qu'avec un Roumain ou un Portugais.

M. Moch ajoute ensuite qu'il lui paraît dangereux, au point de vue de la diffusion des idées pacifiques, d'opposer les races les unes aux autres.

Quoi qu'on en pense, dit-il, préconiser les traités d'arbitrage permanent plus particulièrement entre les nations de race latine, c'est reconnaître implicitement qu'il y a entre deux de ces nations un lien naturel plus puissant qu'entre deux autres ; c'est opposer l' « idée latine » à l'idée germanique, slave ou britannique.

Or, il ne faut pas que l'organisation et la pratique de l'arbitrage permanent conduise à une opposition quelconque d'un groupement à un autre. Si je puis me permettre un néologisme audacieux, je dirai que les « panracismes » sont dangereux pour la paix du monde, d'un danger plus grand encore que celui des simples chauvinismes actuels, puisqu'ils opposent des collectivités beaucoup plus puissantes ; et que tous doivent être énergiquement combattus, et non encouragés, fût-ce indirectement ou involontairement.

La question des traités d'arbitrage permanent doit être étudiée pour elle-même. Et, si des considérations d'analogies ethniques devaient lui être appliquées, je dirais plutôt que c'est entre nations très différentes les unes des autres qu'on devrait avant tout s'efforcer de faire conclure de semblables conventions. Car, premièrement, ces nations peuvent être plus exposées à entrer en conflit et ont donc un plus grand besoin d'organiser l'arrangement amiable de leurs différends ; et, surtout, les traités ainsi conclus ne peuvent porter ombrage à personne, tandis qu'un traité « panlatin » impliquerait, qu'on le veuille ou non, une distinction fondamentale entre le monde latin et le reste de l'univers, et encouragerait le développement du chauvinisme panlatin. Et de là résulterait, par une réaction inévitable, une recrudescence du pangermanisme, de l'impérialisme britannique, etc.

M. Mérignhac fait toutes réserves au sujet de l'argumentation de M. Moch sur l'inexistence de la question de race. Il est, au contraire, pleinement convaincu que la race est un facteur des plus puissants dans les relations internationales, que tout affirme et qu'il ne suffit pas de nier pour faire disparaître. Mais ce n'est point le côté intéressant de la question ; ce qu'il convient de dégager, c'est cette idée que la race n'est pas envisagée ici comme élément d'opposition et de lutte ; mais, au contraire, comme appoint de conciliation et de concorde. On a voulu tout simplement prendre les nations avec lesquelles on se sent davantage en communauté d'idées, de sentiments, d'entente, de langue, etc., etc., pour rendre entre elles la guerre impossible. M. Mérignhac a nettement affirmé ce point à plusieurs reprises dans son rapport et, pour mieux préciser sa pensée, il a consenti à ne faire figurer, dans la résolution qui va être présentée au Congrès, que l'Espagne et les républiques américaines d'origine ibérique. Ailleurs, on reprendra le projet avec l'Italie, la Grèce, la Roumanie, etc. Sous le bénéfice de cette constatation, M. Moch se déclare d'accord avec M. Mérignhac ; il admet que l'on retire de l'idée de race tout ce qu'elle peut amener d'esprit de conciliation et de concorde et, d'autre part, il ne s'oppose nullement à ce qu'on *préconise la conclusion d'un traité d'arbitrage permanent avec aucune des puissances latines*. « Il considère, au contraire, comme évident que ces puissances sont parmi les premières avec qui la France puisse et doive, par conséquent, signer un tel traité..... »

Après quelques observations de MM. Barthelet et Arnaud le Congrès vote à l'unanimité la résolution suivante :

### RÉSOLUTION

*Le Congrès de Toulouse, sans préjudice des résolutions déjà votées en faveur des traités d'arbitrage permanent entre la France et les autres Etats, émet le vœu que d'autres traités soient négociés le plus tôt possible par le Gouvernement français avec l'Espagne et les républiques américaines d'origine ibérique. Ces traités seront aussi larges que possible quant aux faits soumis à l'arbitrage et emprunteront la procédure et le recours à la juridiction arbitrale de La Haye, constituée par la convention du 29 juillet 1899 sur le règlement pacifique des conflits internationaux.*

La notion de race, envisagée comme instrument de paix et de rapprochement, a rencontré des défenseurs résolus parmi les représentants des Sociétés qui, n'ayant pu venir au Congrès, avaient délégué à d'autres le soin de les représenter. M. Jounet avait envoyé le projet de vœu suivant.

Le Congrès émet le vœu :

Que l'on organise, en vue d'amener les Etats latins à conclure entre eux des traités d'arbitrage permanent, une action simultanée et convergente des membres latins du Conseil interparlementaire et des Sociétés latines de la Paix.

M. de La Faille, membre de la Commission du Bureau international de la Paix, écrivait de La Haye pour donner son assentiment à la sixième question du programme.

M. Tridon, au nom de l'Alliance des savants et des philanthropes, s'était également prononcé énergiquement, par lettre, en faveur de traités d'arbitrage permanent entre les pays latins d'Europe et d'Amérique. Il allait même jusqu'à proposer entre les latins d'Europe une ligue défensive et une *union douanière,* dans le but de resserrer les liens matériels quiles unissent à côté des liens moraux. M. Tridon voudrait que, pour vulgariser les idées qu'il préconise, on organisât, en 1903, un Congrès international pacifique des latins d'Europe et d'Amérique.

L'ordre du jour appelle la discussion de la septième question relative au siège et à la date du prochain Congrès ainsi qu'à la nomination d'une commission devant rédiger le programme de ce Congrès et s'occuper de son organisation et de son fonctionnement. M. Spalikowski, président de la Ligue rouennaise de la Paix, rapporteur, envoie la communication suivante :

MESDAMES, MESSIEURS,

Je n'ai pas l'intention de répondre point par point aux *desiderata* formulés dans la septième question, mais seulement de vous proposer Rouen comme siège du prochain Congrès national de la Paix.

Il peut paraître naturel que chacun parle *pro domo suâ*, et fasse l'éloge de sa cité, comme la plus propre à recevoir les délégués des diverses Sociétés pacifiques françaises. J'avoue pourtant que ce n'est pas ce mobile qui me pousse à réclamer l'honneur de vous posséder l'an prochain.

Rouen est, par sa situation géographique, un centre où convergent les grandes lignes de communication avec les régions du Nord-Ouest.

En Normandie, des groupements pacifiques se sont formés ou sont en voie de formation. Pour ne citer que ceux du département de la Seine-Inférieure, je signalerai la *Ligue rouennaise de la Paix* à Rouen ; la *Section havraise de la Société française pour l'arbitrage entre nations*, et la *Société chrétienne des Amis de la Paix*, toutes deux au Havre ; la *Ligue de la Paix de Bolbec*. A Dieppe et à Elbeuf, les plus zélés de nos partisans en sont encore aux hésitations, n'attendant, il est vrai, qu'une occasion favorable, sans doute, pour se constituer en fédération autonome.

De plus, la proximité de Paris nous permettrait de compter sur la présence de nos vénérés maîtres ès pacifisme, tandis que le département de la Somme nous enverrait un certain nombre d'adhérents.

Je voudrais pouvoir ajouter qu'à Rouen les esprits sont largement ouverts aux idées nobles et généreuses comme à Toulouse. Nous ne connaissons pas, hélas ! les encouragements venus d'en haut qui réconfortent et qui sont si utiles pour aplanir les difficultés du début. Mais nous possédons une élite intellectuelle qui constitue ici la phalange de réserve, sur le loyalisme et le dévouement de laquelle on peut toujours compter.

M. Frédéric Passy a pu voir lui-même, l'an dernier, l'enthousiasme que sa chaude parole avait excité dans les rangs d'un auditoire choisi, lorsqu'il nous prêchait l'évangile de paix et de concorde universelles.

Puisque votre but, Messieurs, est avant tout de travailler à la propagation de nos idées par la réclame intelligente, je crois que nous aurions à nous féliciter de voir se réunir à Rouen ces assises annuelles dont les journaux les plus réfractaires à l'idée sont les premiers à raconter les moindres détails. Par la presse, que de bon grain jeté parmi l'ivraie, aux populations naïves, aux aveugles, aux inconscients! Newton disait qu'il avait fait ses merveilleuses découvertes dans le domaine de la mécanique, en y pensant toujours. J'ose affirmer, à mon tour, que l'idée pacifiste se répandra partout, en en parlant sans cesse.

Un seul fait viendra à l'appui de ma thèse. L'hiver dernier, la Ligue rouennaise de la Paix a distribué plusieurs milliers de brochures, le résultat ne s'est pas fait attendre, on nous a réclamé de nouveaux exemplaires, et, parmi les solliciteurs, nous avions la joie de compter bon nombre d'instituteurs et d'institutrices.

Si vous choisissez Rouen, immédiatement une commission locale sera formée pour s'occuper de la question matérielle, hôtels, trains, locaux, etc.

Quant à la rédaction du programme de ce Congrès, je crois qu'il serait bon qu'elle ne soit faite qu'avec votre collaboration, du moins pour les grandes lignes. Un certain nombre de questions resteront peut-être indiscutées à Toulouse, on pourrait les reprendre dans un autre Congrès.

Notre intention serait également de faire appel aux autres Sociétés philanthropiques de Rouen et du département qui s'intéressent indirectement à notre propagande (groupes radicaux, socialistes, Union des employés de commerce, etc.).

Une grande conférence aurait lieu dans laquelle prendraient la parole les plus autorisés de nos invités. En Normandie, plus peut-être qu'ailleurs, nous réclamons la paix pour le libre essor de l'industrie, de l'agriculture et du commerce, la paix pour l'éclosion des œuvres de génie, dont les fils des Northmanns ont parfois le secret. Nul doute que vous ne soyez les bienvenus?

Quant à la date du Congrès, je vous proposerai de la fixer dans les premiers jours de septembre ou d'octobre. A cette époque, les établissements publics sont libres, les hôtels un peu moins encombrés de visiteurs d'Outre-Manche, qu'attirent les richesses sculpturales de nos monuments.

Si vous prenez en considération ces propositions, Messieurs, croyez que notre Ligue aura à cœur de prouver que son ambition la plus grande est de travailler activement au triomphe de l'œuvre admirable pour laquelle nous associons nos efforts, pour laquelle nous luttons, et parfois aussi nous souffrons!

M. **Follin**, du Havre, dit qu'il avait songé à proposer la candidature du Havre comme siège du prochain Congrès national, mais qu'il est arrivé trop tard et, qu'au surplus, il s'incline de très bonne grâce devant le choix de Rouen, en conviant aimablement les congressistes à une excursion en Seine au Havre, à l'occasion du Congrès. M. Dubos précise que Rouen et le Havre se sont déjà *pacifiquement* mis d'accord devant la Commission. M. Decans se demande si le Congrès ne devrait pas laisser à la *Délégation française* le soin de choisir le siège et la date du prochain Congrès, et M. Moch voudrait qu'on laissât la Commission libre de ses mouvements, quant à la date, et qu'on lui donnât le mandat de choisir une autre ville en cas de force majeure. Le Congrès décide de choisir Rouen, en principe, comme lieu du deuxième Congrès national des Sociétés françaises de la Paix, et de charger la Commission, en cas d'empêchement, de fixer un autre lieu. La date de ce Congrès sera fixée par la Commission.

*<br>* *

La suite de l'ordre du jour amène à l'examen de la huitième question : *Appel aux Sociétés et à la Presse française.*

L'appel aux Sociétés française sera rédigé par la *délégation* des neuf membres chargés de préparer le prochain Congrès ; elle s'efforcera de stimuler leur activité et d'organiser leur action sur des bases qu'elle fera connaître, après étude approfondie de l'avenir du mouvement pacifique en France.

En ce qui concerne la Presse, il convient, le plns possible, de l'orienter dans le sens du mouvement pacifique (1) ;

---

(1) Les initiatives privées ne manqueraient certes pas à l'appel si on les invitait à s'unir au mouvement pacifique. Nous n'en voulons pour preuve que la communication faite au Président du Congrès par M\ullieieie Teissonnière, de Vallerangue (Gard). Auteur d'une charmante nouvelle parue dans le *Luchon Thermal*, écrite au milieu de ces montagnes pyrénéennes qu'on aperçoit de Toulouse et dans cette séduisante ville de Bagnères-de-Luchon dont le maire, M. Bonnemaison, est un de nos adeptes. M\ullieieie Teissonnière nous écrivait, en septembre 1902, qu'elle croyait à l'efficacité pacifique de la *Petite Nouvelle* répandue à profusion dans les masses. Et, en nous adressant son œuvre reproduite par la presse hollandaise, russe et française, elle ajoutait ces mots pour lesquels nous la remercions au nom des congressistes réunis à Toulouse : « Signaler au Congrès cet *essai individuel* d'une plume *française* me paraît utile, au point de vue *de l'écho* que les idées qui lui sont chères *sont appelées à rencontrer,* non seulement dans

et, à ce point ce vue, on ne saurait trop louer l'initiative et l'organisation d'une presse pacifique encouragée par le Congrès d'Hambourg de 1895. C'est dans cet ordre d'idées que se place un très intéressant commentaire de M. le député Beauquier, aux efforts duquel est due la constitution, au mois de décembre 1897, de l'Association internationale des personnalités amies de la Paix. Ici nous laissons la parole à M. Beauquier, rapporteur de la huitième question qui s'est exprimé comme suit :

Mesdames, Messieurs,

Il est incontestable que, pour atteindre le but encore malheureusement trop éloigné auquel tendent nos efforts, nous devons tout spécialement nous attacher à la propagande des idés pacifiques. C'est toute une mentalité que nous avons à modifier ; c'est une éducation nouvelle qu'il nous faut substituer à l'éducation classique de nos Ecoles, qui continue à proposer à l'admiration de la jeunesse les grands tueurs d'hommes, les grands exterminateurs.

Nous n'avons aucun résultat sérieux à espérer, si nous ne sommes pas parvenus à persuader nos concitoyens qu'il n'y a pas deux morales, une pour les Etats et une autre pour les particuliers ; si nous ne les avons pas convaincus que toutes les guerres de conquêtes sont aussi criminelles que le meurtre et le vol, si nous ne les avons pas dégoûtés de la gloire mensongère des conquérants que l'histoire devrait flétrir au lieu de les magnifier ; si nous ne les avons pas persuadés que tous les peuples se valent ou à peu près et que, si l'on veut les hiérarchiser, on ne peut le faire qu'en tenant compte de leur culture intellectuelle et surtout de leur respect de la justice.

A quoi bon, dans l'état actuel des esprits, rédiger un Code du droit des gens ?

A quoi bon nous efforcer d'obtenir, de nos gouvernants, qu'ils se lient avec les nations voisines par des traités d'arbitrage permanents ou spéciaux ?

A quoi bon nous réjouir de ce que la Cour de La Haye a ouvert ses sessions et demande à tous les échos qu'on lui envoie des causes à juger ?

la presse de notre pays, *mais dans la presse internationale elle-même*, et *des concours spontanés* que, par suite, *elles y grouperont*.

D'autre part, je me fais un plaisir de *mettre à la disposition du Congrès* la « nouvelle » en question *pour toute campagne populaire*, sous forme de *feuillets de propagande à répandre* largement *dans les masses* ou *sous toute autre forme qu'à son aide* il lui plairait d'entreprendre tous droits d'auteur réservés, ai-je besoin de l'indiquer ? »

Les préjugés, disons le mot, la sottise des Français est encore telle que, si un conflit un peu sérieux surgissait entre nous et une nation voisine, nous verrions comme, hélas! on l'a vu trop souvent, les populations s'exalter, et, méconnaissant les conseils de la raison, sous les incitations d'une presse aveugle, ignorante et « chauvine », demander la guerre à grands cris, en dépit de tous les traités d'arbitrage qui auraient pu être conclus.

Il ne faut pas se le dissimuler, à l'heure actuelle, la presse, reflet de l'opinion publique, est généralement hostile aux Pacifistes. Quand elle ne raille pas nos efforts, elle affecte vis-à-vis de nous une complète indifférence. Son mot d'ordre est de nous ignorer.

Elle rendra compte, avec abondance, des Congrès scientifiques ou littéraires, et surtout des Congrès ayant un caractère politique ou économique — mais, sauf d'assez rares exceptions, elle ne soufflera mot des Congrès de la Paix — où, si elle en parle, ce sera le plus souvent pour les tourner en dérision.

Ce serait cependant commettre une injustice que d'adresser ces reproches d'indifférence ou de malveillance à la presse tout entière. Certes, il est des journalistes de cœur, à idées larges, qui mènent avec nous le bon combat. Ce sont ces pacifiques qu'il s'agit précisément de grouper pour faire œuvre de propagande utile et pour gagner à notre cause la majorité des intelligences, majorité nécessaire au triomphe définitif de nos idées.

Cette nécessité d'une organisation d'une presse pacifique a été déjà, à maintes reprises, proclamée par les véritables amis de la paix.

Nous rappellerons, notamment, que le Congrès de Hambourg, en 1895, avait invité le Bureau de Berne à se mettre en rapport avec le Comité central de l'*Union des Associations de la Presse* en vue de l'action qui pourrait être exercée par son intermédiaire sur les journaux de tous les pays.

Nous ignorons quelle suite a été donnée à cette invitation, mais nous croyons volontiers qu'elle n'a eu aucun résultat, parce qu'on aura immédiatement compris que les Associations de la presse, réunissant des journaux de toutes les opinions dont la majorité est plutôt *chauvine*, il n'y avait pas à espérer qu'on obtiendrait d'eux qu'ils fissent campagne en faveur de la paix.

La seule tentative un peu sérieuse qui ait été faite dans le sens d'une véritable organisation pacifique de la presse, remonte au mois de décembre de l'année 1897, date à laquelle fut fondée l'*Association internationale des journalistes amis de la Paix*, dont j'ai l'honneur d'être le Président.

Cette Association se proposait, ainsi qu'elle le proclamait dans son programme, de grouper les publicistes appartenant à tous les pays et à *tous les partis*, résolus à répandre dans la presse des deux mondes les idées pacifiques, et à combattre toute excitation à la guerre.

Son but était de propager les idées humanitaires, à l'effet de favoriser, par l'arbitrage international ou par toute autre voie juridique, la solution des conflits entre les nations et de préparer l'organisation définitive de la Paix.

Conformément à ces principes, nous devions établir des « sections » d'études et de documentation, afin de fournir aux membres de l'Association les moyens de prévenir ou d'apaiser les polémiques irritantes que les passions nationales enveniment. Ces sections devaient se préoccuper de rechercher, dans l'intérêt supérieur de la civilisation et selon la justice et la vérité, l'apaisement des différends internationaux.

L'Association des journalistes « pacifistes » se proposait, en outre, d'intervenir dans les polémiques internationales, par les soins de son Comité et chaque fois que les circonstances l'exigeraient, sous la forme de communications, d'appels à la paix ou de manifestes, auxquels ses membres s'engageaint à donner la plus grande publicité possible.

C'était certes, là, un beau programme! Vous en conviendrez tous. Nous n'avions oublié qu'une seule chose, malheureusement capitale, c'était de trouver les moyens de nous procurer de l'argent, de nous procurer le combustible indispensable pour mettre en mouvement cette admirable machine de propagande pacifique.

Nous ne fûmes pas longtemps sans nous apercevoir que nos modestes cotisations étaient bien insuffisantes pour subvenir aux frais d'un bureau, d'abonnements aux journaux étrangers, de rédacteurs chargés de lire et de dépouiller les gazettes, pour en extraire ce qui avait trait à la paix, etc., etc.... La constatation de notre impuissance amena naturellement le découragement et, par suite, l'inaction.

Nous avions pourtant réussi à grouper environ cent cinquante membres, tant étrangers que français. Notre Association, durant les deux premières années de son existence, rédigea d'éloquents manifestes qu'elle adressa, en plus d'une circonstance, aux grands journaux et même à divers gouvernements. Mais les grands journaux passèrent les manifestes sous silence et les ministres, sans doute, les jetèrent, comme d'habitude, au panier.

Le but essentiel en vue duquel nous nous étions réunis, c'est-à-dire la propagande incessante, persistante, continue, de nos idées de paix et d'arbitrage; le devoir que nous nous étions imposé de fournir des études approfondies, des documents sérieux sur toutes les questions de politique étrangère susceptibles de faire naître les conflits irritants entre les peuples; cette agence de renseignements précis et circonstanciés, que nous devions être, tout ce qui constituait en un mot notre utilité, notre fin, nous ne pûmes le réaliser faute des fonds nécessaires.

Ah! c'est qu'ainsi qu'on l'a déjà dit, l'argent est le nerf de la paix comme il est le nerf de la guerre.

L'Association internationale des journalistes amis de la Paix, son Président le confesse humblement, n'existe plus aujourd'hui que de nom : elle sommeille ; elle ne se réveillera qu'au tintement de l'or, que quelque généreux Mécène voudra mettre à sa disposition.

Lors de la Conférence interparlementaire qui siégea en 1900 au Palais du Luxembourg, l'éminent député hongrois D<sup>r</sup> Apponyi, traita longuement et éloquemment de la nécessité d'une presse répandant les idées pacifiques ; il exposa que pour s'emparer, comme il est nécessaire, de l'âme populaire, il convenait de s'adresser aux journaux qui, seuls, par la répétition constante et persistante des mêmes arguments, peuvent faire entrer dans les cerveaux ces idées auxquelles, jusqu'ici, ils sont restés fermés. Il annonçait, en terminant son discours, que la presse hongroise, gagnée à cette noble cause, avait déjà commencé à écrire des articles pacifiques pour éclairer les lecteurs, et qu'elle s'était formellement engagée à continuer la propagande dans ce sens.

Nous adressons tous nos compliments aux journalistes hongrois ; mais ce n'est pas de sitôt que les publicistes français imiteront cet exemple, car ils sont encore, en majorité, persuadés que la guerre est fatale, nécessaire et qu'il convient de l'exalter plutôt que de la condamner.

Pour en revenir à la communication du député hongrois, nous lui reprocherons de s'être tenu dans des généralités assez vagues et de n'avoir pas fait connaître dans le détail comment fonctionne cette Union de la presse magyare, à quelle direction elle obéit, qui met en mouvement ses divers organes, etc., etc.

Si on laisse à l'initiative de chaque journaliste, le choix du moment où il écrira un article pacifique ; si on le charge de chercher lui-même dans les journaux étrangers toutes les informations concernant la vie des associations de la paix et leurs diverses manifestations, on s'exposera à voir s'éteindre rapidement le beau feu qui, dans le principe, l'avait échauffé ; et bientôt il retombera dans le mutisme et dans l'indifférence dont nous avons parlé.

Seule, une agence spéciale, constituée pour durer longtemps, avec des rédacteurs à elle, et suffisamment rémunérés, peut faire une propagande soutenue et efficace.

Mais comment, sur quelles bases établir un pareil organisme ?

C'est ce que nous avons à examiner.

Tout d'abord, nous estimons qu'il nous faut renoncer, pour l'instant du moins, à donner à l'organisation d'une presse pacifique le caractère *international*. Nous aurons déjà assez de difficultés à grouper les journaux français favorables à la paix et à mettre régulièrement, et d'une façon continue, à leur disposition et des articles de propagande développant des idées générales et des informations précises, sans compliquer ces difficultés, en nous adressant à la presse étrangère. Que les amis de la Paix fondent dans chaque pays une association de journalistes du genre de celle que nous rêvons et la fédération de ces sociétés constituera la meilleure des associations internationales.

Il s'agit de savoir maintenant comment pourrait être organisée cette propagande de presse dont tout le monde reconnaît la nécessité.

On a parlé de la fondation d'un journal, d'un grand quotidien, non pas exclusivement consacré, cela va sans dire, aux questions intéressant la Paix, mais dont chaque numéro contiendrait ou un article ou des informations spéciales sur le sujet. Nous avons des Revues de la Paix en nombre suffisant, mais elles ne peuvent, à raison même de leur spécialité, s'adresser qu'à un public restreint et cette spécialisation leur donne forcément un caractère de monotonie qui les empêchera toujours de réussir auprès du grand public.

Un journal quotidien, au contraire, composé sur le modèle ordinaire, tenant les lecteurs au courant de tout ce qui se passe, ayant simplement un caractère pacifique plus marqué, aurait beaucoup plus de chance de succès.

Mais nous savons tous quelle dépense considérable exige un journal de cette sorte, d'autant plus qu'il devrait, en vue de son objectif essentiel, la propagande, être d'un prix peu élevé et faire de nombreuses distributions de numéros gratuits.

Je reconnais volontiers, et je lui rends hommage, qu'un organe important, l'*Indépendance belge*, s'est mis depuis quelque temps déjà à la disposition des pacifiques pour publier les informations relatives à la paix et à l'arbitrage. Mais il est certain que, malgré sa grande publicité, ce journal est insuffisant à réaliser cette propagande étendue et persistante que nous voudrions instituer.

A défaut d'un journal qui coûterait fort cher, on pourrait se borner à la rédaction d'un bulletin ou d'une correspondance quotidienne imprimée ou autographiée, telle que certaines agences en publient. Seulement, dans le commencement, pour habituer les journaux à puiser dans cette feuille, il serait nécessaire de la servir gratuitement à un grand nombre d'entre eux.

Toujours en diminuant nos prétentions, ne serait-il pas possible de s'entendre avec les agences déjà constituées, comme par exemple l'Agence Havas ou autres offices similaires, et de conclure avec elles une convention stipulant qu'elles insèreraient régulièrement les communications qu'un comité spécial leur adresserait ? En 1900, le Directeur de l'Agence nationale s'était déjà mis spontanément à notre disposition. Il s'offrait à publier sans autre frais que le remboursement de la main-d'œuvre, papier et frais d'affranchissement, le bulletin quotidien qu'on lui fournirait.

A côté de cette rédaction de journaux, ou simplement de bulletins pacifiques, il y aurait lieu également d'organiser, ce qui a été déjà demandé par plusieurs d'entre nous, une agence de renseignements ayant pour mission, quand un conflit éclaterait entre deux puissances quelconques, de renseigner les journalistes et par suite le public, sur l'état vrai de la question, sur la légitimité des réclamations, des griefs des deux parties. Nous ne savons que trop, hélas ! avec quelle légèreté bien souvent les journaux s'engagent à fond, prenant parti pour l'un ou l'autre des litigants, au caprice de leurs passions poli-tiques ou de leurs préjugés nationaux.

Nous rappellerons qu'à l'ordre du jour de la septième Conférence interparlementaire, qui a eu lieu à Pesth, figurait l'organisation d'un service central d'informations du genre de celui dont nous parlons en ce moment.

A la conférence interparlementaire de 1900, mon ami et confrère Yves Guyot, avait complété ma proposition de l'organisation d'une presse pacifique, par un projet d'établissement d'un tel office de renseignements. Il le proposait international, et il l'aurait chargé de constituer les dossiers complets de toutes les questions qui, depuis 1870, ont occupé la politique extérieure en Europe. De telle sorte que lorsqu'une question surgirait, on pourrait en faire l'historique im-partial et indiquer comment chacun des intéressés l'envisage. Ce serait donner ainsi à l'opinion publique, à la presse, des matériaux sérieux afin que la discussion portât sur des réalités et non sur des conceptions plus ou moins fantaisistes.

Une autre combinaison encore, peut-être la plus pratique de toutes, consisterait à augmenter tout simplement les attributions de notre Bureau international de Berne et de le doter plus largement, de façon à ce qu'il put développer l'intéressant bulletin tri-mensuel qu'il publie déjà et le faire paraître tous les jours.

A ce même Bureau de Berne, pourrait être adjoint un service d'in-formations qu'on pourrait désigner sous le nom d'*Office de la Paix*.

Mais, quels que soient les projets auxquels on s'arrête, aucun ne peut être réalisé sans argent.

En laissant de côté l'idée de fonder un grand journal, ce qui néces-siterait des frais considérables, en nous en tenant simplement à la publication d'un bulletin quotidien, nous avons calculé qu'il faudrait, comme frais de rédaction, d'impression, de poste, etc., une vingtaine de mille francs par an au bas mot.

Où les trouver ? Voilà le problème difficile à résoudre.

On a proposé, sans doute comme une spirituelle plaisanterie, de les demander en France, au Ministre de la Guerre, le principal intéressé à voir diminuer les dépenses colossales que nécessite la Paix armée.

Quelques-uns avaient pensé s'adresser au puissant chef d'Etat, dont les dispositions pacifiques sont hors de doute, comme il l'a prouvé par sa proposition d'un tribunal international de la Paix. En vertu de l'axiome : « Qui veut la fin, veut les moyens », il semble, en effet, qu'il devrait favoriser les institutions qui ont pour but la réalisation de ses idées.

Ne pourrait-on pas suggérer également aux exécuteurs testamen-taires du célèbre pacifique Nobel de nous venir en aide ? S'il est bien de récompenser les hommes qui ont consacré leur vie à l'apostolat de la paix, il est mieux encore d'encourager et de faire vivre les institutions qui se proposent uniquement la paix pour but.

Votre troisième Commission, Messieurs, a pensé qu'en cette matière si difficile et qui demanderait une étude très approfondie, elle ne pouvait guère proposer à vos votes des résolutions fermes. Elle vous soumet simplement quelques idées qui pourront servir de base à une discussion d'où sortira peut-être le moyen pratique d'organiser cette presse pacifique dont l'utilité n'est plus à démontrer.

Le Président remercie M. Charles Beauquier de son intéressante communication qui sera insérée aux Actes du Congrès et il est décidé que mandat est donné à la Délégation provisoire de proposer au Congrès de Rouen telle résolution qu'elle jugera utile au point de vue de l'organisation de la *Presse pacifique.*

### Séance du samedi 18 otobre, 10 heures du matin.

M. Mérignhac préside, assisté de MM. Passy, Deloume, doyen de la Faculté de droit, Morel, Arnaud, Duméril et Moch.

La séance du matin va être consacrée à l'examen de propositions diverses émanées de l'initiative soit des Sociétés de la Paix, soit des individualités pacifiques adhérentes au Congrès.

Sur la demande de MM. Mérignhac et Moch, il est décidé que les Congrès nationaux de la Paix prieront tous les ans le Congrès international de mettre à son ordre du jour un certain nombre de questions préalablement étudiées et prises en considération. Ces questions, ainsi préparées par avance au Congrès national, arriveront prêtes pour la discussion au Congrès universel qui prendra, en ce qui les concerne, les résolutions jugées nécessaires. Cette année les deux questions proposées sont les suivantes : 1° *Du droit de légitime défense et des traités d'alliance défensive,* par M. Moch ; 2° *De la déclaration et de la réglementation du principe de la liberté de l'air,* par M. Mérignhac. En voici la teneur.

# Du droit de légitime défense et des traités d'alliance défensive,

Par M. G. MOCH.

Au huitième Congrès universel de la Paix (Hambourg 1897), j'ai présenté une proposition développée dans un mémoire imprimé, portant pour titre : « De la clause arbitrale considérée comme fondement des traités d'alliance défensive. »

Par suite d'un véritable malentendu, cette proposition ne fut pas mise en discussion : la Commission du Droit international de laquelle elle relevait, avait estimé qu'elle se rapportait à un point du « droit de la guerre », et n'entrait donc pas dans le cadre des délibérations d'un Congrès de la Paix.

Retenu moi-même à la Commission de la Propagande, que je présidais, je n'avais pas été averti de cet incident ; au cas contraire, je suis convaincu que j'aurais facilement levé un malentendu que j'avais prévu : cette objection était discutée en effet dans le premier paragraphe de mon mémoire (1).

Quoi qu'il en soit, je ne voulus pas insister en séance publique, et retirai ma proposition, par déférence pour la Commission, en me réservant de la reprendre ultérieurement. (Voir le *Bulletin officie du huitième Congrès*, p. 43 à 45.)

Entre temps, j'ai reproduit le mémoire en question dans mon volume l'*Ere sans violence*, et j'ai saisi toutes les occasions qui se sont présentées de le soumettre à des juristes ou à des hommes d'Etat familiers avec la question de l'arbitrage ; aucun d'eux n'a jamais opposé d'objection aux idées que j'y soutenais.

Le moment de reprendre cette question me semble venu.

D'une part, en effet, le Congrès de Monaco a sanctionné de son approbation le *Projet modèle de traité d'alliance pacigérante*, qui lui était soumis par M. Emile Arnaud au nom de la Commission de Droit international. Le malentendu créé par la Commission juridique de 1897 s'est ainsi trouvé levé, et il n'est plus possible de m'objecter que la recherche du criterium de la légitime défense, ainsi que des conditions d'établissement d'un traité d'alliance réellement défensive, ne concerne pas nos Congrès.

D'autre part, les faits sont venus, dans l'intervalle, donner une sanglante confirmation à la théorie que je présentais.

---

(1) C'est à la suite de cet incident que je pris l'initiative de proposer, entre autres modifications au règlement des Congrès, celle qui oblige aujourd'hui les commissions à entendre l'auteur de toute proposition, ou, à son défaut, son mandataire.

Pour tous les hommes sans parti-pris, en effet, les Républiques Sud-Africaines, bien qu'elles aient pris l'initiative de la déclaration de guerre, ont soutenu, contre la Grande-Bretagne, une guerre défensive.

Mais, tandis que le public ne professe cette opinion que par une raison purement sentimentale, motivée par la grande disproportion des forces des belligérants, les pacifiques la fondent sur une raison de droit, que les faits ont rendus évidente à leurs yeux, et qui est précisément celle que je demandais au Congrès de Hambourg de reconnaître par son vote. On sait, en effet, que le 23 septembre 1899, l'Assemblée générale du Bureau international de la Paix a expédié les deux télégrammes suivants :

> *« A M. Krüger, président de la République du Transvaal,*
> *à Prétoria.*

« L'Assemblée universelle des Sociétés de la Paix supplie le Transvaal et l'Angleterre d'éviter les hostilités, en réclamant enquête, médiation, arbitrage, conformément aux décisions de la conférence de la Haye. »

> *« A S. M. la Reine de la Grande-Bretagne.*

« Les délégués des Sociétés de la Paix du monde entier, réunis à Berne, expriment très respectueusement à sa Gracieuse Majesté le vœu que, dans les circonstances critiques actuelles, sa voix souveraine se fasse entendre pour éviter au monde le spectacle affreux d'une guerre entre l'Angleterre et le Transvaal. »

A ces deux dépêches, le Bureau de Berne a reçu les réponses télégraphiques ci-après :

« Je suis chargé par Sa Majesté la Reine de vous accuser réception de votre télégramme du 25 courant.                    Salisbury. »

> « Prétoria, 25 septembre 1899.

« Je vous remercie de votre télégramme. Nous avons toujours insisté pour arbitrage de neutres et ne désirons rien qu'un tel arbitrage.
                    « Président Kruger. »

Dès lors, la conviction des pacifiques était faite. Peu importe que, le 11 octobre suivant, le Transvaal ait pris l'initiative de l'ultimatum d'où la guerre est résultée. Chacun a compris que, s'il prenait ainsi une offensive *stratégique*, imposée par les circonstances, et que toute autre puissance eût avec raison prise plus tôt, il était, au point de vue du droit des gens, dans la situation de légitime défense la plus correcte. Il avait toujours fait appel à l'arbitrage et ne cessait de le réclamer, tandis que son adversaire se refusait à toute conversation sur ce sujet, et expédiait renforts sur renforts. Attendre l'arrivée de ces derniers pour laisser à l'Angleterre l'initiative de la formalité dernière — la déclaration de guerre, c'était, sinon le suicide — car, de toute façon, l'issue de la lutte n'était pas douteuse, du moins la perte de toute chance de résistance sérieuse. Tous les pacifiques comprirent donc, je le répète, que cette guerre, malgré des apparences que les impérialistes surent exploiter auprès du public, était strictement défensive, autrement dit que les Boërs étaient en état de légitime défense.

Or, ce cas était précisément un de ceux que j'avais prévus en 1897, dans la proposition que je reprends aujourd'hui.

Cette proposition se composait de deux parties relatives, la première à l'introduction de la clause arbitrale dans les traités d'alliance, et l'autre, à la définition des traités d'alliance réellement défensifs et pacifiques.

La première partie ne fut pas, comme la seconde, condamnée par la Commission, probablement parce que le lien qui la rattachait à la question de l'arbitrage en général était plus immédiatement apparent. Elle fut adoptée par le Congrès.

Je ne reproduis donc ici que la seconde partie, celle qui fut, devant la Commission, l'objet du malentendu relaté plus haut.

Mais le mémoire par lequel j'avais motivé ma proposition, et que, pour plus de clarté, je joins à celui-ci, contenait, en outre, certaines considérations relatives au droit de légitime défense, droit constamment invoqué, mais dont la définition n'existe nulle part à ma connaissance, et que, pour cette raison, on a toujours invoqué à tort, sauf dans le cas, cité plus haut, de la République Sud-Africaine.

Comme il est dit dans le *Bulletin officiel* du Congrès de 1897 (page 44), le rapporteur de la Commission juridique a déclaré « que la Commission recommandait la définition proposée, comme un critérium, et que cette définition pourra trouver place dans le Code International, quand la rédaction en sera venue à ce point. »

Malheureusement, la rédaction de ce Code est une œuvre fort difficile et de longue haleine ; nous n'en avons plus entendu parler depuis le Congrès de 1896, auquel ont été soumis les 19 premiers articles. Et comme, d'autre part, les événements du Transvaal sont venus depuis lors à l'appui de ma thèse, et qu'il importe de fixer la doctrine du parti pacifique sur un point qu'une autre nation peut se trouver dans le cas d'invoquer demain, je crois utile de reprendre, dès maintenant, cette proposition.

En conséquence, je propose au Congrès l'adoption des deux résolutions suivantes :

### 1º Du Droit de légitime défense

« Le droit de légitime défense, reconnu à l'article 7 du Code international, est celui que possède toute nation, dans des circonstances déterminées, de recourir aux armes pour la sauvegarde de ses intérêts menacés.

» Il résulte, non de la nature des prétentions soutenues, mais du fait que la nation considérée s'est montrée décidée à les soumettre à un Tribunal ou à des arbitres, tandis que la partie adverse a recours à la violence.

« En principe, il y a donc légitime défense, soit contre un Etat qui en attaque un autre inopinément, soit contre un Etat auquel est loyalement offert le moyen de résoudre juridiquement un différend donné, et qui décline cette offre ou en annule pratiquement les effets.

« Dans l'application, il résulte de là que les circonstances qui peuvent placer un Etat dans la situation de légitime défense sont les suivantes, quel que soit l'objet du différend en cause :

« I. — Il y a légitime défense contre un Etat qui se livre à une agression inopinée contre un autre, c'est-à-dire qui l'attaque sans pourparlers préliminaires tendant à la conciliation, hors les cas où les circonstances matérielles rendraient ces pourparlers impossibles.

« II. — Il y a légitime défense contre un Etat qui, ayant été convié, sans conditions restrictives, à soumettre un différend à l'arbitrage ou au jugement d'un Tribunal, repousse cette proposition en principe, ou en rend l'application impossible.

« III. — Il y a légitime défense contre un Etat qui, une sentence ayant été rendue par un arbitre ou un Tribunal, refuse de s'y soumettre. »

### 2º Des Traités d'alliance défensive

« Le Congrès émet l'opinion que, pour qu'un traité d'alliance puisse être considéré comme réellement défensif et pacifique, il doit reposer sur les bases suivantes :

« I. — Les puissances contractantes s'engageront à prêter main-forte à celle d'entre elles qui subirait, de la part d'une tierce puissance quelconque, une agression la mettant en état de légitime défense.

« II. — En outre, chacune d'elles s'engagera vis-à-vis de l'autre (ou des autres) à proposer l'arbitrage ou le jugement d'un Tribunal au sujet de tout litige pouvant s'élever entre elle et une tierce puissance, au cas où elle ne sera pas déjà liée à cette dernière par la clause arbitrale. Et toutes les puissances contractantes seront seront solidaires de leur alliée litigante et lui devront main-forte :

« 1° Si la tierce puissance refuse de résoudre ainsi la question par une voie pacifique ou juridique ;

« 2° Si la tierce puissance ne se soumet pas à l'arrangement ou à la sentence.

« III. — Le *Casus fœderis* est strictement limité aux trois cas ci-dessus indiqués par les articles I et II.

« IV. — Le texte du traité sera publié et portera la déclaration que le traité ne contient aucune clause secrète. »

M. Follin présente quelques observations dont M. Moch tient compte, en ajoutant à la rédaction primitive de la première partie de la définition de la légitime détense (voir plus haut), le membre de phrase « hors les cas où les circonstances matérielles rendraient ces pourparlers impossibles. »

Nous donnons, à la suite du rapport de M. Moch, ses observations sur la *Clause arbitrale considérée comme fondement des traités d'alliance défensive* (questions portées à l'ordre du jour du VIII<sup>e</sup> Congrès universel de la Paix), observations dont la connaissance paraît nécessaire pour se rendre un compte exact du mémoire sur *la légitime défense et les traités d'alliance défensive* ci-dessus transcrit.

## De la clause arbitrale considérée comme fondement des traités d'alliance défensive.

*Question portée à l'ordre du jour du 8<sup>e</sup> Congrès universel de la Paix,*

Par M. G. MOCH.

### I.

1. — On a pu soutenir, non sans apparence de raison, que le Parti pacifique n'a pas à s'occuper des traités d'alliance, quels qu'ils soient.

Cette abstention est motivée, dans l'esprit de ses partisans, sur ce que les traités d'alliance se concluent en prévision d'une guerre, dont ils seront un des facteurs essentiels, et qui est ainsi leur véritable raison d'être. Or, observe-t-on justement, notre rôle n'est pas d'étudier et de réglementer la guerre et les conditions dans lesquelles elle se fait, mais de chercher à la rendre de plus en plus rare, en attendant sa disparition définitive.

Mais ce raisonnement n'est que spécieux. Il s'appliquerait bien à une convention militaire conclue au moment même de l'entrée en campagne et pour la durée des hostilités seulement ; il est insuffisant quand il s'agit des traités d'alliance. Ces derniers sont bien conclus, il est vrai, en prévision d'une crise ; mais leur intention, réelle ou prétendue, leur résultat, atteint ou non, est de conjurer cette crise ; et, en dehors de la catastrophe, qui ne se produira peut-être même pas pendant qu'ils seront en vigueur, ils régissent durant de longues années la vie de tous les peuples, et non pas seulement de ceux qui y sont directement intéressés.

Ils sont donc un élément important de cet état qui n'est pas la guerre proprement dite, mais qui n'est pas davantage la paix, et qu'on nomme la paix armée. Et de là résulte que leur étude, loin de nous être interdite, s'impose à notre attention.

Nous ne devons pas, en effet, considérer comme suffisant qu'ils contribuent à écarter momentanément une guerre déterminée — d'autant plus que c'est souvent une hypothèse toute gratuite que d'affirmer que telle guerre, non survenue, a été réellement empêchée par l'existence d'un tel traité. Il faut, en outre, pour qu'un semblable traité soit bon, qu'il contribue à diminuer la légitime inquiétude qu'engendre la paix armée ; qu'il tende à rapprocher l'humanité de son idéal de justice universelle ; en un mot, qu'il soit d'accord avec les principes du droit des peuples sur lesquels s'édifie en ce moment le Code international.

Ainsi la conception morale qui est à la base du mouvement pacifique, peut influer de la manière la plus utile sur la rédaction des traités d'alliance. Inspirés d'elle, ils deviendront des agents efficaces de l'évolution qui doit abolir l'actuelle anarchie internationale.

2. — On distingue les traités d'alliance offensive et défensive, ayant pour objet de conquérir et de conserver des traités d'alliance défensive, ayant simplement pour objet de conserver.

Nous n'avons pas à considérer les premiers. Nous serions déjà en droit de les négliger par principe ; car ils sont évidemment en dehors de toute morale politique, et l'on ne saurait perfectionner ce qui est immoral en soi.

Mais, en outre, tel est le progrès déjà réalisé par la conscience publique, qu'ils semblent, dès maintenant, être une chose du passé. Deux puissances qui inscriraient aujourd'hui dans un traité les mots d'« alliance offensive » seraient l'objet de la réprobation générale. En fait, les principaux traités actuellement en vigueur sont maintenus secrets ; et le seul détail qu'on en connaisse, d'après les assurances formelles que les puissances intéressées ne cessent d'en donner, est précisément leur caractère strictement défensif.

Ces affirmations répétées sont caractéristiques du progrès moral mentionné plus haut. Mais elles ne suffisent à rassurer que les esprits relativement confiants ou superficiels. Si l'on ne s'en tient pas à la lettre des expressions employées, et qu'on cherche à pénétrer l'esprit des traités actuels pour en discerner les conséquences possibles, on reconnaîtra que, tout en ayant pour objet de préserver l'ordre de choses existant contre toute attaque violente — et peut-être parce qu'ils ont ce seul objet — ils ne présentent aucunement les garanties qu'impliquent les mots de défensive et de paix.

L'objet de la présente étude est de rechercher comment ces garanties peuvent y être introduites.


## II.

3. Deux puissances conviennent que, si l'une d'elles est attaquée, l'autre devra lui prêter main-forte. A première vue, cette stipulation peut sembler précise et facile à mettre en pratique.

Mais que de difficultés, dès qu'on cherche à définir ces mots « être attaqué ! »

On sait à quelles discussions donne porfois lieu l'attribution de la qualité d'offensé dans un duel, au lendemain même d'une querelle survenue entre deux individus isolés. Or, les préliminaires d'une guerre sont infiniment plus longs et plus complexes que ceux d'un duel ; les négociations sont conduites, non par des témoins étrangers aux causes du débat, mais par les intéressés eux-mêmes ; et la bonne foi, qui est de rigueur entre galants hommes, est au contraire absolument exclue entre Etats : jamais il n'arrive qu'une nation reconnaisse à sa rivale l'équivalent de cette qualité d'offensé.

Aussi ne saurait-on soutenir qu'en toute circonstance le véritable agresseur, au sens moral du mot, soit l'Etat qui a commis le premier acte matériellement hostile, c'est-à-dire celui qui a déclaré la guerre, ou franchi le premier la frontière. En règle générale, celui-là se déclare toujours contraint à l'action par les agissements de l'adversaire ; et bien souvent, en effet, la responsabilité du sang versé incombe à ce dernier, dont la politique a su provoquer chez l'adversaire une effervescence capable de l'entraîner à cette démarche décisive : se faire déclarer la guerre est l'A B C de la diplomatie. Aussi l'histoire abonde-t-elle en exemples de guerres sur les origines desquelles on est encore à disputer.

Or, s'il est parfois si difficile de faire la lumière sur ces points, après de longues années, quand le calme s'est rétabli dans les esprits, et que l'on dispose de documents de toute provenance, comment songer à départir équitablement les responsabilités au milieu de la surexcitation générale, et au vu de documents unilatéraux, plus ou moins triés et frelatés pour les besoins d'une cause? Et quelle base solide un traité d'alliance peut-il trouver dans un élément aussi fuyant que cette responsabilité de la provocation ?

4. — Pour ces raisons, on a imaginé de lier le *casus fœderis* au fait de l'envahissement du territoire de l'une des puissances contractantes.

Il est impossible de considérer cette stipulation comme un progrès sensible, car elle permet à des alliés peu scrupuleux d'engager, le plus aisément du monde, une véritable guerre offensive, sous couleur de légitime défense. On se convaincra facilement de ce fait au moyen de l'exemple suivant, pris arbitrairement hors d'Europe, pour écarter tout soupçon d'allusion malveillante. Supposons qu'une grande puissance, telle que la Chine, veuille faire la guerre à une autre, par exemple à l'Angleterre ou à la Russie, en conservant l'apparence de bon droit résultant d'un semblable traité. Elle s'alliera « défensivement » à l'émir d'Afghanistan, en le garantissant contre l'invasion. Puis, elle conviendra secrètement avec lui qu'il suivra une politique provoquante, aboutissant à la guerre avec le pays visé. Comme on ne connaît pas d'autre moyen d'amener à composition une puissance continentale que d'envahir son territoire, il est clair que les armées anglaises ou russes pénétreront en Afghanistan. Alors le *casus fœderis* existera, et la Chine se portera au secours de son allié, en arguant de sa situation de défenseur d'un État envahi.

On voit donc que, dans les traités d'alliance tels qu'on les conclut aujourd'hui, la qualification de « défensive » ne répond à aucune garantie précise ; il dépend toujours d'une politique astucieuse de les transformer en instruments d'agression.

5. — Mais il y a plus. Un semblable traité est une cause permanente de danger, car les tiers peuvent le considérer comme une offense gratuite, aussi bien que comme un déni brutal opposé à toute revendication légitime et de bonne foi. Il est impossible, en effet, de contester le caractère blessant d'une précaution militaire prise contre des intentions malveillantes que l'on prête aux autres nations en général, ou à telle nation spécialement désignée. Si deux hommes se promettent publiquement une aide mutuelle pour le cas où l'un d'eux serait attaqué par un troisième, celui-ci est certes en droit de se sentir blessé de la supposition. Pareillement, l'état de suspicion réciproque où se tiennent actuellement les grandes puissances européennes, ne saurait être considéré comme un élément de pacification.

A un autre point de vue, d'ailleurs, on peut remarquer qu'un grand nombre de guerres ont été provoquées par les « précautions » que des puissances voisines prenaient simultanément, sous forme de concentrations de troupes à la frontière, qu'elles se sommaient ensuite mutuellement de disperser. Or, qu'est-ce qu'une alliance, sinon une promesse de renforcer l'armée amie dans telles circonstances éventuelles, sinon une concentration « en puissance ? »

6. — Le caractère blessant des traités d'alliance actuels est grandement accru par le secret que l'on garde au sujet de leur teneur. Les gouvernements ont beau déclarer n'avoir signé que des conventions éminemment pacifiques, tant de mystère ne dit rien qui vaille. Les puissances auxquelles on cache ainsi l'objet et les conditions d'une alliance, sont en droit de se livrer à toutes les suppositions et d'estimer qu'on a signé un acte attentatoire à leurs droits et à leur sûreté. Il est fort naturel qu'elles en conçoivent un violent ressentiment.

7. — D'autre part, une alliance défensive est définie, on l'a vu plus haut, celle qui a pour objet de conserver. Mais de conserver quoi ? Evidemment, une situation acquise, considérée comme avantageuse par la puissance qui en veut le maintien. Or, on sait quelle est la seule situation que, suivant les errements de la politique actuelle, une grande puissance considère comme avantageuse, et même comme lui étant légitimement due : c'est la prépondérance politique, l'hégémonie. Au fond, toutes les alliances dites défensives relèvent donc de ce mobile : maintenir une certaine hégémonie, ou détruire celle du voisin.

Ainsi, une alliance se formera en vue de préserver un état de choses déterminé, lequel, bien entendu, a été créé par la force. Il est évident que les Etats restés en dehors d'elle la considèreront comme un instrument d'oppression, puisqu'elle aura pour objet de perpétuer, *per fas et nefas*, un ordre qu'ils ont été contraints de subir. Ils formeront donc une contre-alliance (également « défensive », cela va de soi) ; ils voudront, en effet, appuyer leur diplomatie sur une force matérielle qui lui permette de substituer leur suprématie, ou tout au moins l'« équilibre », à l'hégémonie des premiers. Mais pour ceux-ci, perdre la prépondérance, fût-ce pour arriver à un simple équilibre, est une diminution qui leur semble intolérable : ne plus être les premiers équivaut, à leurs yeux, à l'établissement de la prépondérance adverse.

8. — En résumé, les traités d'alliance défensive, tels qu'on les conclut de nos jours, se prêtent également à une politique agressive, que le *casus fœderis* consiste dans la déclaration de guerre faite par des tiers, ou dans l'invasion du territoire d'un des alliés. Le fait même de leur conclusion a quelque chose de blessant pour les tiers, et cette impression est particulièrement légitime quand ils sont maintenus secrets. Enfin, en dernière analyse, ils ont pour objet, plus ou moins

dissimulé, l'établissement ou le maintien d'une certaine suprématie, c'est-à-dire de quelque chose d'absolument illégitime ; et, en ce sens, ils portent atteinte aux droits primordiaux et aux susceptibilités des tiers.

On ne saurait donc, en aucune façon, malgré les protestations dont leurs auteurs sont si prodigues, les considérer comme des garanties de paix. Ils doivent être comptés, au contraire, parmi les causes les plus importantes du malaise dont souffre l'Europe.


### III.


9. — L'adoption de deux clauses arbitrales particulières, qui vont être développées maintenant, suffirait à retourner cette situation fâcheuse.

En premier lieu, tout traité d'alliance devrait instituer l'arbitrage permanent entre les puissances contractantes. Il devrait être à peine besoin d'insister sur ce point.

Le premier Congrès universel de la Paix (Paris, 1899) a émis le vœu que, d'une manière tout à fait générale, « une clause d'arbitrage soit insérée dans tout traité et que, cette clause ayant été admise, l'acceptation de l'arbitrage soit obligatoire et non pas facultative ». Il était expressément entendu, d'ailleurs, que ce ne devait être là qu'un premier pas vers l'introduction du principe de l'arbitrage dans la constitution de chaque Etat et vers l'institution d'une juridiction internationale permanente. Et depuis, on a pu remarquer fort justement que, de nos jours, un traité qui ne comporte pas la clause compromissoire, c'est-à-dire un traité dont les signataires reconnaissent implicitement la force pour seul juge de leurs différends éventuels, n'est pas un traité de bonne foi.

Or, s'il existe des Etats entre lesquels la clause arbitrale soit facile à établir, et s'impose même, ce sont assurément ceux qui ont conclu alliance entre eux.

Sur le premier point — la facilité de convenir de la clause arbitrale — aucun doute n'est possible. Il est clair, en effet, qu'une alliance engage les Etats contractants bien plus que ne peut le faire un traité d'arbitrage permanent, puisqu'elle les oblige à prendre les armes éventuellement pour une querelle qui n'est pas la leur. Et qui peut le plus, peut le moins.

Quant à l'utilité, à la convenance même de cette disposition, elle est moins évidente. On peut se demander si les puissances contractantes ne verront pas dans la clause arbitrale l'expression d'un doute de mauvais augure sur la solidité de leur amitié, et si elles ne préféreront pas observer un silence prudent. A cela, il est aisé de répondre que, si intimement que deux nations soient unies par leurs intérêts et leur sympathie réciproque, et même par un traité d'alliance, des difficultés ou des contestations peuvent à chaque instant s'élever entre elles : on peut même dire que ces contestations seront d'autant plus fréquentes qu'il y aura plus d'intérêts communs. Et il y a vraiment quelque puérilité à vouloir se dissimuler à soi-même la possibilité de ces inévitables incidents : c'est pratiquer la politique de l'autruche.

Or, il est évident que deux Etats qui ont confondu leurs destinées au point de contracter une alliance, ne sauraient admettre la possibilité qu'une guerre éclate entre eux. Leur amitié même leur fait un devoir de convenir d'un mode permanent de règlement amiable pour tout différend pouvant survenir entre eux.

Il faut remarquer, enfin, qu'un traité d'alliance est essentiellement temporaire. A son expiration, les nations qu'il liait redeviennent étrangères l'une à l'autre, sans qu'il subsiste rien de leurs obligations antérieures, alors qu'il devrait en rester pour le moins une garantie de relations pacifiques dans l'avenir.

D'où cette conclusion, que tout traité d'alliance devrait être en même temps un traité d'arbitrage permanent : et sa clause compromissoire devrait être stipulée pour une durée supérieure à celle de l'alliance, et serait aussi renouvelable pour des périodes plus longues.


10. — Cela posé, si nous revenons à l'essence même d'un traité d'alliance réellement pacifique, nous trouvons qu'elle peut être précisée comme il suit :

Une alliance strictement défensive est celle qui assure à chacun des contractants le secours de l'autre, ou des autres, en cas de légitime défense, et dans ce cas seulement ;

qui facilite la prise en considération et la discussion devant des arbitres impartiaux de toute réclamation de bonne foi, soulevée par ou contre une des puissances contractantes ;

qui ne se prête à l'adoption, par aucun des contractants, d'une politique d'agression à l'égard des tiers ;

qui ne manifeste ou n'implique de suspicion à l'égard d'aucun tiers déterminé.

Tous ces termes sont évidemment contenus dans le premier, à la condition de définir sainement en quoi consiste la légitime défense.


11. — Or, en dehors du cas évident d'une agression inopinée, le droit de légitime défense peut être invoqué contre un Etat dont la conduite prouve clairement, en cas de différend, qu'il ne reconnaît que l'empire de la force.

Nous dirons donc en principe : *Il y a légitime défense contre un Etat auquel est loyalement offert le moyen de résoudre juridique-*

*ment un différend donné, et qui décline cette offre, ou en annule
pratiquement les effets* (1).

Donc, finalement, il y a légitime défense :

1º Contre un Etat qui, ayant été convié à soumettre un différend à
l'arbitrage, repousse cette proposition en principe, ou en rend
l'application impossible ;

2º A plus forte raison, contre un Etat qui, une sentence arbitrale
ayant été rendue, refuse de s'y soumettre ;

3º A plus forte raison encore, contre un Etat qui en attaque un
autre inopinément, c'est-à-dire sans pourparlers préliminaires
tendant à la conciliation ou sans déclaration de guerre.

12. — En résumé, pour que des puissances concluent une alliance
qui leur assure un secours réciproque en cas de légitime défense, et
qui exclue toute possibilité de concert en vue d'une action offensive,
il faut qu'elles offrent loyalement aux tiers le moyen de résoudre juridiquement tout différend éventuel, et que le *casus fœderis* soit lié à
l'impossibilité d'une semblable solution, résultant du fait de ce tiers.
Et il faut en outre que ce traité, conclu au grand jour, soit publié
dans tous ses détails.

C'est d'après ces considérations que je propose, au huitième Congrès universel de la Paix, l'adoption de la résolution suivante :

« Le Congrès, considérant le vœu précédemment émis en faveur de
l'introduction de la clause arbitrale dans tous les traités, recommande
notamment, à titre de première mesure facile à réaliser dès maintenant, l'introduction de cette clause dans les traités d'alliance.

« D'autre part, le Congrès émet l'opinion que, pour qu'un traité
d'alliance puisse être considéré comme réellement défensif et pacifique, il doit reposer sur les bases suivantes :

« I. Les puissances contractantes s'engageront à prêter main-forte
à celle d'entre elles qui subirait une agression inopinée de la
part d'une tierce puissance quelconque.

« II. En outre, chacune d'elles s'engagera vis-à-vis de l'autre (ou
des autres) à proposer l'arbitrage au sujet de tout litige pouvant s'élever entre elle et une tierce puissance, au cas où elle
ne serait pas déjà liée à cette dernière par la clause arbitrale.
Et toutes les puissances contractantes seront solidaires de leur
alliée litigante et lui devront main-forte :

(1) On remarquera que je ne m'occupe pas ici de la cause du différend
donné. Ce qui nous intéresse, c'est uniquement la modalité suivant laquelle
le différend existant sera tranché. Celle des parties litigantes qui accepte
la solution juridique est évidemment pacifique et de bonne foi. Sa situation
est bien celle de la défensive, dans l'acception militaire du mot.

« 1° Si la tierce puissance refuse de soumettre la question à l'arbitrage ;

« 2° Si la tierce puissance ne se soumet pas à la sentence rendue.

« III. Le *casus fœderis* est strictement limité aux trois cas ci-dessus
indiqués aux articles I et II.

« IV. Toutes les clauses du traité seront portées à la connaissance
de toutes les puissances, intégralement et sans restriction
aucune.

## De la Déclaration et de la réglementation du principe de la liberté de l'air,

Par M. A. MÉRIGNHAC.

Avant qu'il eût été accepté par la coutume internationale, le
principe de la liberté des mers a causé bien des guerres. Grotius le
défendit en 1609, dans son célèbre écrit : *Mare liberum.* Selden, au
contraire, dans son *Mare clausum,* de 1635, se fit le champion de
la thèse inverse au profit de l'Angleterre, devant laquelle dut plier
la Hollande, trop faible pour résister. Toutes ces querelles semblent
bien lointaines et il ne peut entrer, dans l'esprit des hommes du
vingtième siècle, que la mer ne doive pas être tenue pour libre. Or,
il est à craindre que ce qui s'est passé pour la mer ne puisse être
tenté pour l'air. Le jour, peut-être prochain, où la direction des
ballons sera devenue chose pratique, il sera question du transport par
la voie aérienne des personnes et des marchandises. A ce moment
quelque puissance, en possession peut-être de combinaisons qu'elle
ne révèlera point, cherchera à s'assurer, par ses aérostats, le domaine
aérien comme jadis l'Angleterre et d'autres puissances maritimes le
firent pour la mer. De là, en perspective, une nouvelle série de
luttes (1) que l'on peut étouffer en germe en déclarant en principe
(et en faisant accepter ce point par les divers Etats), que l'atmosphère
est aussi libre que l'est la mer elle-même. Il ne faudrait pas croire
que nos préoccupations soient une pure chimère. L'Institut de droit
international avait mis la question à l'ordre du jour de la session de
Bruxelles en 1902 et, ne pouvant la discuter utilement, il l'a reportée à
la session d'Edimbourg d'octobre 1904 ; et de graves juristes, tels que
M. Fauchille, l'un des directeurs de la *Revue générale du Droit*

---

(1) Cette crainte est exprimée dans le rapport de M. Nys, à l'Institut de
droit international, à la session de Bruxelles, de 1902. Voir *Annuaire de
l'Institut de droit internat.*, t. 19, 1902, p. 89.

*international public*, ont traité ce point d'une façon approfondie dans des ouvrages spéciaux. Nous nous en préoccupons nous-mêmes, dans notre récent ouvrage sur les *Lois et coutumes de la guerre sur terre* (1). Il appartient aux pacifiques, en vue des litiges ultérieurs possibles et des guerres éventuelles que pourrait susciter l'absence de règlementation du principe de la liberté de l'air et des restrictions légitimes qu'il comporte, non point de légiférer en une motion aussi délicate et aussi technique, mais de provoquer une entente internationale de nature à couper court à toutes les difficultés entre les Etats.

L'air est nécessaire à l'humanité ; l'air est le patrimoine commun ; c'est ce que les Romains appelaient *res communis*. Il n'est pas, du reste, plus susceptible d'appropriation que la mer, car l'aérostat passe comme le navire ; et le sillon qu'il a tracé disparaît derrière lui. Il faut donc que l'air soit libre, comme la mer elle-même ; et, pour être sûr que sa liberté sera respectée, il est nécessaire que les puissances le déclarent d'une manière formelle. On pourra obtenir facilement cette déclaration aujourd'hui où n'a point encore été découvert le principe de la direction des ballons ; plus tard, après cette découverte, ce serait peut-être plus difficile. Sans doute, il faudra réserver une atmosphère territoriale appartenant exclusivement à la population riveraine et porté jusqu'à une limite à fixer d'un commun accord ; dans cette atmosphère, comme dans la mer territoriale, l'Etat situé en dessous prendra toutes les mesures de police, de douane et de santé nécessaires (Conf. sur ce point la note 1 de la page 198 de notre ouvrage précité). Mais, cette réserve faite, le principe de liberté doit être nettement proclamé.

Toutefois, de même que la mer, si libre soit-elle, ne peut être le théâtre d'actes contraires au Droit international, tels que la piraterie ou la traite, de même l'air non plus ne pourra servir à des actes condamnables. A ce point de vue, signalons une autre heureuse décision de la Conférence de la Paix de 1899. Par une déclaration du 29 juillet, elle a proscrit le fait de lancer des projectiles ou des explosifs du haut de ballons ou par d'autres modes analogues nouveaux. La portée de cette déclaration est aujourd'hui à peu près platonique ; mais elle aura une réelle importance le jour où sera découvert le mode de direction des ballons. Qui ne voit, en effet, les épouvantables ravages que pourrait causer une flotte d'aérostats déversant sur une armée et sur un pays tout entier, qui ne pourraient s'en garantir, les formidables explosifs inventés par la science moderne ! On ne saurait donc, ici encore, pour l'avenir tout au moins, trop louer la décision de la Conférence de la Paix. Seulement, tandis que deux

(1) Voir la discussion approfondie de *l'idée de la déclaration et de la réglementation du principe de la liberté de l'air ainsi que de la condition juridique de l'aréostat et de l'aréonaute* aux §§ 101 etc.

autres déclarations signées le même jour et concernant les balles expansives et les projectiles répandant des gaz asphyxiants ou délétères ont été faites pour une durée illimitée, au contraire, la convention concernant les ballons n'a qu'une durée de *cinq ans*, sans qu'on ait prévu, d'autre part, qu'elle sera renouvelée de plein droit à l'expiration de cette période; faute de dénonciation par les puissances. Il y a là une différence entre cette déclaration et les deux autres, tout à fait inexplicable et qui doit cesser.

Pour tous ces motifs, nous vous proposons d'adopter le vœu suivant :

### Projet de vœu.

« Le Congrès émet le vœu que les puissances s'entendent soit en Congrès, soit par négociations directes, pour proclamer le principe de la liberté de l'air, réserve faite des droits de la puissance riveraine sur l'atmosphère territoriale, atmosphère dont l'étendue devra être déterminée d'un commun accord. Il émet, en outre, le vœu que le Gouvernement français prenne, quelque temps avant l'expiration du 29 juillet 1904, l'initiative de demander aux puissances signataires de la déclaration de La Haye sur les projectiles et explosifs lancés du haut des ballons, de renouveler cette déclaration pour une durée indéfinie conformément à ce qui a été fait pour les deux autres déclarations concernant les balles expansives et les projectiles répandant des gaz asphyxiants ou délétères. »

La communication de M. Mérignhac rencontre un assentiment unanime ; des réserves sont faites seulement par MM. Sabatier et Barthelet, au point de vue de la difficulté de la réglementation. MM. Follin et Duméril interviennent dans la discussion. M. Mérignhac reconnait que, sans doute, le point est délicat ; mais il ajoute que c'est un motif de plus, en présence des litiges possibles, d'appeler l'attention des Etats sur la nécessité de se mettre d'accord conventionnellement au sujet de la déclaration de la liberté de l'air ainsi que de sa réglementation et de saisir de cette importante question le prochain Congrès international.

Le Congrès adopte finalement, au sujet des rapports de MM. Moch et Mérignhac, la résolution suivante.

### Résolution

*Le Congrès prenant en considération les rapports présentés par MM. Moch et Mérignhac, sur le* « Droit de légitime défense » *et la* « Déclaration et la Réglementation du principe de la liberté de l'air », *pric le Bureau international permanent de la Paix de mettre ces questions à l'ordre du jour du prochain* Congrès universel de la Paix.

M. Sabatier, ancien député de l'Algérie, demande la parole pour faire au Congrès une déclaration importante concernant la situation actuelle de la France dans le Sud-Oranais.

M. Passy demande préalablement la permission de présenter M. Sabatier, ancien élève de la Faculté de Droit de Toulouse, bien connu à Paris et au Parlement. M. Sabatier, dit M. Passy, est particulièrement compétent dans les questions algériennes, dont il s'est occupé avec une prédilection toute particulière ; il mérite donc d'être écouté par le Congrès avec une attention toute spéciale.

Voici les grandes lignes de la communication de M. Sabatier sur : « La Question marocaine et la paix ».

Mesdames, Messieurs,

Depuis 1864, les tribus qui habitent au sud de la frontière, entre l'Algérie et le Maroc, tribus nomades et indépendantes, pillaient annuellement nos sujets algériens.

Contre la poursuite de nos goums ou de nos colonnes, les pillards trouvaient toujours un refuge au Touat. Pour mettre un terme à cet état de choses, M. Laferrière résolut la conquête du Touat.

Le Touat est un archipel d'oasis dans l'Océan Saharien. Si l'on place verticalement la carte de l'Afrique du nord, le Touat apparaît comme un raisin suspendu à la treille algérienne, en un point situé entre notre poste, alors extrême de Djenien-Bou-Resq et l'oasis marocaine de Figuig. Jadis nous avions revendiqué ce point, où le pédoncule du raisin s'insère à la treille et qu'on nommait Kheneg-Zoubia, mais nous n'avions poussé notre occupation jusque là. M. Laferrière l'occupa moralement en quelque sorte en l'appelant Duveyrier, et fit décider que le chemin de fer serait poussé jusque là, c'est-à-dire jusqu'à 27 kilomètres de Figuig, distance de tout point convenable, assez faible pour en imposer, assez grande pour éviter le contact d'où naissent les conflits. C'est la distance qui sépare le poste marocain d'Ouachda de notre citadelle de Marnia.

Puis Insalah fut conquis de la façon que chacun sait.

Dans la mesure où il put contenir les hommes et les choses,

M. Laferrière s'était efforcé, à propos du Touat, de ne pas soulever la question du Maroc ; à propos de la question du Sud nous n'avions ni voisin ni complications diplomatiques à craindre ; la question de l'Ouest est, au contraire, infiniment plus importante et plus complexe. Le Touat conquis, le Gouvernement de l'Algérie s'efforça de calmer les inquiétudes du Maroc, de marquer notamment que nous n'en voulions aucunement au Tafilalet, région à laquelle le sultan tient par dessus tout. La confiance se prit à renaître, et, avec elle, la paix. Les fruits de cette paix furent la naissance spontanée et imprévue d'un centre commercial à Duveyrier, l'établissement d'un commerce actif et immédiat entre ce poste et Figuig, et l'accroissement de recettes de la lignée ferrée de Duveyrier à Aïn-Sefra et prolongement.

Cet heureux état de choses dura jusqu'à la fin de l'an dernier. A cette date la politique change : brusquement notre expansion s'oriente, non plus vers le Sud, mais vers l'Ouest, non plus vers le Touat, mais vers le Tafilalet cher au Maroc. Une brigade des ponts et chaussées va étudier un prolongement de 50 kilomètres à construire dans, cette nouvelle direction, et notre poste extrême de Djenien-ed-Dar est subitement reporté à Beni-Ounif, dans un point, périphérique il est vrai, mais faisant partie intégrante de l'oasis de Figuig.

Les conséquences immédiates de cet état de choses furent que l'état des troubles renaquit. Figuig devint nettement hostile ; le commerce fut arrêté ; deux de nos officiers furent assassinés ; et depuis ce jour l'Agence Havas nous annonce incessamment des pillages de convois, des razzias de tribus, des coups de main sur nos détachements isolés. Comment en serait-il autrement. Nous avons substitué au voisinage un véritable contact, une véritable *cohabitation* avec toutes les occasions quotidiennes de conflit qu'un tel état comporte. En effet, de notre citadelle de Beni-Ounif aux palmiers de Zenaga, il n'y a que trois kilomètres. Les gens de Zenaga, le plus gros des ksours de Figuig, sont même propriétaires de la moitié de la palmeraie de Beni-Ounif qui se trouve ainsi confisquée de fait. Ainsi nous sommes-nous mis en état d'agression vis-à-vis du Figuig, et comme, pour rendre plus grave cette situation, nous avons imposé au sultan de Fez, dans le commencement de cette année, l'envoi d'un représentant direct à Figuig, en sorte qu'au jour du prochain conflit, ce n'est plus la Djemaa de Figuig que nous aurons en face de nous, mais les troupes régulières et le représentant du sultan.

On entend chaque jour des patriotes bruyants crier : « Quand se décidera-t-on à prendre Figuig !!! ». Prendre Figuig, ce ne sera pas prendre grand choses. Ce sera accroître l'Algérie de dix mille sujets environ ; sa richesse agricole de cent à deux cent mille dattiers, quelque chose comme deux ou trois fois la palmeraie de Mraïer, et c'est tout. Son commerce était réel, mais il se poursuivait surtout avec le Tafilalet qui s'est senti menacé par notre nouvelle politique, avec le maraboutique et si musulman Tafilalet. Ce commerce était aux mains, uniquement aux mains des marabouts, des marabouts du Tafilalet au départ, puis de la sainte et vénérée Kenadsa sur la route du Tafilalet à Figuig. Or, tous prenaient le chemin de Figuig musulmane, mais ils se sont maintenant détournés de Figuig placé sous le canon chrétien, et s'en détourneront définitivement le jour où Figuig sera ville française... Figuig n'est plus rien.

A la vérité, on objecte que Figuig était un refuge de bandits. Cela a pu être vrai ; cela avait cessé de l'être, et cela ne pouvait plus exister à nouveau. Deux partis se partageaient l'influence dans l'oasis : les nomades, gens de pillage ; les marchands, gens paisibles par intérêt. Le voisinage de notre poste de Duveyrier avait abattu la confiance des nomades et rendu le pouvoir aux marchands et commerçants. Il n'y avait qu'à s'en tenir là.

Mais si l'on voit mal ce qu'on a gagné, ce qu'on pouvait gagner à occuper Figuig ou du moins l'un de ses villages, Beni-Ounif, il est facile de voir les conséquences de cet acte. Figuig est déclaré terre marocaine par le traité de 1845. Occuper Figuig, ce serait porter nettement atteinte à l'intégrité de l'empire marocain, tel que la diplomatie a reconnu celui-ci.

Qu'importe ? dira-t-on. Nous avons bien les moyens de faire ratifier par le Maroc le fait accompli ; et c'est bien le droit du Maroc de renoncer à une partie de son territoire diplomatique et de nous le céder ! — Il est vrai, personne ne lui contestera ce droit, — l'Angleterre moins que tout autre, car le jour où un précédent sera créé par nous, qui l'empêchera, elle, — en y mettant le prix, — de se faire céder Mogador ou un point quelconque de la côte riffaine au voisinage de l'Algérie. L'Angleterre a le plus grand intérêt à ce que, par la prise de cette bicoque de Figuig, nous déchirions nous-mêmes le traité de 1845 et ruinions la fiction diplomatique de l'intégrité de l'empire de Fez.

Eh bien, mais que faire alors ? L'occupation de Beni-Ounif, si malheureuse qu'elle ait pu être, est un fait accompli. Pouvons-nous rétrograder ? Non. La question du Maroc est soulevée avec ses redoutables conséquences, et notre situation à Beni-Ounif est telle que nous ne pouvons indéfiniment supporter les outrages que nous recevons trop fréquemment dans le contact quotidien, et que nous ne pouvons davantage répondre à ces outrages sans mettre le feu aux poudres, avec toutes menaces pour que du conflit naisse la guerre européenne. Que faire ?

Il faut qu'en face de ce danger, les récriminations cessent, et que tous les bons citoyens cherchent une solution pacifique et digne. Or celle-ci comporte un accord préalable avec l'Europe.

Il y a deux ans environ, la presse anglaise agita l'hypothèse d'une neutralisation du Maroc. Dans un article qui vient de paraître et que le courrier apportait hier même, un diplomate va même jusqu'à croire, que l'Angleterre eût accepté la conquête du Maroc par la France, sous réserve de la neutralisation de Tanger et de la reconnaissance des faits accomplis en Egypte:

Nous n'irons pas jusqu'à un tel optimisme; et d'ailleurs nous voyons bien les périls et les formidables dépenses pendant un fort long délai, qu'entraînerait une conquête intégrale du Maroc, même si l'Europe y accédait. Mais on peut envisager avec intérêt l'hypothèse d'une neutralisation du Maroc et constater que, suivant la manière même dont elle nous serait présentée, elle dénoterait ou un désir sincère de paix ou une intention hostile à notre endroit et constituant une préparation à la guerre.

Nous n'avons, entre l'Algérie et le Maroc, qu'une frontière fictive qui rend inévitables de menus conflits quotidiens : pacages indus, sol de moutons, etc. La diplomatie européenne peut-elle s'embarrasser de semblables misères. Elle y serait forcée pourtant, si, avec la frontière actuelle, la neutralisation du Maroc était proclamée. Impuissante à protéger ses frontières contre les menues agressions, la France serait mise en infériorité sur la situation actuelle, et chaque jour elle serait exposée à voir un incident misérable dégénérer en prétexte à l'intervention européenne, ce qui serait évidemment intolérable.

Que si, au contraire, les puissances offraient, comme condition préalable à la neutralisation du reste du Maroc, la francisation de la région située en-deça de la seule frontière naturelle qui puisse séparer l'Algérie du Maroc, de sa frontière historique : la Moulouïa prolongée au sud par l'Oued-Za, la proposition serait, à notre avis, hautement honorable pour la France et efficace pour le maintien de la paix.

De son côté l'Espagne, dont le territoire est également sans frontières réelles, pourrait et devrait légitimement exiger des limites propres à constituer un territoire suffisant à la vie économique de ses presidios. Il ne serait que juste que la France appuyât des prétentious de ce genre.

Dès ce moment, le cauchemar de la question marocaine serait conjuré. Le Maroc, qui n'exerce aucune influence réelle sur les territoires qui deviendraient ainsi espagnols ou français, prendrait son parti d'une perte purement fictive, en songeant que la protection de l'Europe lui serait désormais une haute garantie de sécurité. D'autre part, cette protection donnerait à l'Europe, le droit de protéger, de sauvegarder au Maroc les principes de la civilisation contre les traditions de la barbarie. Ainsi cette solution concilierait-elle tous les intérêts.

En attendant, nous, français, n'oublions pas le danger extrême de la situation présente : le Maroc et la France sont en armes à trois kilomètres l'un de l'autre, les conflits sont quotidiens ; l'énervement grandit, et, d'une heure à l'autre, les fusils peuvent partir tout seuls. Les insensés qui souhaitent que la Patrie soit acculée à la guerre comptent sur cet état de choses. Le Parlement l'ignore et les événements peuvent surprendre tout le monde, en même temps qu'ils engageront redoutablement l'avenir.

Que les patriotes clairvoyants se hâtent de dénoncer le péril.

(Voir le compte rendu *in extenso* de cette communication dans les numéros de décembre 1902 et janvier 1903 de la *Paix par le Droit*.)

M. le Président félicite vivement M. Sabatier de sa communication : « C'est une bonne fortune, dit-il, que d'entendre des orateurs d'une telle envergure ; nous connaissons maintenant la question marocaine et nous pouvons appeler l'attention des Pouvoirs publics sur les dangers que court la paix dans le Sud-Oranais. M. Sabatier a donc rendu un véritable service à son pays en signalant une situation que, seuls, des orateurs compétents comme lui peuvent comprendre et exposer assez clairement pour rallier à leurs vues le grand public en général, et spécialement le public du Congrès toulousain. » Après une discussion de pure forme, tout le monde étant d'accord sur le fond, on a adopté, à l'unanimité, la proposition suivante signée par MM. Sabatier, Passy, Mérignhac, Beauquier, Arnaud, Moch, Giacometi, Follin et Le Foyer.

### RÉSOLUTION

*Le premier Congrès français de la Paix réuni à Toulouse,*

*Appelle l'attention des Pouvoirs publics sur le caractère précaire de l'ordre et de la paix dans le Sud-Oranais,*

*Emet le vœu que le Gouvernement, désireux d'écarter toute occasion de conflit avec le Maroc, ou à son sujet, recherche, notamment avec le bon concours de l'Espagne, une solution pacifique et définitive à la question Marocaine.*

A la suite de la communication de M. Sabatier, M. l'abbé Parizot et M. le pasteur Kellermann demandent la parole pour faire deux déclarations d'ordres divers, et la parole leur est successivement donnée.

M. l'abbé Parizot, curé de la Madeleine en Quercy, s'exprime ainsi : « On ne doit pas s'étonner de voir un prêtre participer à un Congrès de la Paix, car le prêtre représente celui qui a dit : paix aux hommes de bonne volonté. Heureux les pacifiques ; le Pape les a officiellement félicités à l'occasion du Congrès de Budapest. Le clergé doit s'employer à répandre leurs idées dans le peuple et vulgariser l'œuvre des congrès pacifiques, à la condition que ces congrès soient essentiellement neutres en politique pour pouvoir faire appel à toutes les bonnes volontés. » Et M. l'abbé Parizot voudrait que le Congrès affirmât cette neutralité ; le Congrès devrait, d'autre part, veiller à ce que les pacifiques ne votent, aux élections, que pour des candidats qui mettront dans leur programme l'arbitrage et le recours en toute hypothèse aux voies pacifiques.

Sur ce dernier point, M. le Président fait remarquer que satisfaction a déjà été donnée à M. l'abbé Parizot par des résolutions antérieures. Quant à la neutralité, elle doit exister dans le Congrès lui-même sans qu'on puisse l'imposer aux Sociétés adhérentes dans leur action particulière et indépendante du Congrès. En effet, ainsi que le fait remarquer M. Arnaud, plusieurs des Sociétés adhérentes au Congrès, poursuivent un but politique ; c'est donc dans le Congrès seul, dit-il, d'accord avec le Président, que la neutralité doit régner. M. Passy se lève pour souligner la gravité de l'adhésion de M. l'abbé Parizot. « Nous avons, dans nos Congrès, dit le vénérable apôtre de la Paix, trop peu de prêtres ; et pourtant ils pourraient et devraient y venir sans crainte. Ils n'auraient pas à se préoccuper des opinions de ceux qui siègeraient à côté d'eux, car, ainsi qu'il vient d'être précisé, la neutralité la plus absolue y domine au point de vue politique et religieux ; l'appel est fait à toutes les bonnes volontés, sans acception de croyance, d'opinion, dans l'ordre religieux ou politique. A Budapest, il a été fait appel au Saint-Père et à tous ceux qui dirigent les Eglises dissidentes ; quand il s'agit de faire du bien ensemble ou d'éviter un mal à l'humanité, est-ce que l'on doit se préoccuper des opinions particulières de tous ceux qui doivent collaborer ensemble. Quand la maison brûle ou qu'on a fait naufrage, demande-t-on ce qu'il pense, au sauveteur ou au pompier ? Il est encore trop dans nos habitudes de faire attention à l'habit où à la cocarde, c'est une erreur. Il faut nous respecter mutuellement, nous aider, nous aimer, pour le bien en conservant notre indépendance ». Ces paroles de M. Passy sont saluées par des applaudissements unanimes, et le Congrès, tout en affirmant nettement à nouveau sa neutralité politique et confessionnelle, juge qu'il n'y a pas lieu de prendre une décision spéciale sur les points visés par M. l'abbé Parizot, le remercie de sa déclaration et lui en donne acte.

M. Kellermann, secrétaire du Comité pacifique de l'Eglise évangélique de Cette, dans une improvisation chaleureuse où déborde son âme d'apôtre, déclare que l'Eglise qu'il représente « considère le *Sermon sur la montagne* comme la règle de sa foi et n'admet la légitimité d'aucune guerre. » Il ajoute : les droits de la conscience sont inaliénables ; aucune autorité ne peut nous contraindre à tuer notre prochain. Vous cherchez l'arbitrage et la conciliation entre les Etats, entre les patrons et les ouvriers, tâchez donc d'arriver à l'obtenir entre les droits de la Société et ceux de la conscience humaine ! Comme conclusion des idées par lui exprimées, M. Kellermann avait déposé à la commission C un vœu aux termes duquel les hommes que leurs convictions religieuses empêchent de porter les armes, doivent être enrôlés en qualité d'infirmiers ou d'auxiliaires non combattants. Dans la commission, M. Giacometti avait déjà spirituellement exposé cet argument qu'il reprend en séance publique, à savoir que tous les soldats trouveraient prétexte de leurs convictions religieuses soit réelles, *soit feintes*, pour demander à ne plus porter les armes, en sorte qu'il n'y aurait plus que des infirmiers et que ces infirmiers, à leur tour, deviendraient inutiles parce qu'il n'y aurait plus de combattants, et partant plus de guerres.

Le Président fait observer que la proposition de M. Kellermann, basée sur les convictions les plus respectables, se heurterait à une impossibilité pratique, résultant de la nécessité d'assurer la défense nationale qui doit primer toutes choses. Il croit mieux inspiré le projet, souvent proposé par les représentants des diverses confessions religieuses, et que vient de reprendre, tout récemment, le Synode de l'église luthérienne de la confession d'Augsbourg, en émettant le vœu que les élèves ecclésiastiques et les pasteurs fussent, dès leur arrivée au corps, versés dans les sections d'infirmiers et admis à suivre, pendant les deux années de présence sous les drapeaux, les cours techniques qui les prépareront au service qu'ils rempliront en temps de guerre. C'est, semble-t-il, dans cette proposition transactionnelle où les scrupules religieux sont vérifiés d'une façon évidente par la vocation de l'intéressé, non plus simplement alléguée mais traduite par les faits, que semble se trouver la vérité.

Quoiqu'il en soit, M. Kellermann n'insiste pas pour faire mettre aux voix sa proposition qu'il retire, se réservant de la reprendre dans les Congrès ultérieurs. Il lui est donné acte de la motion, par lui présentée, à titre de simple renseignement.

*⁎*

**Séance du samedi 18 octobre, 2 heures 1/2 après-midi.**

M. Mérignhac préside, assisté de MM. Passy, Sabatier, Barthelet, Morel, Tachard et Decans.

Cette séance, très courte, a été employée à l'examen et à la discussion d'un certain nombre de vœux présentés par divers congressistes, sur le rapport de la commission C.

Le premier vœu est relatif à nos frères de la Nouvelle France qui ont colonisé ces fameux arpents de neige méprisés par Voltaire et qui, tout en gardant le loyalisme voulu vis-à-vis de la Grande-Bretagne, considèrent toujours notre pays comme leur seconde patrie. M. Passy fait voter, à leur égard, le vœu suivant, que la récente venue à Paris du premier ministre du Canada, sir Wilfrid Laurier, rendait d'une grande actualité.

### RÉSOLUTION

*Le Congrès,*

*Justement touché des sentiments que gardent, pour leur patrie d'origine les Canadiens français, frappé d'ailleurs de l'importance que pourrait et devrait avoir, tant pour la persistance et le développement de ces sentiments que pour le bien-être matériel des deux pays, l'extension des relations d'affaires entre la France et le Dominion;*

*Et, convaincu par les récentes déclarations de l'éminent premier ministre sir Wilfrid Laurier, des dispositions favorables du gouvernement Canadien;*

*Emet le vœu de voir le gouvernement Français répondre, dans la plus large mesure possible, à ces bienveillantes ouvertures ;*

*Et, en rendant hommage à la loyauté avec laquelle les Canadiens français se montrent respectueux de leur devoir envers la grande nation à laquelle ils se trouvent actuellement rattachés, les remercie du souvenir qu'ils conservent de leur ancienne métropole, et leur envoie l'expression de ses plus cordiales sympathies.*

M. Passy fait ensuite voter un second vœu concernant les mesures à prendre pour rendre les Congrès futurs aussi attrayants que possible en délassant, par des distractions diverses, les esprits des congressistes tendus par le travail des rapports, des discussions et des délibérations. Voici ce vœu :

### RÉSOLUTION :

*Le Congrès toulousain émet le vœu que les futurs Congrès nationaux ne soient pas bornés aux séances proprement dites et aux discussions qui s'y produiront, mais qu'ils soient accompagnés de quelques séances de nature à attirer et intéresser le public de la ville et des environs, telles que conférences avec projections.*

Enfin, le Congrès a terminé ses travaux en s'occupant de l'importante question de la propagande pacifique par l'éducation. La Commission était saisie à ce sujet d'un rapport de la princesse Wiszniewska, présidente fondatrice de l'*Alliance universelle des femmes pour la Paix par l'éducation*. Voici les principaux extraits de ce rapport par lequel se justifiaient les conclusions présentées au nom de l'*Alliance universelle :*

Monsieur le Président,
Mesdames, Messieurs et très honorés Collègues,

J'ai pris connaissance de votre programme et je prends la liberté de vous soumettre les vues de notre Alliance sur les deux questions de votre premier paragraphe, qui touchent si fort aux intérêts supérieurs de l'humanité, c'est celles qui ont en vue :

1o D'élever les enfants dans les idées de la paix et de la solidarité fraternelle des peuples ;

2o De développer et de créer entre les Sociétés de la Paix une union plus étroite.

Le Congrès de notre alliance à l'Expositiou de 1900 a consacré exclusivement ses travaux à l'éducation pacifique, considérant que ce n'est que par l'enfant qu'on aura raison de l'homme, qu'il faut attaquer le mal dans sa racine, habituer les hommes dès leur enfance à envisager la guerre comme le pire des fléaux, et la paix comme le plus grand des bienfaits. C'est par ce moyen qu'on verra des mœurs nouvelles se substituer aux mœurs barbares qui sont encore la condamnation de notre époque.

Alors, comment élever nos enfants en vue de l'évolution actuelle de l'humanité vers la paix et la fraternité des peuples?

Comment, dès leur plus tendre enfance, préparer leur esprit à la compréhension de ce qui est juste, bon et équitable? Ce sont autant de problèmes qui ont été discutés dans notre Congrès de 1900 par les femmes de France, de Pologne, d'Angleterre, d'Allemagne, de Russie, d'Italie, de Suède, de Norvège, de Danemark, de Roumanie, d'Egypte et des Amériques du Nord et du Sud. qui y sont venues ; et nous nous sommes séparées, affermies dans la conviction que ce n'est que par l'éducation qu'on pourra arriver à transformer l'être humain en un être supérieur et à lui bien faire comprendre que lui aussi participe, sans le savoir, à l'évolution vers le bien, la charité et la paix ! Les différences de peuples, de langues, de gouvernements, les divisions et les différences religieuses se dressent et entravent ce mouvement, mais le jour viendra où le progrès matériel et moral de l'humanité se fera par le mélange, la fusion des races et des peuples, et surtout par le lien moral ; alors la paix universelle sera établie sur la terre?

En attendant, que se passe-t-il aujourd'hui ?

Une lutte fratricide de l'homme contre l'homme, engagée depuis des siècles, continue le spectacle hideux de la guerre se dressant toujours devant nous ; on élève des monuments aux grands tueurs de troupeaux humains, qui ont aidé le fort à opprimer le faible et ont laissé l'humanité se débattre dans les fers !!!

C'est ce spectacle de cette fausse civilisation, anti-chrétienne, que se présente aux yeux de l'enfant dès son berceau !................

Comment voulez-vous qu'une génération élevée dans ces idées, qui lui sont inoculées dès l'enfance, puisse comprendre que ne pas faire le mal c'est être juste, et qu'il faut même souffrir, se dévouer, prier, travailler pour les autres ? Le goût de la guerre prédomine dans l'éducation, il asservit les bons instincts de la nature humaine et arrête tout progrès.....................................

C'est contre cet abaissement, contre cette perversion de l'humanité, contre cette survivance des époques barbares, que doivent lutter la mère et, plus tard, l'éducateur, pour développer le moral de l'enfant, dès son berceau. C'est donc par l'éducation qu'il faut déraciner ces plantes vénéneuses.

Mais l'éducation exige des éducateurs ; comme c'est la mère qui doit être la première à instruire l'enfant dans les notions de la paix, il faut qu'elle soit préparée elle-même, qu'elle soit instruite sur la question pacifique, ignorée d'elle la plupart du temps. C'est cette science qu'il lui faut pour remplir son devoir d'éducatrice et faire pénétrer dans le cerveau de l'enfant la douce harmonie du Bien, du Beau et du Juste.

Alors, après la mère, c'est l'instituteur et l'institutrice qui doivent poursuivre cette éducation pacifique de l'enfant.

Ici s'arrête l'ingérence directe de la femme, vu que le corps enseignant est hiérarchique, qu'il dépend de l'inspecteur d'Académie, du ministère de l'Instruction publique, qui, suivant les caprices de la politique, peut être contraire ou favorable à l'éducation pacifique dans les écoles. Constatons, à notre grande joie, que les autorités enseignantes sont, dans beaucoup de pays, favorables à la propagande pacifique. . . . . . . . . . . . . . . . . . . . . . . . . . . . . . . . . . . . . . . . . . . . . . . . . . . . . . . .

En face des agitations, des crises douloureuses de l'humanité, du découragement et du doute d'un meilleur avenir obscurci par les folles chimères des ambitions humaines et par l'ignorance, nos yeux anxieux se tournent du côté de l'*Ecole nouvelle* qui fera sortir l'humanité de son long sommeil ; mais elle demande a être complétée par l'initiative privée, et surtout par les femmes qui doivent remplir cette mission par leur intervention active, dégagée de toute ambition, de toute vaine gloire, jalousie ou vanité qui entravent souvent leurs nobles travaux. . . . . . . . . . . . . . . . . . . . . . . . . . . . . . . . . . . . . . . . . . . . . . . . .

Je me souviens, avec une légitime fierté, à ce sujet qu'un des grands savants du dix-neuvième siècle, Michel Wiszniewki, mon beau-père, a combattu ardemment contre cette éducation surannée, aussi bien dans ses nombreux ouvrages d'histoire et de philosophie que dans l'enseignement, ayant été dix ans le doyen de l'Université et directeur de l'Instruction publique dans la République de Cracovie.

La méthode ancienne enserrait les hommes dans une cotte de mailles étroite et les formait à sa guise, tandis que la nouvelle école a reconnu que l'homme en naissant apporte en lui des facultées innées qui deviendront une force si on les laisse se développer en liberté.

Les enfants ne se ressemblent pas plus dans leurs facultés que les feuilles d'un arbre qui ne sont jamais de même dimension.

L'égalité n'existe ni moralement ni intellectuellement, il faut donc savoir découvrir ces trésors qui sont cachés au fond de l'âme de l'enfant et diriger en conséquence ses forces intellectuelles par l'éducation qui ne se mesure que par les facultés qu'elle développe et non par les connaissances qu'elle donne.

Il faut former le cerveau de l'enfant et non le remplir, et ses facultés apparaîtront successivement comme les étoiles au ciel. Mais il ne suffit pas de lui donner l'instruction, de susciter en lui l'énergie qui trempe l'âme, sans laquelle ne peut se former dans l'homme ni volonté, ni l'intelligence, ni la conscience, il faut encore lui enseigner la morale en paroles et en actions, par la mère d'abord et ensuite par l'école.............................................

C'est uue mission sublime que nous devons remplir. Nulle par l'action individuelle n'a plus belle occasion de s'exercer, toutes les mères de famille qui s'intéressent à l'enfance peuvent apporter leur concours, et, ce qui vaut mieux encore, leur affection.

L'enseignement est une amitié, a dit Michelet.

Si chaque femme voulait seulement sacrifier une heure par jour à cette mission de l'éducation pacifique, en appelant à son aide tous ceux qui savent, qui peuvent enseigner, bientôt serait créé le milieu nécessaire pour compléter le développement moral de la jeunesse.

Nous souhaitons que les Sociétés de la Paix exercent leur influence pour obtenir du ministère de l'instruction publique l'autorisation de distribuer dans les écoles nos livres de la paix, nos appels et brochures, ce qui a déjà été fait par la Société contre l'alcoolisme.

*C'est là la résolution que je propose de mettre au vote (elle a déjà été adoptée au Congrès des arts et métiers féminins, le 8 août 1902).*

Quant à notre Alliance, elle remplira sa mission en coopérant avec celles qui travaillent maintenant sur divers champs, en réunissant tous les efforts individuels pour arriver à une œuvre solidaire, qui éclairera de sa grande et pure lumière l'esprit de l'enfant devenu homme. C'est ainsi que nous aiderons à dissiper les ténèbres et à élever le cœur de nos enfants vers la conception vraie du patriotisme, de la liberté et de la paix universelle.

La seconde question qui se présente à la délibération de votre Congrès, est le manque de cohésion et de solidarité entre les Sociétés de la Paix, auquel il faut remédier pour augmenter leurs moyens d'action sur l'opinion publique. Nous avons à peu près quatre cents Sociétés de Paix dans l'Univers, tandis qu'il eu faudrait *cent mille* pour déraciner les préjugés séculaires qui nous gouvernent........

Comparons notre agitation pacifique, à celle qui a été faite pour l'abolition de l'esclavage, où on a distribué plus de cinquante millions de brochures, et où on a tenu des milliers de meetings populaires et nous constaterons, avec regret, que les Sociétés de la Paix ne peuvent arriver qu'à un chiffre de publications et de réunions bien minimes en comparaison de cette gigantesque agitation.

On a proposé bien des remèdes contre cette anémie de nos Sociétés de la Paix, sur lesquels on n'a pu se mettre d'accord. On a proposé entre autres, celui de grouper les Sociétés d'un pays en une seule. Une pareille centralisation, au lieu d'augmenter diminuerait sensiblement la propagande, parce qu'il n'y aurait que quelques élus qui donneraient leur temps et leur vie à cette cause idéale et désintéressée, et les autres seraient aux honneurs sans y travailler. Je partage à ce sujet l'avis de M. Darby et je crois qu'il faut laisser aux Sociétés leur autonomie, leur liberté d'action, chacune dans sa sphère, suivant son esprit et le milieu ambiant de leur pays, et de se contenter d'échanger régulièrement des correspondances, pour étudier ensemble les questions d'actualité, organiser une action simultanée sur des événements importants, et de réunir des Congrès nationaux dans chaque département en y invitant les membres étrangers.

*Je propose au vote du Congrès la résolution suivante, que j'ai déjà fait voter en Angleterre, par la Peace Society, dans son Assemblée à Ipswich, le 27 mars 1902.*

« Considérant qu'une résolution adoptée par des centaines de Sociétés de Paix aura beaucoup plus d'influence dans l'opinion publique que celle votée par quelques Sociétés réunies, nous émettons le vœu que chaque résolution, adoptée par une Société, soit communiquée à toutes les Sociétés dans le monde, avec prière de les adopter, ou de les amender suivant leur vue et leur expérience, et de les publier dans tous les journaux de l'Univers. »

Après la lecture de ce rapport qui, bien entendu n'engage, au point de vue pédagogique, que son auteur et ne saurait être considéré comme l'expression de la pensée du Congrès, la discussion est ouverte relativement aux deux propositions présentées.

Au sujet de la première, on a fait observer que le Ministre se réserve toujours le contrôle de tous les livres ou brochures qui entrent dans les écoles et que les instituteurs, ses agents, ne doivent rien laisser pénétrer dans leurs classes sans une préalable autorisation. On a ajouté que la proposition faite ne devrait pas se restreindre aux ouvrages de l'*Alliance,* mais devait affecter une allure plus générale que celle du rapport qui précède. La Commission propose, en conséquence, la résolution suivante :

« Le Congrès émet le vœu que les Sociétés pacifiques exercent leur influence auprès du Ministre de l'Instruction publique pour obtenir l'autorisation de distribuer, dans les écoles, des livres, brochures et cahiers illustrés consacrés à la propagande de l'idée pacifique. »

En ce qui concerne le second vœu de l'Alliance universelle, la Commission le trouve trop général et peu pratique sous la forme qui lui a été donnée, en sorte qu'elle lui préfère la rédaction suivante : « Le Congrès émet le vœu qu'une proposition votée par une ou plusieurs Sociétés pacifiques soit transmise au Bureau international permanent, ou à l'organe pacifique central du pays auquel appartiennent ces Sociétés. »

En séance, M. Moch a fait observer que la seconde proposition de la Commission était absolument inutile, car les Sociétés pacifiques qui jugeront utile de transmettre un projet de résolution envoyée au Bureau international permanent ou à l'organe central de leur pays, n'ont pas besoin d'y être autorisées. Elles agiront à cet égard comme bon leur semblera et le Bureau permanent ou l'organe central en question feront de la résolution ce que bon leur semblera.

En ce qui concerne la première proposition de la commission, une vive discussion s'élève, non point quant au principe même de l'idée sur laquelle tout le monde est d'accord, mais sur la façon de réaliser pratiquement les desiderata des congressistes. Finalement on se rallie à l'unanimité à la résolution suivante proposée par le Président.

RÉSOLUTION :

*Le Congrès donne mandat aux députés partisans de la cause pacifique et principalement à ses adhérents et à ceux qui ont manifesté à son égard des intentions favorables, d'intervenir énergiquement auprès du Ministre de l'instruction publique pour hâter la confection et l'introduction, dans les écoles d'ouvrages élémentaires où la cause de la Paix soit défendue et mise en lumière comme elle le mérite.*

Dans le même ordre d'idées, M. Passy, une fois le principe posé, propose d'émettre un nouveau vœu dans lequel on précisera quelques détails d'exécution et de mesure générale. Voici ce vœu avec les considérants qui l'éclairent. Il a été adopté également à l'unanimité par le Congrès.

RÉSOLUTION :

*Le Congrès,*

*Considérant que jusqu'à présent, sauf de trop rares exceptions, l'enseignement de l'histoire n'a guère été, dans tous les pays, qu'une aveugle et souvent inexacte glorification de la force, de nature à inspirer aux enfants les idées les plus fausses sur leurs devoirs d'hommes et de citoyens et à altérer en eux le noble et nécessaire sentiment du patriotisme ;*

*Que cette éducation menteuse est la principale cause des malentendus et des haines qui perpétuent entre les nations l'état d'antagonisme d'où sort la guerre, et qu'il importe, dès lors, pour leur préparer un avenir moins douloureux et moins précaire, de la modifier ;*

*Constatant, d'autre part, que, depuis quelques années au moins, chez la plupart des peuples de l'Europe, une réaction s'est produite contre cette regrettable tradition ; que le besoin d'une réforme a été compris ; et que les instituteurs primaires, tout spécialement, se sont en grande majorité accordés pour la réclamer ;*

*Qu'en France, particulièrement, des revues de l'enseignement primaire, se faisant les organes de ces idées nouvelles, se montrent unanimes pour demander que l'on bannisse des écoles les images de nature à porter à la violence et au mépris de la vie; et que, dans les manuels mis entre les mains des maîtres et des élèves, sans méconnaître la grandeur des véritables gloires militaires, on fasse une part plus large au travail, à l'industrie, aux arts et aux sciences ;*

*Que, dans un grand nombre de départements, les Sociétés d'Instituteurs et d'Institutrices, formés sous le nom d'Amicales, se sont énergiquement prononcées dans le même sens; qu'une société à même été fondée sous le nom significatif de :* Société d'Education pacifique, *pour se faire l'organe de cet esprit nouveau ;*

*Et qu'au Congrès de l'Enseignement primaire, tenu à Bordeaux en 1901, un vote unanime en a encouragé les débuts ;*

*Prend acte de ces heureux événements; s'associe aux*

*sentiments dont ils sont les symptômes, et exprime l'espoir de voir bientôt, grâce à des manuels pénétrés d'un esprit plus juste et plus impartial, l'enseignement de l'Histoire purifié des exagérations, des erreurs et des appréciations injustes et irritantes qui l'ont trop souvent faussé. Il donne mandat à la délégation permanente des Sociétés françaises de la Paix de transmettre ce vœu au Ministre de l'Instruction publique.*

**Séance de clôture. — Samedi, 18 octobre, 4 heures soir.**

M. Mérighac préside, assisté de M. Passy, de M. le Préfet de la Haute-Garonne, de M. le Maire de Toulouse et des assesseurs des séances précédentes. M. d'Estournelle de Constans, qui devait présider cette séance, s'est fait excuser à la dernière heure et c'est M. Passy, toujours infatigable, qui veut bien se charger de prendre la parole à sa place.

Le vénérable apôtre de la paix demande pardon de reprendre encore la parole. Que pourrait-il dire à cette séance de clôture, sinon constater le succès non pas éclatant mais *sérieux* de la première assemblée française pacifique ; on a discuté à fond les propositions faites et on a eu la bonne fortune de se mettre d'accord et d'adopter toutes les résolutions à l'unanimité. Rien n'a été dit de déplacé et l'on a pu même arrêter par avance ce qui aurait pu constituer un germe de division, grâce à une bonne volonté mutuelle. « Nous avons donc travaillé dit M Passy, en gens de bien, en véritables amis de la paix et non en utopistes ; il restera quelque chose de ce que nous avons fait ; je le disais en ouvrant la première séance, je tiens à le répéter à la dernière. Malgré des fautes malheureuses, le dix-neuvième siècle a accompli, dans l'ordre pacifique, des actes importants, principalement cette Conférence de la Paix, advenue à son déclin ; nous avons le droit d'espérer que le vingtième dépassera son devancier et ouvrira une ère de justice et de liberté, dans laquelle, les droits de l'homme ayant été antérieurement consacrés, seront proclamés les droits des nations. Ce qui passait autrefois, ce qui passe encore dans certains esprits pour une chimère : le remplacement de la juridiction brutale et précaire des canons par les moyens juridiques, deviendra enfin une éclatante réalité ! Il y a une morale collective, comme il y a une morale individuelle ; toutes deux finiront tôt ou tard par faire reconnaître leurs droits ; et le triomphe de la première amènera la substitution de la société du travail à celle de la violence. Un jour viendra où, suivant l'expression de Laboulaye, les hommes ne seront plus ni si méchants, ni si bêtes au point de se laisser juguler par les ambitieux et les violents. Un avenir humain meilleur se prépare donc pour l'humanité et le monde verra se développer harmonieusement toutes ses parties désormais réconciliées les unes avec les autres sous l'égide du droit, comme dans une ruche se développent simultanément les diverses alvéoles. Ce jour radieux d'harmonie universelle, nous ne le verrons point, sans doute, mais il est doux de penser que nous aurons préparé son aurore en y pensant sans lassitude et en opposant à toutes les résistances et à toutes les hostilités une inébranlable confiance. » M. Passy termine en remerciant M. le Maire de l'accueil fait par la ville de Toulouse aux congressistes et M. le Préfet d'avoir bien voulu honorer de sa présence la séance de clôture.

*Avant de prendre la parole à son tour, M. le Président fait voter par l'Assemblée des remerciements à tous ceux qui, à des titres divers, ont prêté leur appui bienveillant à l'œuvre du Congrès : aux présidents d'honneur de l'Association toulousaine, à la Municipalité, et aux diverses Sociétés Toulousaines, à la Presse, à M. Deloume qui a mis si aimablement l'hôtel d'Assézat à la disposition des Congressistes, à M. Regnault qui a bien voulu les photographier et dont les clichés ont servi à la confection de la photographie si réussie placée en tête du compte rendu, aux amicales d'instituteurs, aux Bourses du Travail et autres corporations adhérentes, ainsi qu'à la Presse régionale.*

M. Mérignhac donne ensuite lecture de la lettre qu'il a recue au dernier moment de M. d'Estournelles de Constant, lettre qui, on va le voir, constitue un véritable programme pacifique :

Paris, le 17 octobre 1902.

MON CHER PRÉSIDENT,
MESSIEURS,

Comme je viens de vous le télégraphier, à *mon vif et profond regret*, un obstacle imprévu m'empêche de quitter Paris et je ne pourrai vous apporter à Toulouse l'expression de mes sympathies et de mes vœux.

Je tiens, du moins, à vous donner la meilleure preuve que je suis avec vous par la pensée, en vous adressant copie de la lettre que je viens d'écrire à M. le Ministre des affaires étrangères et que je vous serais très reconnaissant d'appuyer par un *vœu unanime* du Congrès.

*Systématiquement*, les gouvernements européens se sont abstenus, depuis trois ans, de recourir au tribunal de La Haye. Comme la plupart des progrès, cette innovation bienfaisante a été accueillie par la malveillance et l'ironie.

La France, obligée, pour en finir avec d'interminables affaires, de les soumettre à des arbitres, a ignoré, comme l'Angleterre, la Cour de La Haye, et les deux différends de *Waïma* et du *Sergent Malamine* ont été réglés complètement en dehors de cette Cour, sans qu'il fût même fait mention de son nom, ni des règles de procédure qui forment sa constitution.

Je n'ai cessé de protester contre ce boycottage indigne non seulement d'un pays républicain, mais d'un pays civilisé.

Mes protestations sont restées sans écho suffisant en Europe et il leur a fallu traverser l'Atlantique pour qu'elles soient entendues, comprises et approuvées en Amérique.

M. le président Roosevelt a donné l'ordre, d'accord avec le président du Mexique, de désensorceler la Cour de La Haye, et je proposerais au Congrès de Toulouse de voter, par acclamation, à ces deux éminentes personnalités des félicitations que je me chargerai de leur faire parvenir. Ces félicitations seront un acte.

On assure que le Japon va suivre l'exemple de l'Amérique.

Il s'agit de savoir si la France aura le courage de suivre l'exemple du Japon !

Tel est l'objet de la question que j'adresse à M. le Ministre des affaires étrangères et que je prie le Congrès d'appuyer de sa haute autorité.

Le Congrès de Toulouse ne constitue pas seulement une imposante manifestation de sentiments, il doit et il peut exercer *une action*.

Cette action, il l'exercera, et il peut compter au Parlement sur tous les amis de la paix, des défenseurs du droit et de la justice, pour appuyer énergiquement et au besoin pour reprendre, sous la forme d'une pressante motion parlementaire, au cours de la discussion du budget, les vœux que votre président d'honneur est heureux de soumettre à votre chaleureuse approbation.

D'Estournelles de Constant.

Voici, maintenant, la lettre de M. d'Estournelles au Ministre des affaires étrangères :

Paris, 15 octobre 1902.

Monsieur le Ministre,

M. le Président du conseil, dans son discours au banquet du commerce, a témoigné hautement de sa foi dans l'avenir de l'arbitrage international. Plus récemment, M. Millerand, ancien ministre du commerce, rendait pleine justice à l'œuvre de la Conférence de la Paix. Ces deux manifestations — pour ne parler que de celles-là — répondent au sentiment presque unanime de la France et du monde civilisé ; il est impossible à notre diplomatie de n'en pas tenir compte.

Les Etats d'Europe se sont abstenus jusqu'à présent, avec un ensemble remarquable, de s'adresser à la Cour de La Haye. Ils ont abandonné cette initiative à deux Etats du Nouveau-Monde.

L'Amérique ne se contente plus de faire *matériellement* concurrence à l'Europe, elle vient de lui donner *moralement* une utile leçon ; et on assure que le Japon va suivre son exemple. Cette leçon sera-t-elle perdue ? Je ne puis le croire. Le gouvernement russe ne se désintéressera pas de l'œuvre qu'il a conçue et la France, qui l'a mûrie, ne voudra pas être la dernière à en reconnaître le bienfait. A ne considérer que notre intérêt national, la Cour de La Haye n'a pas seulement l'immense avantage de substituer graduellement les solutions du droit à celles de la violence ; elle est aussi un hommage à notre influence et un instrument de propagande des généreuses traditions que nous ne pouvons abdiquer : la France a pris une part très active à sa constitution ; c'est en français que se sont poursuivis les délibérations d'où elle est née et les premiers débats dont elle vient d'être saisie.

Pourquoi le gouvernement de la République s'obstinerait-il à ignorer la plus haute juridiction qui se puisse concevoir, celle qui atteste le mieux en même temps, la puissance de rayonnement du génie français, le progrès des idées françaises ? Pourquoi ne pas s'attacher, au contraire, à montrer à son tour à l'Europe le chemin de ce tribunal des nations ? Pourquoi attendre qu'après les Etats-Unis et le Mexique, d'autres Etats lointains nous y poussent ? Est-il impossible de découvrir dans les cartons de votre département et de leur arracher quelques-uns de ces différends d'ordre contentieux, où s'usent des générations de diplomates et qui, s'aigrissant avec le temps, se greffant les uns sur les autres, finissent par constituer des difficultés politiques ?

Je me propose, si vous n'y voyez pas d'objection, de vous adresser à ce sujet une question à la tribune.

Veuillez agréer, Monsieur le Ministre, l'assurance de ma très haute considération,

D'ESTOURNELLES DE CONSTANT (1).

(1) M. d'Estournelles a reçu, de M. Delcassé, la réponse suivante :

Paris, 4 novembre 1902.

MONSIEUR LE DÉPUTÉ ET CHER COLLÈGUE,

Par une lettre en date du 17 de ce mois, vous avez bien voulu m'entretenir de la question de l'arbitrage international et appeler mon intérêt sur les avantages que présenterait, pour le gouvernement de la République, un recours plus fréquent à la Cour de La Haye en vue de la solution des différends pendants entre la France et les pays étrangers.

Vous pouvez être assuré que j'ai apprécié à leur haute valeur les consi-

## M. Mérignhac prononce ensuite l'allocution suivante :

Mesdames, Messieurs,

Avec l'autorité toute spéciale qui s'attache à son nom et à sa situation de membre français de la Cour de La Haye, M. d'Estournelle de Constant devait clôturer nos travaux. A son défaut, M. Passy, toujours infatigable, a bien voulu se charger de vous donner, à sa place, l'impression générale qui se dégage de vos réunions. Je n'ajouterais rien à ce qu'il vient de vous dire, si je ne tenais à acquitter brièvement une dette de reconnaissance et envers lui et envers vous tous.... Envers lui, d'abord, à qui je ne peux que renouveler des vœux tant de fois et si bien exprimés, contenant nos sentiments de remerciements affectueux et de reconnaissance profonde. Et maintenant, vis-à-vis de vous tous, j'acquitterais la même dette en vous remerciant, du fond du cœur, d'avoir répondu à notre appel en nombre au moins égal à celui de certains Congrès internationaux et peut-être même avec plus de travaux et de mémoires. Je remercie également les autorités locales qui se sont associées à nos efforts : M. le Doyen Deloume qui nous a ouvert les portes du si bel édifiee qui a abrité vos délibérations ; M. le Maire, représenté par M. Feuga, un de nos vice-présidents, qui vous a souhaité une bienvenue si cordiale ; M. le Recteur, qui honorait notre séance d'ouverture ; M. le Préfet, enfin, ici présent à mes côtés, qui a bien voulu nous apporter le précieux témoignage de sa haute sympathie.

Vos délibérations si intéressantes, si animées, seront reproduites par l'impression et donneront à ceux qui n'ont pu y assister le sentiment qu'il a été fait à Toulouse quelque chose d'utile dans la voie pacifique. Merci donc, pour le témoignage d'honneur et d'affection que vous avez donné et à notre ville et à notre Société ; nous ne l'oublierons point, je vous l'assure, et notre vœu le plus cher sera réalisé si, à votre tour, vous emportez de Toulouse et de sa Société pacifique un souvenir pareil à celui que vous leur aurez laissé.

dérations que vous faites valoir à ce sujet, et qu'elles ont tout spécialement retenu mon attention.

J'examine, à ce point de vue, diverses affaires dont le règlement pourra peut-être, après entente entre les deux parties, être renvoyé à la haute juridiction issue de la Conférence de la Paix.

Pour l'une d'elles, j'ai déjà adressé à un de nos représentants diplomatiques l'ordre de s'employer avec la plus grande activité pour obtenir qu'un différend depuis longtemps pendant avec le gouvernement auprès duquel il est accrédité, soit, dans le cas où une prompte solution ne pourrait intervénir, soumis à la Cour de La Haye.

Agréez, monsieur le député et cher collègue, les assurances de ma haute considération.

Delcassé.

Demain, après que vous aurez visité, sous la conduite d'excellents guides, les monuments de notre cité dont nous serons fiers de vous faire les honneurs, nous vous serrerons la main avec émotion en vous disant non pas adieu, mais au revoir, ici, plus tard, dans le Congrès international et, l'an prochain, dans cette belle ville de Rouen, où vous continuerez la bonne besogne commencée dans le premier Congrès national des Société françaises de la Paix.

# TROISIÈME PARTIE

## Autour du Congrès.

---

### I.

### Le Punch du jeudi 16 octobre.


Dès neuf heures du soir, aux côtés de MM. Passy et Mérignhac se groupaient tous les congressistes, auxquels s'étaient
joints M. le préfet de la Haute-Garonne, M. Feuga, représentant le maire, M. de Séré, adjoint, Dupuis, conseiller,
représentant l'Administration et le Conseil municipal. De
nombreuses notabilités toulousaines et des représentants de
la presse, fraternisant avec les congressistes, remplissaient
les magnifiques salons du Grand-Hôtel de la rue de Metz.
M. Feuga se lève le premier, le verre en main, et prononce
l'aimable allocution suivante, bien faite pour aller au cœur
des congressistes, désireux, nous l'espérons, de revoir Toulouse :

MESSIEURS,

Je viens vous proposer un toast qui réunira, j'en suis sûr, vos suffrages unanimes.

Toulouse est le siège du premier Congrès national ; cela ne lui suffit
point ; notre ville a une espérance plus haute.

M. le Maire l'a manifestée déjà quand, il y a quelque temps, à la
suite d'une inoubliable soirée au grand théâtre du Capitole, au punch
offert à M. d'Estournelles de Constant après sa brillante et éloquente
conférence, il levait son verre avec lui à la tenue prochaine, à Tou-

louse, du Congrès pacifique international. C'est ce toast que, ce soir, je veux répéter.

Oui, j'ai la confiance que la réussite du premier Congrès national ne sera que le prélude d'un renouveau plus grandiose et que notre ville aura bientôt l'honneur et le plaisir de vous revoir encore, réunis cette fois aux pacifiques du monde entier.

Messieurs, je réclame pour la capitale du Midi, pour la cité palladienne, reine couronnée de violettes, la tenue d'un Congrès universel et je vous propose de lever avec moi votre verre en l'honneur de cette réunion future qui sera, à la fois, internationale et toulousaine.

Nous formons des vœux ardents, nous appelons de tout notre cœur le jour heureux où le rameau d'olivier planera, les iniquités réparées, sur les peuples réconciliés et embrassés, l'heure bénie où disparaîtra la guerre affreuse, stupide et brutale, survivance barbare des temps antiques, qui verra les conflits réglés par l'arbitrage, sous la poussée formidable de la volonté populaire.

Messieurs, je bois à vous qui êtes des apôtres, à tous les semeurs d'idées généreuses de justice, de progrès et de fraternité; à la paix humaine, à la paix sociale!

M. Mérignhac s'exprime, à son tour, de la manière suivante :

MESSIEURS,

Permettez-moi de faire du toast collectif que vient de porter M. le Maire, une application spéciale qui vous sera, j'en suis sûr, particulièrement agréable, en vous proposant de boire à la santé de notre excellent Président d'honneur qui nous a fait le très grand plaisir de venir présider la séance d'ouverture du Congrès et de participer à tous nos travaux. Naguère encore, les pouvoirs publics dépositaires de la pensée de l'ingénieur, qui, par une suprême ironie des choses de ce monde, avait voulu que sa fortune, acquise dans les inventions guerrières, allât à la glorification des œuvres de la paix, décernait le prix Nobel, c'est-à-dire la plus haute récompense pacifique, à Frédéric Passy, et le monde entier ratifiait ce choix.

Et nous aussi nous avons applaudi à cette récompense bien méritée dans cette ville où M. Passy était déjà venu porter la bonne parole, eu après la guerre franco-allemande, en compagnie d'un de nos collègues disparus, le regretté M. Rozy. Puisse sa vieillesse féconde se poursuivre longtemps encore dans cette famille où j'ai été reçu comme un fils et qui réalise si bien autour de lui la figure biblique des jeunes plants d'olivier; puisse-t-elle se poursuivre à la fois pour l'affection des siens et pour le plus grand bien des idées pacificatrices dont il est actuellement le plus autorisé et le plus vénéré représentant. Messieurs, je lève mon verre en l'honneur de Frédéric Passy.


De chaleureux applaudissements saluent le toast du distingué président.

M. Passy, qui porte allègrement ses 82 ans, remercie le précédent orateur de ses éloges et de ses vœux. Il exprime sa foi en l'avenir et il espère que ses collègues verront le couronnement de l'œuvre qu'il a commencée il y a déjà un demi-siècle, et à laquelle il continuera à consacrer tout ce qui lui reste d'énergie. En proie à une émotion communicative, M. Passy se réjouit de se voir de nouveau à Toulouse, où il est déjà venu et dont il n'a point oublié la cordiale réception. Il espère bien y revenir dans quelques années, suivant le vœu exprimé par M. Feuga, qu'il remercie cordialement au nom des congressistes.

Puis on entend les magnifiques voix des membres de la Philharmonique, qui, sous l'habile direction de M. Raymond Laporte, font entendre les chants les plus vibrants et les plus populaires du Midi : *Bagnèros Toulousènos*, *Les Montagnards* et, enfin, cette délicieuse *Toulousaine*, qui est le chant national toulousain et qui, de l'avis de tous, a été superbement enlevé.

Les toasts reprennent ensuite. Gracieusement M. Emile Arnaud remercie la ville de Toulouse de son aimable accueil ; il n'en est pas étonné, car elle a toujours été favorable aux idées pacifiques. Charles Le Monnier, le distingué rédacteur en chef des Etats-Unis d'Europe, que M. Arnaud a si dignement remplacé, était un Toulousain, et la Faculté de Droit de Toulouse a remis en honneur l'arbitrage, grâce aux travaux de ses membres autorisés : MM. Rouard de Card et Mérignhac. M. Moch, lui aussi, fait l'éloge de Toulouse ; il porte la santé des vaillants chanteurs dont les voix harmonieuses et puissantes ont donné à cette soirée le cachet spécial qui lui convenait, puisque Toulouse passe, à juste titre, pour fournir d'excellents chanteurs aux grandes scènes du monde. MM. Arnaud et Moch prennent l'engagement formel d'insister auprès des délégués des nations étrangères qui vont se réunir à Vienne, en 1903, pour que le prochain Congrès international se tienne dans notre ville, en conformité du toast de M. Feuga.

Et le punch prend fin aux accents de la *Toulousaine*, galamment redemandée par les congressistes.


## II

### La Conférence de M. Lucien Le Foyer, secrétaire général de l'Union internationale, Vice-Président de la Société La Paix par le Droit, de Paris, sur la « Conquête pacifique ».

Cette conférence a été donnée à l'amphithéâtre de l'ancienne Faculté des Lettres, rue de Rémusat, le vendredi 17 octobre, à neuf heures du soir. Le bureau était présidé par M. Mérignhac, assisté de MM. Passy, Feuga, Sabatier, Arnaud, Moch, Giacometti, Beauquier, Duméril, Guiraud, Guilhem, Miquel, Cazals, Langlade, Magnol, Dubos, Aubry, Morel, Decans, Cros-Mayreveille, Tachard, Parizot, Kellermann, etc., etc. Dans la salle se pressait un public nombreux où l'élément féminin était fort bien représenté.

M. Mérignhac présente l'orateur en ces termes :

MESDAMES, MESSIEURS,

M. Le Foyer a bien voulu se charger de faire devant vous une conférence sur la « Conquête pacifique ». Laissez-moi tout d'abord vous présenter le conférencier. Vice-président de l'Association de la Paix par le Droit, où il seconde si dignement notre ami Ruyssen, que vous avez entendu hier au Congrès, secrétaire général de l'Union internationale, M. Le Foyer est l'une des figures pacifiques les plus sympathiques ; il a déjà su, dans nos délibérations, gagner l'affection de tous, et la conférence de ce soir va achever de lui attirer nos suffrages.

Quant à la conférence elle-même, le titre seul vous indique ce qu'elle sera. M. Le Foyer va vous montrer les progrès réalisés par l'idée pacifique, la lutte du droit et de la justice contre la force et la violence, sans pouvoir malheureusement vous dire quand se produira l'évolution finale par laquelle la paix triomphera d'une façon définitive, dans une ère de concorde internationale où, suivant la belle image de Victor Hugo, les canons, relégués dans les musées, seront un objet d'étonnement attristé, comme le sont aujourd'hui les instruments de torture du moyen âge. Mais je ne veux pas faire la conférence de M. Le Foyer et, m'excusant presque d'avoir quelque peu défloré son sujet, je lui cède immédiatement la parole.

M. Le Foyer prend ensuite la parole. Il ne nous est pas possible malheureusement de reproduire sa magnifique improvisation et nous sommes obligés de nous borner à donner l'appréciation suivante, empruntée aux journaux locaux, dont les représentants se trouvent dans la salle.

M. Le Foyer, avec un grand talent et une autorité de parole incontestable, fait le procès de la guerre et combat victorieusement cette parole de l'écrivain : « La guerre est un fléau, un mal terrible, mais un mal nécessaire. »

Le conférencier rappelle les 7.000 morts de Madagascar ; il dit que, durant dix-neuf ans , cela fait un enfant tué par jour. « Quelle âme, ajoute-t-il, ne serait pas remplie d'une indescriptible épouvante à la pensée de ce meurtre quotidien de dix-neuf ans ? Et pourtant, on a assisté froidement à cette guerre, parce qu'elle s'est accomplie d'une façon rapide et loin des yeux des personnes sensibles ! Quelle contradiction et quelle triste idée cela donne de la sensibilité humaine !

Toutefois, M. Le Foyer croit qu'il y a une sanction suprême en faveur des voies pacifiques. Cette sanction suprême, c'est l'opinion publique; au fond, c'est le consentement unanime des nations. Et le jour où les peuples voudront faire l'office du gendarme international contre la ruse, la duplicité et la violence, « *se gendarmer* », suivant l'expression consacrée, ce jour-là la sanction de l'arbitrage international sera trouvée ; et la paix pénétrera efficacement non seulement dans les cœurs et les esprits, mais encore dans la *Société des nations.*

L'orateur croit que l'idée de Paix va se développant de plus en plus ; nous avons eu, dit-il, onze Congrès internationaux et nous assistons au premier Congrès national français ; quel spectacle consolant, quelle promesse pour l'avenir ! Et le mouvement se fait non pas seulement dans les milieux déjà préparés, mais même dans les autres. Et c'est ainsi que le conférencier a été prié d'aller faire une conférence à Saint Maixent même sur la Paix et ses manifestations dans le siècle dernier.

M. Le Foyer ajoute que les élus des nations deviennent de plus en plus ceux de l'humanité ; il montre la Paix conquérant droit de cité dans les Parlements, et les Gouvernements obligés de compter avec elle. Jadis on n'avait un ascendant sur les peuples que par la guerre ; aujourd'hui, il y a une autre façon d'obtenir cet ascendant : il consiste à instruire les nations et à les émanciper. L'orateur s'écrie, dans une belle envolée : « Il y a mieux que les épées, il n'y a pas que le terrain militaire ; il ne s'agit plus de lutter sur les champs de bataille. La *conquête pacifique* peut seule sauver les nations de la ruine et de l'agonie matérielle et morale. Nous avons d'autres armes plus belles que les épées : l'idée, le cœur, l'émancipation ! »

M. Le Foyer demande enfin qu'on organise le *crédit politique* de peuple à peuple, et qu'après avoir confié son argent à des entreprises, dont la plupart des directeurs sont souvent à l'étranger, on accorde le même crédit aux nations voisines, mais en le tournant du côté des idées de fraternité, de moralité et de justice.

Dans une belle péroraison, le conférencier, fréquemment interrompu par les applaudissements prolongés de ses auditeurs, salue l'aurore radieuse de la pacification universelle, dont les premières lueurs commencent à apparaître et dont les Etats-Unis d'Europe verront le plein épanouissement.

M. Le Foyer est l'objet d'une ovation méritée, et M. Mérignhac le remercie, au nom de l'auditoire, en ces quelques mots :

J'avais bien raison de vous affirmer, dit-il, Mesdames, Messieurs, que M. Le Foyer gagnerait définitivement nos suffrages, en nous parlant de la *conquête pacifique* ; il a fait définitivement la conquête de nous tous. Je n'ai donc plus qu'à le remercier, au nom de ses auditeurs, en lui disant combien il nous a captivés par sa conférence, si facile en la forme, et, en même temps, si vibrante et si pleine de convictions profondes.

Oui, la conquête pacifique *de la paix ou par la paix*, se réalise tous les jours, et les manifestations de plus en plus nombreuses qu'elle provoque, sont la preuve vivante de son action incessante. Le Congrès de Toulouse formera une nouvelle contribution importante à son actif. Les Congrès nationaux sont, en effet, aujourd'hui, une réalité : ils vont continuer en France, car, ainsi que vous le savez, Rouen est déjà désigné pour le second. Et il est probable, comme cela résulte de dépêches communiqués au Congrès, que notre exemple sera suivi à l'étranger, en sorte que les manifestations pacifiques ne seront plus localisées au grand Congrès international et produiront désormais, dans tous les pays, une magnifique floraison.

Voilà un nouveau triomphe, une nouvelle conquête, bien faits pour réjouir le cœur des pacifiques et leur inspirer pour le premier

Congrès national français et toulousain, le sentiment de reconnaissance qu'il mérite si bien.


### III


### **Les Banquets.**


Le jeudi soir, avant le punch, les congressistes toulousains avaient offert un banquet tout à fait intime aux congressistes étrangers, dans les salons du Grand-Hôtel. A leur tour, les congressistes étrangers, le samedi, ont répondu par une nouvelle invitation adressée aux congressistes toulousains. Les uns et les autres se sont ainsi trouvés une seconde fois réunis dans les salons du Grand-Hôtel. A l'heure des toast, M. Feuga, adjoint au maire, rappelle la réputation d'hospitalité dont Toulouse est fière à bon droit ; à sa couronne littéraire et artistique, le Congrès d'aujourd'hui va ajouter un nouveau fleuron, le fleuron pacifique. Il porte la santé des congressistes réunis.

M. Mérignhac se dit heureux d'avoir vu l'appel de la Société toulousaine si bien entendu en France. « Par un aimable renversement des rôles, ajoute-t-il, ce sont les étrangers qui sont devenus les amphytrions. Remercions-les donc, nous, Toulousains, qui sommes actuellement leurs invités, de l'hospitalité cordiale qu'ils nous offrent, en ce moment avec l'espoir d'aller continuer ailleurs, un peu plus tard, une tradition qu'il faudra bien se garder de laisser perdre. C'est nous qui, à Rouen, l'an prochain, traiterons les pacifiques de Rouen et du Havre, à la santé desquels je bois, moi aussi, de tout cœur. » M. Passy remercie avec chaleur, à son tour, au nom des congressistes étrangers, la municipalité toulousaine et les organisateurs du premier Congrès national de la Paix, dont le succès vient de s'affirmer éclatant et indiscutable. M. Giacometti boit galamment aux femmes toulousaines, qu'il ne faut pas oublier, dit-il, car, si elles ne figurent pas à ce banquet, elles ont néanmoins suivi nos travaux avec une assiduité digne de toutes les louanges. M. Emile Arnaud boit aux membres des sections françaises adeptes de la cause pacifique ; et M. Beauquier le remercie au nom de ses collègues de la Chambre des députés. M. Sabatier porte enfin le toast suivant à M. Passy :

Ce n'est pas moi qui demande la parole, c'est mon cœur.

Il y a trente-quatre ans de cela, celui qui vous parle était un très jeune étudiant dans cette même ville de Toulouse, si heureuse aujourd'hui de vous avoir pour hôtes. Le bruit se répandit qu'un chef du parti libéral, dont l'oncle avait été un honneur de notre Parlement et de l'économie politique, et qui, lui-même, s'illustrait déjà comme économiste, allait nous réunir autour de lui pour nous parler de Liberté. Le lendemain, tout ce que Toulouse comptait d'étudiants, qui criaient tout haut : « Vive la Liberté ! » et tout bas : « Vive la République ! » se pressaient dans le vieil amphithéâtre de la vieille Faculté des Lettres. L'étincelle jaillit de suite, ô notre maître et mon ami, jaillit de votre cœur au nôtre, et quand, sur votre front d'apôtre, nous pûmes lire, nous, les jeunes, l'espérance ferme qu'un soleil de paix se lèverait un jour sur les nations, lorsque votre parole enflammée salua l'aube prochaine, j'ignore ce qui en nous battit plus vite, de nos mains ou de notre cœur.

Hélas ! moins de trois ans après, sonnait le tocsin de guerre, et la chère et vieille proscrite, la *Marseillaise*, traînée de rue en cabaret par la police, retentit, recrutant l'enthousiasme pour la plus abominable guerre de notre histoire, pour cette guerre qui en eût été et de beaucoup la plus honteuse, si les républicains, qu'elle avait désespérés et contre qui elle était faite, prenant en mains, après Sedan et Metz, les intérêts de la patrie, ne l'eussent ennoblie de leur héroïque désespoir.

Ah ! jours de deuil ; la haine fut partout. Il sembla que les cœurs les plus généreux n'y avaient pas eux-mêmes échappé. Mais le fort de la tempête était à peine calmé, qu'à la voix de votre aîné Charles Lemonnier et à la vôtre, les soldats du Grand Progrès humain se retrouvaient. A la lueur des sombres événements, était seulement apparue une vérité nouvelle : c'est que, pour assurer la Paix, il fallait que les peuples eux-mêmes prissent en mains leurs destinées. C'était l'Empire et non la France qui avait déclaré la funeste guerre. L'Empire avait bien pu faire perdre les frontières ; il ne put du moins nous faire perdre la foi.

Oh ! les douloureuses railleries ! Oh ! les indignations imbéciles à travers lesquelles il vous fallut passer, ô notre vénérable maître ! et à travers lesquelles vous passâtes attristé, mais serein et le front levé.

Et vous reprîtes, à travers la France et le monde, votre mission d'apôtre et de semeur de paix et de liberté.

C'est alors que j'eus l'honneur — laissez-moi évoquer ce souvenir — de vous recevoir, vous et votre illustre ami Henri Martin, sur le rocher de Fort-National ; souvenir qui restera une des fiertés de ma vie.

Peu après, Paris vous envoyait à la Chambre, et j'eus l'insigne honneur de m'y retrouver à vos côtés. Autour de vous, empressés, se groupaient vos disciples. Les plus illustres se disaient tels ; c'étaient Ribot, Georges Perrin, Siegfried, bien d'autres. Et il ne fut pas un seul grand débat où, dans le silence respectueux des partis, votre voix ne se fit entendre, chaque fois que la Paix, chaque fois que la liberté eurent besoin d'être défendues.

Mais déjà approchait l'heure où la cause raillée et dédaignée allait s'épanouir. Nous nous retrouvâmes autour de vous, au premier Congrès interparlementaire de la Paix, point de départ pour nous d'une ère nouvelle ; puis au second, celui de Londres, où votre sagesse et le religieux respect que vous imposiez à tous, firent que se dénoua heureusement, avec honneur pour la France et sans blessure pour personne, l'éventualité que nous redoutions entre toutes et que nous sentions fatale, le premier heurt — il ne s'en est plus produit depuis — entre députés allemands et députés français.

Aujourd'hui vous pouvez contempler votre œuvre, et combien en être fier ! Nous n'étions qu'une poignée, il y a quinze ans à peine, et voici qu'aujourd'hui, à côté de toutes les casernes où se groupent les hommes d'armes, nous avons installé, nous, une garnison de pacifiques. L'arbitrage devient presque la règle des conflits. Là même où il n'aboutit pas encore, il est du moins un embarras, un obstacle et comme la voix anticipée du remords, pour les amis de la guerre injuste. Chaque jour voit s'élargir nos rangs, et notre fierté, en face de tels résultats, l'emporte sur celle des pacifiques des autres peuples, car, grâce à vous, la France a, dans ce magnifique mouvement, le rôle auguste d'initiatrice qui convenait à ses traditions de justice et de liberté. Frédéric Passy n'est pas seulement le général des pacifiques de France ; il est le chef vénéré, en même temps que le patriarche des hommes de paix du monde entier.

Et vous avez, dit-on, quatre-vingt-un ans ! Et vous allez toujours, le front découvert et la barbe au vent, comme le semeur du grand poète, jetant aux cœurs, sillons humains, les paroles de paix. Et vous revoilà dans cette ville de Toulouse où, il y a trente-quatre ans, vous allumiez dans nos cœurs les saintes étincelles ; où, adolescents, nous vous acclamions ; où, déjà blanchis, nous vous admirons. Et vous avez quatre-vingt-un ans ! Mais vous êtes le plus ferme, le plus énergique, le plus intrépide, le plus infatigable de nous tous ! Une destinée sans exemple vous a réservé en partage, jusqu'en pleine vieillesse, oh ! je ne dis pas seulement la jeunesse de l'âme, mais celle de l'intelligence, mais celle même du corps. Vous êtes le présage vivant des destinées de notre doctrine même, qui devra une éternelle jeunesse à la vérité éternelle sur laquelle elle est fondée. Vous êtes un symbole.

Passy, nous buvons à votre jeunesse ! Nous buvons à votre nom, cri de ralliement des amis de la paix par le monde. Nous buvons à la moisson qui germe sous les pas du grand semeur.

Ce toast, prononcé d'une voix émue et vibrante, est fort goûté de l'auditoire. Il attire à son auteur ce doux reproche de M. Passy : « Mon cher Sabatier, si j'avais su ce que vous alliez dire, je ne vous aurais pas donné la parole. »

Les discours sont terminés, et les conversations, animées et cordiales, s'engagent entre les convives jusqu'à la séance de clôture du Congrès.

En arrivant à l'hôtel d'Assézat, les congressistes ont une agréable surprise. M. Félix Régnault, l'habile amateur de photographie bien connu de notre ville, est là, prêt à braquer sur eux son appareil. Les congressistes se groupent sur le perron de l'hôtel, et c'est le cliché très réussi de M. Régnault qui figure en tête de ces pages, donnant la physionomie vivante des congressistes et des autorités ou notabilités toulousaines qui s'étaient jointes à eux. Le Congrès a chargé son président de transmettre à M. Régnault ses meilleurs remerciements pour son aimable attention, grâce à laquelle il restera quelque chose de vivant du premier Congrès national français.


## IV

### La Visite des Monuments.


Avant de quitter Toulouse, dimanche matin, les congressistes devaient visiter les principaux monuments de la ville. Vu l'heure tardive à laquelle ils se sont réunis, la visite s'est bornée à l'hôtel d'Assézat, à la salle des Illustres et au Musée. Sous la direction de M. Feuga, adjoint aux beaux-arts ; de MM. Joulin et Laborde, les érudits directeurs et commissaires de surveillance de nos Musées, ils ont successivement admiré les belles peintures, les statues et les œuvres de toute sorte dont Toulouse s'enorgueillit à bon droit. Les magnifiques compositions de la salle des Illustres et les objets trouvés dans les fouilles de Martres-Tolosane ont surtout attiré leur attention. Et c'est seulement à midi qu'en présence de l'heure tardive, ils se sont résignés à prendre de leurs hôtes toulousains un congé définitif.

# QUATRIÈME PARTIE

## Les Participations et Adhésions au Congrès.

———

Ainsi qu'a eu l'occasion de le constater M. Passy dans une de ses allocutions, comme le rappelait M. Mérignhac à la séance de clôture, toutes les décisions du Congrès ont été prises à l'unanimité  On n'a donc pas eu besoin de recourir aux votes par bulletins comme cela se fait en cas de division. Et pourtant nombreuses, on va le voir, étaient les Sociétés représentées au Congrès. Nombreux aussi étaient les groupements de toute sorte qui, sans constituer des Sociétés de la Paix, avaient donné leur adhésion sympathique au premier Congrès national. Les listes que l'on va parcourir seront la meilleure preuve de ce que nous venons d'avancer.


### PREMIÈRE SÉRIE

### Sociétés et Groupements pacifiques participant au Congrès [1].

1. Société toulousaine de la Paix, fondée à Toulouse en 1900. — Président : M. A. Mérignhac, professeur à la Faculté de Droit.
2. Bibliothèque méridionale de la Paix, fondée à Toulouse en 1901. — Directeur : M. A. Dubos.

———

[1] Nous n'avons fait figurer dans cette liste que les Sociétés *françaises*, parce qu'il s'agissait d'un Congrès national *français*, bien que nous ayons reçu une grande quantité d'adhésions de l'étranger. Les Sociétés et Groupes français ont voté soit par l'organe de leurs membres présents, soit par des délégués appartenant aux autres Sociétés et Groupes. Nous donnons la liste des Sociétés représentées d'après la date de réception de leur adhésion par le Comité toulousain.

3. Groupe Pacifique d'Albi (1902).

4. Groupe Pacifique d'Aurillac (1902).

5. Groupe Pacifique de Brive (1902). — Représentant : M. Espéret, professeur au Lycée.

6. Société Pacifique de Carcassonne (1901). – Président : M. Bouisset, vice-président du Conseil de Préfecture.

6 *bis* Groupe Pacifique de Limoux. — Président : M. Garetta, receveur particulier des finances.

7. Société Pacifique de Tarbes (1901). — Président : M. Boué, premier adjoint au maire. — Représentant : M. Lartigue, secretaire général.

8. Groupe Pacifique de Villefranche-de-Lauraguais (1901). — Président : M. Calès, maire, conseiller général. .

9. Groupe Pacifique de Villefranche-de-Rouergue (1902). — Président : M. Fraysse, juge de paix, conseiller général. — Représentant M. Phalip, banquier.

10. Association Montalbanaise de la Paix par le Droit (1901). — Président : M. Cazals, professeur au Lycée. — Représentants : MM. Langlade, Pagès, abbé Parizot.

11. Société Castraise de la Paix (1901). — Président : M. Miquel, président du Tribunal civil. — Représentant : M. Pichon, professeur au Lycée, secretaire général.

12. Groupe Pacifique de Viane (1902). — Représentant : M. Castel (1).

13. Bureau Français de la Paix (1896). — Délégué : M. G. Moch, conseiller privé et chef de cabinet de Son Altesse le Prince de Monaco.

14. Société Française pour l'Arbitrage entre Nations (1867). — Président : M. Frédéric Passy, de l'Institut.

15. Section du Hàvre (1899). — Président : M. Follin.

16. Section Senonaise (1901). — Président : M. J. Cernesson, professeur au Lycée de Sens.

17. Section de Nice et du littoral français (1896). — Président : M. le Comte Gurowski.

18. Section d'Angoulême (1902). – Présidente : M^me Fugier, directrice de l'école normale.

19. Ligue Internationale de la Paix et de la Liberté. — Président : M. Emile Arnaud, notaire à Luzarches (Seine-et-Oise), président du Comité, directeur de l'Indépendance Belge.

20. Comité de Paris. — Présidente : M^lle Toussaint.

21. Section du Département du Nord (1901). — Président : M. Léon de Monluc.

---

(1) Les Sociétés et Groupes 2 à 12 sont des sections adhérentes de la Société toulousaine, sauf la Société montalbanaise qui est autonome et rattachée pour ordre à la Société toulousaine.

22. Comité de la Sarthe. — M<sup>me</sup> Destriché.
23. Comité de l'Ardèche.
24. Comité de la Drôme.
25. Section du canton de Lens. — Président : M. Pouet, avocat.
26. Ligue Pax, Paris (1901).
27. Délégation de Châteauroux.— Représentant : M. G. Lenseigne (1).
28. Délégation de Givors. — M. B. Louret, ancien maire.
29. Délégation de Lavaur. — M. Cambefort, notaire.
30. Délégation de Gaillac. — M. Marchandeau, notaire.
31. Association de la Paix par le Droit de Paris (1887). — Président :
    M. T. Ruyssen, agrégé de philosophie.
32. Groupe de Paris (1898). — Président : M. Jouet.
33. Groupe de Nimes (1901).— Représentants : MM. Laune et Gignoux.
34. Groupe de Lyon (1901). — Président : M. Godart.
35. Société de la Paix de Felletin et d'Aubusson (1893). — Repré-
    sentant : M. l'Abbé Pichot.
36. Alliance Universelle Saint-Raphaël.— Président : M. A. Jounet.
37. Eglise Evangélique de Cette (1832). — Président : M. le Pasteur
    Krüger ; représentant : M. le Pasteur Kellermann.
38. Délégation Marseillaise. — Représentant : M. Barthelet, mem-
    bre de l'Académie de Marseille.
39. Union Internationale, Groupe Français (1900). — Président :
    M. Richet de l'Académie de Médecine, représentant ; M. Lu-
    cien Le Foyer, secrétaire général.
40. Société de Paix et d'Arbitrage du Familistère de Guise (1886). —
    Président: M. Sarrasin-Duhem.
41. Ligue Rouennaise de la Paix (1901). — Président : M. Spalikowski,
    publiciste.
42. Délégation de Limoges. — Représentant : M. Stanislas Surun.
43. Société Gratry de la Paix (1889). — Présidente : M<sup>me</sup> la Baronne
    de Lourmel ; représentant et secrétaire : M. l'Abbé Pichot.
44. Société des Amis de la Paix du Puy-de-Dôme (1884). — Fonda-
    teur : M. Pardoux.
45. Société de la Paix d'Abbeville et de Ponthieu (1892). — Représen-
    tant : M. Jules Tripier.
46. Alliance Universelle des Femmes pour la Paix par l'éducation
    (1896). — Présidente fondatrice : M<sup>me</sup> la Princesse Wisz-
    niewska.
47. Alliance Universelle des Savants et des Philanthropes (1892). —
    Secrétaire-général et représentant : M. Tridon.
48. Association Internationale des Journalistes amis de la Paix (1899).
    — M. Ch. Beauquier, député, président.

(1) Le terme de Délégation indique certaines initiatives individuelles ou
collectives qui se sont produites dans certains centres et qui contiennent
en germe de nouvelles Associations pacifiques.

49. Société des Amis de la Paix du Havre (1899). — Président : M. le
     Pasteur Allegret. Représentant : M. H. Follin.
50. Ligue Franco-Italienne. — M. Giacometti représentant.
51. Société de l'Education Pacifique de Croisilles (1901). — Fonda-
     trices : M<sup>mes</sup> Madeleine Carlier et Marguerite Bodin.


## 2e SÉRIE

### Groupements adhérents au Congrès (1)


### I


*Sociétés amicales d'Instituteurs et d'anciens Elèves
des Ecoles. — Sociétés coopératives.*


1. Association amicale de la Corse (Ajaccio). Secretaire : M. Livrelli.
2. Association amicale des Instituteurs et Institutrices publics laïques
     de l'Oise. Président : M. Mullier, instituteur à Fitz-James.
3. Association amicale des Institutrices et Instituteurs laïques et pu-
     blics du Tarn. Président : M. Fournier.
4. Union pédagogique des Instituteurs et Institutrices de la Charente-
     Inférieure (Rochefort).
5. Association amicale des Instituteurs et Institutrices de Constan-
     tine. Président : M. Gouba.
6. Association amicale des Instituteurs et Institutrices du Finistère.
     Président : M. Pouthou (Brest).
7. Association amicale des anciens Elèves des Ecoles nationales
     d'Angers et des Instituteurs et Institutrices de Maine-et-Loire.
8. Association amicale des Membres de l'Enseignement primaire pu-
     blic laïque de la Somme. Président : M. Candillon.
9. Association amicale des Instituteurs et Institutrices du Gers. Pré-
     sident : M. Boé, instituteur à Auch.
10. Association amicale des anciens Elèves-Maîtres de l'Ecole nor-
      male d'Aurillac. Président : M. Delpuech.
11. Société amicale des Instituteurs de Loir-et-Cher. Président :
      M. Besnard, instituteur à Blois.
12. Association amicale des Membres de l'Enseignement primaire


---

(1) Comme pour les Sociétés pacifiques, nous donnons l'indication de ces
groupements suivant l'ordre de réception de leur adhésion par le Comité
du Congrès.

public de Saône-et-Loire. Président : M. Fondeau, directeur d'école à Chagny.

13. Association amicale des Instituteurs et Institutrices publics laïques des Landes. Président : M. Lacouture, directeur de l'Ecole primaire supérieure de Dax.

14. Association pédagogique des Instituteurs et Instititutrices publics laïques du Tarn-et-Garonne. Secrétaire général : M. L. Cossé, instituteur à La Française.

15. Association amicale des Instituteurs et Institutrices du Morbihan. Président : M. Simon.

16. Association amicale de la Nièvre.

17. Association amicale des Instituteurs de l'Enseignement public et laïque du Lot-et-Garonne. Président : M. Lachouat, directeur d'Ecole publique.

18. Fédération des Associations d'anciens et d'anciennes Elèves des Ecoles laïques de la Haute-Garonne. Président : M. Crouzet, agrégé de l'Université, professeur au Lycée.

19. Association amicale des anciens Elèves de l'Ecole laïque du Nord. Président : M. Decans, surveillant-cartographe à la Bibliothèque universitaire de Toulouse.

20. Association amicale et fraternelle des Instituteurs et Institutrices publics laïques de la Haute-Saône. Président : M. Anoux, directeur d'Ecole à Vesoul.

21. Association amicale des Instituteurs de la Meuse. Président : M. Lemoine, directeur d'Ecole à Verdun (Meuse).

22. Association amicale des Instituteurs et Institutrices du département d'Oran. Président : M. S. Antoine.

23. Association amicale de Tonneins.

24. L'Abeille Nimoise et Solidarité de Nîmes. Représentant : M. A. Laune. Société coopérative.

25. Association amicale des anciens Elèves de l'Ecole du Busca de Toulouse. Président : M. Barthet, directeur de l'Ecole.

26. Union des Instituteurs et Institutrices de la Seine (1).

27. Association des anciens Elèves de l'Ecole normale de la Seine.

28. Association des anciens Elèves de l'Ecole normale de la Loire-Inférieure.

29. Association des anciens Elèves de l'Ecole normale de la Savoie.

30. Association amicale d'Instituteurs et d'Institutrices de l'Ain.

31.　　　　—　　　　　—　　　　de l'Aisne.

32.　　　　—　　　　　—　　　　de l'Aube.

33.　　　　—　　　　　—　　　　des Alpes-Maritimes.

34.　　　　—　　　　　—　　　　des Bouches-du-Rhône.

(1) Cette association et les suivantes ont donné leur adhésion au Congrès par l'entremise de la *Société de l'Education Pacifique*.

35. Association amicale d'Instituteurs et d'Institutrices de la Charente.
36.  —  —  du Gard (Arr. de Nîmes).
37.  —  —  de l'Indre.
38.  —  —  de l'Isère.
39.  —  —  de la Lozère.
40.  —  —  de Meurthe-et-Moselle.
41.  —  —  des Basses-Pyrénées.
42.  —  —  de la Savoie.
43.  —  —  de Seine-et-Marne.
44.  —  —  de Seine-et-Oise.
45.  —  —  de la Haute-Vienne.
46.  —  —  de l'Yonne.
47.  —  —  de la Loire-Inférieure.
48. Association amicale de l'Ecole publique de Saint-Jory.
49. Association amicale de l'Ecole primaire supérieure de Toulouse.
    Représentant : M. Franck Dufaure.


## II

## Universités populaires et Groupements divers.


1. Cercle toulousain de la Ligue de l'enseignement.
2. Ligue française de l'enseignement. — L'Avant-Garde, société
   d'instruction populaire de Vesgèze (Gard).
3. Société d'union et de défense de l'enseignement universitaire du
   Loiret.
4. Cercle pédagogique de Vaucluse.
5. Ligue française de l'enseignement. Section de Nîmes.
6. La Solidarité. — Association laïque d'enseignement populaire de
   Montauban.
7. La Société de la Libre-Pensée de Saint-Nazaire.
8. Association générale des Etudiants de Toulouse. — Président :
   M. Timbal-Lagrave.
9. Fédération des œuvres d'Education sociale de la Drôme et de
   l'Ardèche.
10. Association polytechnique de Valence.
11. Université populaire de Tournon.
12. Association des anciens élèves des écoles laïques d'Annonay et
    Valence.
13. Foyer du peuple de Brest.
14. Fédération du Nord-Est (Châlons).
15. Université populaire de Brest.
16. Université populaire de Kérinou.

17. Ligue des Droits de l'homme.
18. Section du 1<sup>er</sup> arrondissement.
19. Section de la Porte Saint-Denis.
20. Section Brestoise.
21. Ligue de la Patrie-Française.
22. Société populaire de Bar-le-Duc.
23. Groupe bordelais du Sud-Ouest navigable.
24. Groupe toulousain du Sud-Ouest navigable.
25. Association méridionale en faveur des Boërs.
26. Université populaire de Nimes.
27. L'Emancipation. — Université populaire du XV<sup>e</sup> arrondissement de Paris.
28. Société d'éducation populaire de Gaillac (Tarn).
29. Société de Secours mutuels des fonctionnaires de l'enseignement primaire supérieur de France.
30. Université populaire toulousaine « Le Foyer du Peuple ». — Représentant : M. Crouzet, agrégé de l'Université.
31. Chambre de Commerce de Paris. — Représentant : M. d'Estournelles de Constant.

# III

## Bourses du Travail.

| | | |
|---|---|---|
| 1 | Bourse du travail | d'Elbeuf. |
| 2 | — | d'Aix-en-Provence. |
| 3 | — | d'Alais. |
| 4 | — | d'Alençon. |
| 5 | — | d'Albi. |
| 6 | — | d'Alger. |
| 7 | — | d'Amiens. |
| 8 | — | de Belfort. |
| 9 | — | de Besançon. |
| 10 | — | de Bourges. |
| 11 | — | de Chaumont. |
| 12 | — | de Clermont-Ferrand. |
| 13 | — | de Saint-Chamond (Loire). |
| 14 | — | de Constantine. |
| 15 | — | de Saint-Girons. |
| 16 | — | de Saint-Etienne. |
| 17 | — | de Saint-Quentin. |
| 18 | — | de Fougères (Ille-et-Vilaine). |
| 19 | — | du Havre. |

20  Bourse du travail de Laval.
21          —          du Mans.
22          —          de Marseille.
23          —          de Narbonne.
24          —          de Nîmes.
25          —          de Périgueux.
26          —          de Perpignan.
27          —          de Rochefort-sur-Mer.
28          —          de Thiers.
29          —          de Toulouse (Union des syndicats ouvriers).
30          —          de Valence.
31          —          de Versailles.
32          —          de Villeneuve-sur-Lot.

Les représentants des Sociétés d'éducation populaire, associations amicales des anciens élèves des écoles publiques, fédération des petites A et autres groupes populaires, en présence du grand nombre de ces groupements adhérents au Congrès, avaient proposé l'adoption du vœu suivant admis par la commission C :

« Considérant qu'il y a un intérêt capital, pour la propagation des idées de paix et de solidarité entre les nations, à faire pénétrer ces idées dans les couches populaires,

« Emettent le vœu que les différentes associations d'instruction populaire — et les groupes similaires — soient de plus en plus initiés aux œuvres des Congrès et des Associations de la Paix, par tous les procédés de propagande et de publicité dont les groupes pacifiques disposent, et notamment par l'admission, au sein des Comités de la Paix, des représentants des associations et groupements ci-dessus désignés. »

De leur côté, au nom des représentants des Bourses du travail, MM. Auguste Laune et Gignoux, qui étaient investis d'un nombre considérable de mandats de représentations de ces Bourses, avaient proposé le vœu spécial suivant, également adopté par la commission C. : « Le Congrès de Toulouse adresse ses vifs remerciements aux Bourses du travail représentant plus de 60.000 membres ayant adhéré au Congrès et s'y étant fait représenter »

Le Congrès a décidé qu'il serait adressé un remerciement collectif aux différentes associations et groupements ayant adhéré au Congrès sans avoir à émettre de vœu spécial et qu'on les prierait de vouloir bien continuer à prêter, par la suite, aux autres Congrès pacifiques l'appui du nombre considérable de leurs membres respectifs.

# CONCLUSION

Arrivés aux termes de ce long exposé, si nous jetons un coup d'œil en arrière, nous ne pouvons que nous féliciter du chemin parcouru. Le Congrès de Toulouse, nous avions raison de le dire dans la Préface, a été un véritable succès et l'on ne peut que ratifier le vœu par lequel M. Emile Arnaud clôture le compte rendu précité de nos travaux donné par lui à l'*Indépendance Belge*, à savoir que le Congrès de 1903, qui doit se tenir Rouen, ait autant de succès que son devancier.

Au Congrès de Toulouse étaient représentés plus de cinquante sociétés pacifiques françaises, et plus de cent groupements adhérents d'ordres divers. Si l'on remarque que les trente-deux Bourses du travail adhérentes compaient à elles seules plus de 60.000 membres, on voit que l'on peut, sans exagération, évaluer à un chiffre très considérable les personnes qui, soit individuellement, soit par l'organe de leurs groupements respectifs, ont pris part au premier Congrès national français. C'est ce qui explique que le mouvement inauguré à Toulouse ait été suivi avec une vive curiosité en France et à l'étranger, comme l'indiquent les inombrables marques de sympathie que le Bureau a reçues un peu de partout.

Et, dans ce grand nombre de groupements représentés, il est remarquable que les délibérations et les débats ont eu lieu avec le plus grand calme et la plus parfaite courtoisie. Si quelques incidents inévitables dans des questions qui touchent de si près souvent à des matières brûlantes ont surgi, ils ont été immédiatement aplanis par la mutuelle bonne volonté de ceux qui prenaient une part effective aux débats. Les auteurs de propositions que le Bureau jugeait inopportunes ou prématurées n'hésitaient pas à la retirer avec une bonne grâce parfaite ; les sévérités de règlement, utiles ailleurs, auraient été absolument déplacées dans le coquet hôtel Clémence-Isaure. Et c'est ainsi que, comme nous avons déjà eu occasion de le dire, les résolutions ont toutes été prises à l'unanimité et sans qu'il fut nécessaire de recourir aux votes avec les bulletins bleus, blancs, verts ou rouges, indiquant le nombre des voix, qui avaient été préparés à l'avance, et dont on n'a pas eu à se servir.

Les résolutions prises sont marquées, au coin, de la plus grande sagesse ; le Congrès a résolument écarté tout ce qui lui paraissait prématuré et n'a émis de vœu que sur des points parfaitement mûris et étudiés par les diverses commissions. Bref, il a posé le premier jalon de la route pacifique nationale dans d'excellentes conditions dont ne peuvent que se féliciter ceux qui l'ont organisé et ceux qui ont répondu à l'appel des organisateurs.

Le Comité ne peut donc que remercier encore une fois tous ceux qui l'ont aidé à s'acquitter de sa tâche. Et il exprime en terminant le vœu que le compte rendu des travaux, actes et résolutions du premier Congrès national, largement répandu dans les masses, soit une contribution utile à l'œuvre de paix et de concorde générale que poursuivent les Sociétés de la Paix en France et dans le monde entier, pour se conformer à la parole du Maître : « Paix sur la terre aux hommes de bonne volonté ».

# TABLE DES MATIÈRES


PRÉFACE.................................................. 5

PREMIÈRE PARTIE. — Historique du Congrès. — Les circonstances dans lesquelles il a été réuni. — Les circulaires qui l'ont
précédé et leur but. — Le programme définitif et les adhésions
préalables............................................... 7

DEUXIÈME PARTIE. — Le Congrès......................... 14

*Séance d'ouverture du 16 octobre* (matin). — L'assistance. —
Allocution de M. le Maire de Toulouse. — Discours de M. Frédéric Passy, président d'honneur du Congrès. — Présidence
effective de M. Mérignhac. — Exposé par M. Mérignhac du but
et de la raison d'être du Congrès. — Désignation des présidents
d'honneur, des assesseurs des séances et des membres des Commissions *A, B* et *C* entre lesquelles sont réparties les questions
à l'ordre du jour. — Indication des télégrammes, lettres et
adhésions diverses reçues par le Bureau. — Communication de
M. Moch au sujet d'une création à Monaco d'un « Institut
International d'Etude pour la Paix ». — Adresse à M. le Président de la République Française et réponse de ce dernier...... 14

*Séance du jeudi 16 octobre* (soir). — Présidence de M. Mérignhac,
assisté de MM. Passy, Duméril, Guiraud, Arnaud, Cazals et
Magnol. — Discussion de la première question de l'ordre du
jour relatif aux *Sociétés françaises de la Paix*. — Rapport de
M. Langlade, secrétaire de l'Association pacifique Montalbanaise. — Proposition de M. Prud'hommeaux. — Observations
de MM. Mérignhac, Moch, Ruyssen, Arnaud, Passy, Tachard,
Le Foyer, Sabatier, Decans, Frayssinet, Crouzet. — Résolution
concernant la nomination d'une délégation de neuf membres
devant représenter, jusqu'au prochain Congrès, les Sociétés
pacifique reconnues adhérentes au Congrès. — Désignation de
ces membres........................................... 29

Discussion de la seconde question de l'ordre du jour concernant
les *Congrès nationaux de la Paix en France et leurs rapports*

*avec le Congrès international.* — Rapport de M. Ruyssen,
président de l'Association de la Paix par le Droit de Paris. —
Observations du Président et de MM. Giacometti, Le Foyer,
Ruyssen, Arnaud et Sabatier. — Résolution adoptée au sujet
des Congrès nationaux, de leur travaux, de leur ordre du jour
et de leurs relations avec le Congrès international. — Rapport de M. Moch. — Observations de M. Mérignhac ; renvoi
des rapports de MM. Ruyssen et Moch à l'examen d'une Commission instituée par la Délégation provisoire des Sociétés permanentes de la Paix ....................................    67

*Séance du vendredi 17 octobre* (matin) — Présidence de M. Méri-
gnhac, assisté de MM. Passy, Feuga, adjoint au Maire, Moch,
Miquel, Aubry et Dubos. — Discussion de la troisième question
de l'ordre du jour : *L'Association Toulousaine de la Paix.* —
Rapport de M. Dubos, secrétaire général-adjoint de la Société
Toulousaine. — Observations de MM. Moch et Kellermann....    86

Discussion de la quatrième question de l'ordre du jour afférente *au
mouvement en faveur de l'arbitrage en Europe pendant les
dernières années dans les Congrès de la Paix et les Parlements
nationaux, spécialement au point de vue des Sociétés françaises et du Parlement français.* — Rapport de M. Emile Arnaud,
président de la ligue internationale de la Paix et de la liberté.
— Observations de MM. Sabatier et Tachard. — Vœux émis
par le Congrès relativement : 1° à la liste à dresser des membres du Parlement français acquis à la cause pacifique et au
mandat à leur donner relativement à la nécessité de soumettre
tous les différends internationaux à la Cour arbitrale de la Haye ;
— 2° à des félicitations à adresser au Président du Conseil, au
ministre des Affaires étrangères et au Gouvernement français
pour leur attitude nettement pacifique, avec l'espoir que les actes
répondront aux paroles prononcées en des circonstances diverses, notamment au point de vue de la fréquente conclusion des
traités permanents d'arbitrage, de la transformation de la convention de La Haye pour le règlement pacifique des conflits internationaux en convention *ouverte* et de l'insertion de la clause arbitrale dans le traité franco-siamois, à ratifier par le Parlement
français ; — 3° à l'approbation de l'*Union pour la pacigérance*
formulées par MM. Bajer et Arnaud et à son application spéciale
dans les rapports de la France, de l'Espagne, du Portugal, de
l'Italie et des Républiques Sud-Américaines................    91

Discussion de la cinquième question de l'ordre du jour ayant trait
à la *Conférence de la Paix de 1899 à son action dans le
présent et au rôle à jouer par les Etats et spécialement par la
France dans les moyens à employer pour étendre son action dans
l'avenir.* — Rapport de M. Aubry, secrétaire général-adjoint de
la Société Toulousaine. — Vote d'un vœu décidant que les Sociétés de la Paix françaises unissent leurs efforts pour arriver à
ce que la Cour de La Haye devienne le tribunal de droit commun
des litiges internationaux. — Proposition de M. Jounet et raisons à l'appui......................................   101

*Séance du vendredi 17 octobre* (soir). — Présidence de M. Mérignhac, assisté de MM. Passy, Beauquier ; Giacometti, Le Foyer, Tachard et Guilhem. — Discussion de la sixième question de l'ordre du jour consacrée aux *traités d'arbitrage permanent dans les rapports des nations de race latine.* — Rapport de M. Mérignhac. — Observations de M. Moch. — Discussion à laquelle prennent part MM. Moch, Mérignhac, Berthelet, Arnaud. — Adoption d'un vœu concernant les négociations par le Gouvernement Français d'un traité d'arbitrage permanent avec l'Espagne et les Républiques Américaines d'origine ibérique. — Proposition de M. Jounet......................  104

Discussion de la septième question de l'ordre du jour ayant en vue *le siège et la date du prochain Congrès.* — Rapport de M. Spalikowski, publiciste, président de la Société rouennaise de la Paix. — Proposition de M. Follin, président de la Société Havraise de la Paix. — Observations de M. Decans. — Résolution du Congrès choisissant Rouen, en principe, comme siège du deuxième Congrès national des Sociétés françaises de la Paix, avec mission à la Délégation de fixer la date et de changer de ville en cas de nécessité.............................  116

Discussion de la huitième question de l'ordre du jour : *Appel aux Sociétés et à la Presse française.* — Rapport de M. le député Beauquier, président de l'Assocation internationale des journalistes amis de la Paix. — Résolution du Congrès qui renvoie au Congrès de Rouen telles solutions jugées utiles à prendre au sujet de l'organisation d'une presse pacifique française........  118

*Séance du samedi 18 octobre* (matin). — Présidence de M. Mérignhac, assisté de M. Passy, Deloume, doyen de la Faculté de droit, Morel, Arnaud, Duméril et Moch. — Examen de propositions diverses. — Proposition de M. Moch concernant *le droit de légitime défense et les traités d'alliance défensive.* — Proposition de M. Mérignhac relative à la *Déclaration et la réglementation du principe de la liberté de l'air.* — Résolution du Congrès aux termes de laquelle les rapports de MM. Moch et Mérignhac seront mis à l'ordre du jour du prochain Congrès universel de la Paix. — Communication de M. Sabatier, ancien député de l'Algérie, au sujet de *la situation actuelle de la France dans le Sud-Oranais.* — Résolution du Congrès d'attirer l'attention des pouvoirs publics sur la situation précaire de l'ordre dans le Sud-Oranais, et d'inviter le Gouvernement à rechercher, d'accord avec l'Espagne, une solution pacifique et définitive de la question marocaine. — *Déclaration de M. l'abbé Parizot.* — *Déclaration de M. le pasteur Kellermann.* — Observations de M. Passy...................................  125

*Séance du samedi 18 octobre* (soir). — Présidence de M. Mérignhac, assisté de MM. Passy, Sabatier, Berthelet, Morel, Dubos et Decans. — Vœu relatif aux rapports à entretenir avec les Canadiens français. — Vœu concernant les mesures à prendre pour rendre les Congrès futurs aussi attrayants que possible. —

Mesures à prendre au sujet de la propagande pacifique par l'éducation. — Rapport de la princesse Wiszniewska, présidente fondatrice de l'alliance universelle des femmes pour la Paix par l'éducation. — Discussion relative aux propositions du rapport précité. — Résolution adoptée par le Congrès de donner mandat aux députés partisans de la cause pacifique d'intervenir auprès du ministre de l'Instruction publique pour hâter la confection et l'introduction dans les écoles d'ouvrages élémentaires favorables aux idées pacifiques. — Nouveau vœu plus détaillé sur le même objet, adopté à la demande de M. Passy...   148

*Séance de clôture, samedi 18 octobre* (soir). – Présidence de M. Mérignhac, assisté de M. Passy, de M. le Préfet de la Haute-Garonne, de M. le Maire de Toulouse et des assesseurs des séances précédentes. – Discours de M. Passy, remplaçant M. d'Estournelles de Constant, empêché· — Remerciements adressés par le Congrès à tous ceux qui, à des titres divers, ont prêté leur bienveillant appui aux congressistes. — Lettre de M. d'Estournelles de Constant au président du Congrès et au ministre des Affaires étrangères. – Réponse de ce dernier. — Allocution de M. Mérignhac.................................   156

TROISIÈME PARTIE. — Autour du Congrès...................   162

I. — Le punch du jeudi 16 octobre. — Toasts de MM. Feuga, représentant le Maire ; de M. Mérignhac et de M. Passy. — Audition de la « Philarmonique toulousaine, dirigée par M. Raymond Laporte. — Toasts de MM. Arnaud et Moch..................   162

II. — La conférence de M. Le Foyer, secrétaire général de *l'Union internationale*, vice-président de la Société la Paix par le Droit, de Paris (vendredi 17 octobre)............................   165

III. — Les banquets. — Le banquet du jeudi soir, 16 octobre. — Le banquet du samedi 18. — Toasts de MM. Feuga, Mérignhac, Passy, Giacometti, Sabatier, Arnaud. — Photographie du Congrès par M. Félix Regnault.........................   168

IV. — Visite des monuments de Toulouse le dimanche 19 octobre, sous la conduite de MM. Feuga, Joulin et Laborde...........   171

QUATRIÈME PARTIE. — Les participations et adhésions au Congrès. — Première série. — Sociétés et groupements pacifiques participant au Congrès. — Deuxième série. — Groupements adhérents au Congrès. — 1º Sociétés amicales d'Instituteurs et d'anciens élèves des Ecoles. — Sociétés coopératives. — 2º Universités populaires et groupements divers. — 3º Bourses du travail...........................................   172

CONCLUSION. ·...............................................   180

TABLE DES MATIÈRES ........................................   182